달마와 혜가

제갈량 출사표

달나라로 간 항아

여와, 사람을 만들다

스토리텔링

공자의 곤경

교양 한문

이규일 지음

북명에 물고기가 있어

천하의 큰 용기 있는 자

인생은 백 년을 살지도 못하면서

고주몽의 탈출

솔빛길

이 책은 그간 필자가 대학 교양 한문 강좌에서 강의한 내용을 기초로 집필되었다. 필자가 재직하는 대학의 기존 강좌명은 '기초 한문', '한문의 이해' 등이었는데 최근 '한문과 문화'라는 이름으로 개편되었다. 한자와 한문에 대한 기초 소양을 배양하는 동시에 한자 문화권의 문화를 학습하는 방향으로 학습 목표가 설정된 것이다. 그러다 보니 한자를 익히고 한문 문장의 독해 능력을 기르면서 동아시아 문화의 다양한 내용들을 다뤄야 했고, 이런 필요성에 따라 과목의 성격에 맞는 내용을 구성하게 되었다. 필자 나름대로 12개의 테마를 선정하여 그에 맞는 짧은 원문을 제시했고 원문을 독해하며 그 속에 담겨 있는 문화적 함의를 해설하는 것이 수업의 주요 내용이었다.

이 책을 구성하는 12개의 테마는 동아시아의 천지인삼재(天地人三才)라는 개념에서 착안했다. 우주를 구성하는 세 가지 요소라는 의미로 하늘과 땅과 사람이 연관성을 갖고 있다는 인식이 반영된 개념이다. 서양의 문화(culture)라는 용어는 라틴어 'cultus'에서 기원했다. "밭을 갈아 경작한다."라는 뜻이다. 무언가를 생산하고 창조하는 행위를 의미하다가 인간의 모든 생활 양식을 가리키는 말로 확대되었다. 크게 기술적인 요소(도구나 기물)를 포함하는 물질문화와, 제도적인 요소(규범이나 관습)와 관념적인 요소(신화나 학문)를 포함하는 비물질문화로 나눈다. 이러한 개념 정의와 분류는 인간의 삶과 생활 자체에 주안점을 둔 것이다. 하지만 동아시아의 천지인 개념은 하늘의 뜻을 본받아 인간이 삶의 가치를 사고하고 문명을 건설한다는 인식이 담겨 있다. 따라서 사람들의 삶의 형태는 하늘과 자연의 섭리에 영향을 받아 형성된 것이다. 문

화의 문(文)이라는 글자 역시 가슴에 문양을 새긴 사람의 모습에서 생겨났다. 이 사람은 하늘의 뜻을 전하는 제사장이기 때문에 특별한 문양을 갖고 있다고 해석된다. 한문 공부와 관련된 문화적 테마를 선정하다 보니 한자 문화권의 문화 개념을 기초로 이 책을 구성하게 되었다. 1장에서 4장이 천(天)과 관련된 내용이고 5장에서 8장이 지(地)와 관련된 내용, 9장에서 12장이 인(人)

과 관련된 내용이다.

　각각의 장은 '단문 읽기'와 '문법 해설', '명언명구', '명문 감상'으로 구성되었다. 지금의 대학생 세대들에게는 한문이 외국어와 다를 바 없는 분야라, '단문 읽기'에 제시된 원문은 최대한 짧게 구성했고 등장하는 모든 한자에 독음을 달았다. 『논어』, 『맹자』처럼 널리 알려진 문헌을 소개할 때는 최대한 첫 구절을 뽑았다. 모든 책의 첫 줄에 많은 의미가 담겨 있다는 평소의 생각 때문이다. 해설은 평소 강의하던 내용이라 구어체의 빈도가 높고 필자의 말투가 많이 담겼다. 글을 읽고 이해하는 데 도움이 될까 싶어 많은 부분 그대로 두었다. 또 그동안 수업에서 다루었던 원문 중 이야깃거리가 풍부하고 학생들의 반응이 좋았던 내용이라 해설도 스토리텔링의 형식이 되었다. '문법 해설'은 주로 허사의 용법 위주로 구성했다. 용례도 해당 문법 내용을 정확하게 반영한 구절로 선별했다. 허사는 以(써 이), 於(어조사 어)처럼 문법 작용을 하는 글자를 말한다. 뜻을 아는 한자 단어가 많아지고 허사의 용법에 익숙해지면 한문 문장 독해 능력이 빠른 속도로 향상될 것이다. '명언명구'에는 각 장마다 8개의 성어가 소개되어 있는데 대부분 많은 이야기를 담고 있는 성어들이다. 지면의 한계로 설명이 소략한 면도 있지만 짧은 말 속에 담긴 깊은 의미를 음미할 수 있다면 좋겠다. '명문 감상'은 각 장의 테마와 관련된 내용으로 그야말로 명문으로 알려진 글을 소개했고 문화적 의미에 중점을 두고 해설했다.

　이 책의 구성과 원문의 선정, 해설에 필자의 주관이 많이 반영되어 다소 조심스럽다. 원문에 대한 이해나 문화 현상을 보는 관점이 미숙하더라도 이해와 질정을 바란다. 교재의 목적으로 쓰긴 했지만 해설의 내용은 일반 교양 도서의 성격과 크게 다르지 않을 것이다. 일반 독자들도 이 책을 통해 한문 공부와 동아시아 문화에 친숙해질 수 있기를, 아울러 고전 속에 담긴 풍부한 이야기들이 우리의 인생을 성숙하게 이끌어줄 수 있기를 바란다.

2018년 7월

이 규 일

|목차|

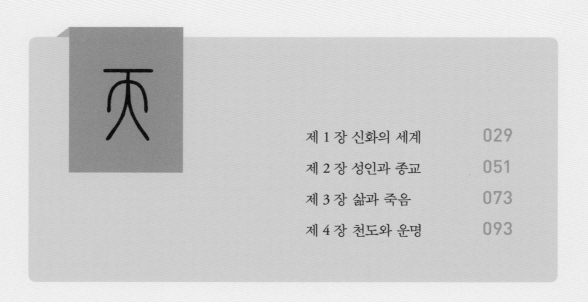

서 장

한자의 특징과 발전

1. 한자의 탄생

네 개의 눈을 가진 창힐

한자가 만들어진 것은 상(商) 왕조 후기인 B.C.1300년경에서 B.C.1000년경으로 추정된다. 하지만 왜 하필 이 시기에 문자가 탄생했는지는 알 수 없다. 한자의 기원과 관련한 학설에는 창힐조자설(倉頡造字說), 팔괘기원설(八卦起源說), 하도낙서설(河圖洛書說), 결승설(結繩說) 등이 있다. 이 중 흥미로운 것은 창힐이 글자를 만들었다는 학설인데 『회남자淮南子』에 다음과 같은 이야기가 전한다. "옛날 창힐이 글자를 만들었는데 하늘이 곡식을 비로 내리고 귀신이 밤에 통곡했다(昔者倉頡作書, 天雨粟, 鬼夜哭.)." 창

• 창힐 초상화 •

힐의 초상화를 보면 눈이 네 개로 그려져 있다. 창힐은 새와 짐승의 발자국을 보고 문자를 만들었다고 하는데 아마도 후대인들이 창힐의 비범한 관찰력을 강조하기 위해 이런 형상을 만든 것 같다. 그런데 이상한 점이 있다. 비가 내리는데 빗물이 내리지 않고 곡식이 내렸다는 것이다. 또 귀신이 밤에 통곡했다. 문자가 만들어졌는데 왜 하늘에서 곡식이 쏟아지고 귀신이 울었을까. 고대인들도 문자의 탄생을 매우 특별하고 신비한 사건으로 생각했던 모양이다.

지혜는 불행의 전조

후한의 고유(高誘)는 곡식이 쏟아지고 귀신이 통곡한 일을 다음과 같이 해석했다. "창힐이 새의 흔적을 보고 글자를 만들자 사기와 거짓이 생겨났다. 사기와 거짓이 생겨나자 근본을 버리고 말단을 추구하며 논밭을 경작하는 본업을 버리고 송곳과 칼을 뾰족하게 하는 일에 힘썼다. 하늘은 사람들이 장차 굶주릴 것을 알고 곡식을 비로 내려준 것이다." 고유는 문자의 탄생을 불길

한 사건으로 인식한 것 같다. 옛날 사람들은 모두 농사에 힘쓰며 순박하게 살았는데 문자가 생겨나면서 지혜가 생겨나 사기와 거짓으로 부자가 될 수 있음을 알았다는 것이다. 당시는 종이가 발명되기 전이라 송곳과 칼이 기록의 도구였다. 송곳과 칼을 뾰족하게 한다는 것은 남을 속이기 위해 문서를 위조하는 것을 말한다. 문서를 위조하여 쉽게 부자가 될 수 있는데 누가 힘들게 경작에 힘쓰겠는가. 세상에 사기와 거짓이 횡행하고 생산에 힘쓰는 이가 없으면 자연 굶어 죽는 사람도 생기는 법. 하늘이 이를 불쌍하게 여겨 곡식을 내렸다는 것이다.

그렇다면 왜 귀신은 밤에 울었을까. 고유는 또 이렇게 해석했다. "귀신은 문서로 탄핵받을까 두려워 밤에 울었다." 귀신은 음계의 일을 집행하는 대리인인데 자신의 실수를 인간들이 문서로 탄원할까 두려워했다는 것이다. 고유는 문자의 능력을 지나치게 신비하게 여기고 우려했던 것 같다. 혹자는 귀신도 인간을 불쌍하게 여겨 울었다고 해석하기도 하고, 식자우환(識字憂患)이라고 문자로 인해 생긴 지혜를 불행의 씨앗으로 생각했다고 해석하기도 한다. 또 鬼(귀신 귀) 자가 사실 兎(토끼 토) 자의 오기이며 붓을 만들려면 토끼털이 필요하니 위기를 느낀 토끼가 운 것이라는 해석도 있다. 이런 생각들을 보면 옛날 사람들도 문자의 발명이 인류 문명의 획을 긋는 중대한 사건임은 분명하지만 동시에 위험하고 불길한 미래의 전조라고 인식했던 것 같다.

문자의 탄생이 가져온 인류의 자신감

물론 긍정적인 측면의 해석도 있다. 문자의 탄생으로 인간들이 지혜를 얻게 되면 더 이상 자연의 지배를 받지 않을 것이며 자연이 인간에 대한 우월한 지위를 잃게 될까 봐 두려워 창조적인 사고를 하지 못하게 곡식을 내렸다는 것이다. 배부른 돼지가 되어 사고를 하지 않게 말이다. 중국 학자 요감명(姚淦銘)은 곡식을 비로 내리고 귀신이 밤에 통곡했다는 기록에 대해 인간이 보여준 자신감의 표현이라는 학설을 제기했다. 문자의 출현으로 지식이 축적되자 더 이상 인간들은 맹목적으로 밭을 갈지 않았고 하늘에서 곡식이 쏟아지듯 생산이 비약적으로 증대되었음을 상징하는 말이라고 했다. 또 우주의 비밀은 한쪽은 사람, 한쪽은 귀신이 차지하는데 문자로 인해 생긴 지식으로 사람이 귀신의 영역에 한 걸음 크게 내딛었기 때문에 귀신이 위기를 느껴 운 것이라고 해석했다. (김준연, 『고금횡단 한자여행』, 학민사, 2008년, 23쪽 참고) 이 정도면 불의 발명에 비견될 만하다. 옛날 사람들도 문자의 위력이 양날의 검처럼 인류에게 해가 되기도 하고, 또 획기적인 발전의 동기가 되기도 할 것이라는 생각을 했던 모양이다.

2. 갑골문자의 발견

고대 중국인들은 중대한 일을 하기 전에 신에게 길흉(吉凶)을 물었던 것으로 보인다. 갑골이나 수골(獸骨)에 피를 칠하고 그 위에 구멍이나 홈을 파서 불을 지피면 갑골에 균열이 생기는데 점술사는 그 문양을 보고 점술의 결과를 판단했다. 卜(점 복) 자는 갑골에 생긴 균열을 형상화한 글자이다. 이렇게 점술을 거행하면 그 결과는 넓적한 뼈에 새겨 보관했다. 그 내용은 전쟁, 제사, 질병, 풍우, 농사와 같은 국가적 대사와 관련된 일이었다.

• 갑골 잔편 •
(미국 시카고미술관)

갑골문은 모양이 정돈된 뼈나 거북의 등딱지에 새겨 넣었다. 기록 매체도 다른 문명권과는 달랐다. 메소포타미아의 설형문자(수메르 문자)는 점토판에 기록했는데 진흙 더미에 나뭇가지로 쐐기를 박듯 기록했기 때문에 쐐기문자라고도 불린다. 이집트의 상형문자(성각문자)는 왕의 무덤에 있는 벽이나 돌에 조각의 형태로 만들어지기도 했고, 파피루스에 잉크로 기록되기도 했다. 하지만 한자는 갑골에 조각칼을 이용해 기록했다. 은허에서 발견된 정교한 칼이 근거이다. 이 조각칼은 옥이나 청동으로 만들어졌다. 이런 점으로 볼 때 갑골문은 보관의 성격이 강하고 보급에 큰 의미를 두지 않았다. 신에게 고하기 위한 문자이며 신과 왕을 잇는 종교적 매체라고 할 수 있다.

중국의 갑골문이 발견된 것은 20세기 초 하남성 중부에 있는 안양(安陽)현의 소둔(小屯)이라는 작은 마을에서였다. 갑골문의 발견엔 다음과 같은 에피소드가 전한다. 1899년에 골동품 상인 범수헌(範壽軒)이 천진에서 고문화 연구로 저명한 왕양(王襄)에게 동물 뼈에 적힌 문자 이야기를 했다. 소둔에서 밭을 갈던 농부들이 땅 속에서 이상한 문양이 새겨진 동물 뼈를 찾았는데 그 마을 사람들은 그것을 용골(龍骨)이라 부르며 신경통에 좋다고 그 뼈를 갈아 마신다는 것이다. 왕양이 흥미를 느껴 구입해달라고 부탁하자 다음 해에 범수헌이 그 뼈들을 대량으로 갖다주었다. 가격이 너무 비싸 왕양이 전부 사지는 못했고 나머지 일부를 유명한 서예가 맹정생(孟定生)이 샀다. 갑골문은 왕양과 맹정생에 의해 세상에 알려지게 되었다. 왕양은 갑골문 연구로 천진시 정부의 표창도 받았다. 후에 범수헌은 북경에 가서 국자감좨주 왕의영(王懿榮)에게 나머지 갑골을 팔았다. 이때부터 왕의영은 갑골문을 사 모으게 되었고 연구를 시작했다.

갑골문의 발견으로 문헌 속에서만 존재하던 은나라의 역사가 실재하는 것임을 알게 되었다. 그 후 지금까지 발굴된 갑골문은 약 16만 매이고 식별 가능한 갑골문자는 4,500자, 해독된 것은 1,700자이다.

3. 한자의 발전과 성립

육서의 원리

한자가 만들어진 원칙을 일반적으로 육서(六書)라고 부른다. 상형(象形), 회의(會意), 지사(指事), 형성(形聲), 가차(假借), 전주(轉注)의 여섯 가지 방식이다.

① 상형 : 구체적인 사물의 모습을 형상화한 글자.

> 예 女(계집 녀), 母(어미 모), 山(뫼 산), 日(날 일)

女(녀)는 여성이 무릎 꿇은 모양을 형상화했다. 『설문해자(說文解字)』는 '여자가 두 손을 맞잡고 공손하게 무릎을 꿇고 있는 모양'이라고 해석했다. 여성이 아기를 낳는 모습이라는 해석도 있다.

母(모)는 무릎 꿇고 앉은 여성의 모습에서 가슴 부분을 강조하여 어머니의 의미를 표현한 글자이다. 어머니의 여러 가지 모습 중에서 자식에게 젖을 주는 행동을 가장 중요하게 생각한 것이다.

갑골문: 계집 녀   갑골문: 어미 모

② 회의 : 몇 개의 의미 있는 글자를 조합해 새로운 개념을 나타내는 글자.

> 예 好(좋을 호), 取(취할 취), 安(편안할 안), 休(쉴 휴)

好(호)는 여자[女]와 자식[子]의 조합인데 여성이 아기를 안고 있는 모습이다. 성인 남녀가 함께 있는 모습으로 보아 남녀상열의 의미로 해석하기도 한다. 초기 갑골문의 자형에서는 여자가 남자를 안고 있는 모습인데 후대로 가면서 여자와 남자의 위치가 바뀌었다.

取(취)는 귀[耳]와 손[又]의 조합인데 고대 전쟁에서 포로의 귀를 가져가 전공을 인정받던 문화에서 나왔다. 又(또 우)는 원래 '손(특히 오른손)'을 가리키는 글자에서 '또, 다시'라는 뜻으로 확장되었다.

갑골문: 좋을 호   갑골문: 취할 취

③ 지사 : 추상적인 현상이나 개념을 표시하기 위해 부호를 사용하여 의미를 표현한 글자. 대부분 기존의 상형문자에 부호를 더하거나 빼서 만들었다.

> 예 本(근본 본), 末(끝 말), 身(몸 신), 刃(칼날 인)

本(본)은 나무를 의미하는 글자[木]의 뿌리 부분에 점을 찍어 뿌리, 근본을 표현했다. 같은 방식으로 末(말)은 나무의 위쪽 끝 부분에 획을 그어 끝을 표현했다.

身(신)은 사람을 의미하는 글자[人]에서 몸통(또는 배) 부분에 둥근 획을 그어 몸을 표현했다.

갑골문: 나무 목　　금문: 근본 본　　갑골문: 사람 인　　갑골문: 몸 신

이상의 상형, 회의, 지사는 '의미'를 기록하기 위해 만들어진 한자들이다. 하지만 사람들의 대화를 기록하기에는 한자가 너무 부족했다. 초기의 한자가 소리(음)를 표현하는 방식이 아니었기 때문이다. 그래서 언어를 문자로 구현하기 위해 형성의 방식이 생겨났다.

④ 형성 : 의미와 소리 부호의 조합으로 만들어진 글자.

> 예 和(화할 화), 忍(참을 인), 江(강 강), 河(물 하)

和(화)는 입[口]과 벼[禾]의 조합이다. 口(입 구)는 의미 부분이고 禾(벼 화)는 소리 부분이다. 음식을 먹을 수 있어야 화합이 되고 평화가 이루어진다는 의식이 반영되었다.

忍(인)은 칼날[刃]과 마음[心]의 조합이다. 刃(칼날 인)은 소리 부분이고 心(마음 심)은 의미 부분이다. 참는다는 행위가 칼날같이 단호하고 어려운 것이라는 생각이 반영되었다.

忍(인)에는 한자가 상형(刀, 칼 도)에서 지사(刃, 칼날 인)로, 다시 형성으로 발전하는 변화의 과정이 담겨 있다.

갑골문: 화할 화　　갑골문: 칼 도　　갑골문: 칼날 인　　금문: 참을 인

⑤ 가차 : 모양이나 음이 비슷한 기존의 글자를 빌려와 새로운 의미를 표현한 글자.

> 예 莫(말 막), 令(하여금 령), 弗(달러 불)

莫(막)은 원래 ⁺⁺(풀 초)와 ⁺⁺ 사이에 해가 지는 모양으로 '저녁'이라는 뜻의 글자였다. 하지만 '~하지 말라'라는 의미를 표현하려고 莫(말 막)을 빌려왔다. 그래서 莫(막)에는 '날이 저물다', '~하지 말라'라는 의미가 함께 담겨 있다. 후에 저녁이라는 의미를 별도로 표현하기 위해 暮(저물 모)라는 새로운 글자가 만들어졌다. 豆(콩 두)는 원래 음식을 담는 제기를 가리키는 글자였는데 콩을 의미하기 위해 빌려왔다. 沙發(소파), 巧克力(초콜릿) 등의 외래어나 달러를 나타내기 위해 弗(아닐 불)을 차용한 경우 역시 가차에 해당한다.

⑥ 전주 : 전주의 의미에 대해서는 이견이 많다. 대체로 물레방아처럼 돌아서〔轉〕 여기저기에 물이 들어가듯〔注〕, 기존에 있던 글자가 확장되어 새로운 의미를 표현하는 것을 말한다.

> 예 樂(풍류 악, 즐거울 락, 좋아할 요), 惡(악할 악, 미워할 오), 度(법도 도, 헤아릴 탁)

樂(악)은 하단에 나무〔木〕가 있고 위에 실〔絲〕이 있는 모양으로 받침대가 있는 현악기를 형상화했다. 그래서 원래 '음악'을 뜻하는 글자였는데 '즐기다'라는 뜻으로 확장되고 다시 '좋아하다'라는 의미로 확장되었다. 度(도)는 사물의 크기나 양을 측정하는 '척도'를 의미했는데 여기서 확장되어 '헤아리다'라는 의미가 새로 추가되었다.

육서의 개념이 처음 제기된 문헌은 허신(許愼)이 편찬한 중국 최초의 자전 『설문해자(說文解字)』이다. 그런데 가차와 전주는 의미도 비슷한 데다 한자의 제작 원리라기보다는 운용 방식에 가까운 것이라 육서 개념의 타당성에 대해 후대의 이견이 다소 분분하다. 하지만 육서의 이론은 한자가 만들어진 과정과 한자에 담긴 고대인들의 사유 방식을 설명해준다.

글자체의 변화

한자의 글자체는 계속 변화해왔는데 그 과정은 크게 다음과 같다.

> 갑골문(甲骨文) → 전서(篆書) → 예서(隷書) → 해서(楷書) → 초서(草書) →
> 행서(行書) → 간체자(簡體字)

① 전서: 진나라 통일 이전의 문자인 대전(大篆)과 진나라 통일 이후의 문자인 소전(小篆)으로 나뉜다. 진시황은 통일 후 강력한 중앙 집권 통치를 위해 문자를 통일했는데 바로 이 소전을 가리킨다. 솥이나 칼 등 청동기에 새겨진 금문(金文), 돌 위에 새겨진 석고문(石鼓文) 등이 대전에 속한다. 도장에 글씨를 파는 것을 전각이라 부르는 것은 도장의 일반적인 글자체가 전서이기 때문이다.

② 예서: 한나라 때의 공식 문자로 통용된 글자체이다. 예서의 '예'는 노예를 뜻하는데 감옥을 관리하는 하급 관리가 문서 업무의 편의를 위해 만들었다고 전한다.

③ 해서: 해서는 오늘날 정자체라고 부르는 반듯한 글자체이다. 네모반듯하고 필획이 곧기 때문에 붙여진 이름이다. 해(楷) 자에는 '본보기, 모범'이라는 뜻이 있다. 그래서 정서(正書), 진서(眞書)라고도 부른다. 한나라 말기에 예서에서 변형·발전되었고 위진남북조 시대에 성숙해졌다. 당나라 때 구양순(歐陽詢)과 안진경(顔眞卿), 원나라 때 조맹부(趙孟頫) 등이 해서의 명인들이다.

④ 초서: 흘려 쓴 글씨를 말한다. 초(草) 자에는 풀이라는 의미 외에도 '거칠다, 대충대충 하다'라는 의미가 있다. 심하게 흘려 쓴 글씨는 광초(狂草)라고 부르며, 알아보기 어려운 초서체를 반듯한 정자로 옮기는 것을 탈초(脫草)라고 한다.

⑤ 행서: 물 흐르듯 자연스럽게 쓴 글자체라 붙여진 이름이다. 위진남북조의 유명한 서예가 왕희지(王羲之)의 「난정집서(蘭亭集序)」가 행서로 쓰였다.

⑥ **간체자:** 현재 중국(대륙)에서 통용되는 글자체이다. 한자 간체화 정책은 1935년 중화민국 교육부에서 추진했다가 국민당 수뇌부의 반대로 철회된 적이 있다. 그 후 중화인민공화국이 성립되고 나서 중국 정부는 1955년 초안을 만들어 의견을 수렴한 후 1964년 「간화자총표」를 발표했다. 그리고 다시 수정을 거친 후 1986년 2,235자의 간체화된 한자를 공포했다.

• 한자의 변천 •

民 백성 민							
	갑골문	대전	소전	예서	해서	초서	행서

分 나눌 분							
	갑골문	대전	소전	예서	해서	초서	행서

心 마음 심							
	갑골문	대전	소전	예서	해서	초서	행서

雨 비 우							
	갑골문	대전	소전	예서	해서	초서	행서

日 날 일	ロ	ロ	日	日	日	ㄅ	日
	갑골문	대전	소전	예서	해서	초서	행서

酒 술 주	俐	酉	酒	酒	酒	沔	酒
	갑골문	대전	소전	예서	해서	초서	행서

4. 한자의 정비

한자는 모두 몇 자인가?

한자의 개수를 알려면 어떻게 해야 할까? 가장 두꺼운 한자 자전을 찾아서 한자의 개수를 세 보는 것이 가장 현명한 방법일 것이다. 현대 한자는 기본적으로 청대 강희제 때 정비된 것이다. 우리는 흔히 한자 자전을 옥편이라고 부르는데 사실 『옥편』은 543년에 중국 남북조 시대 양(梁)나라의 고야왕(顧野王)이 편찬한 한자 사전의 이름이다. 원본에는 1만 7천여 자가 수록되었다고 하는데 지금 전하는 판본에는 2만 2천여 자가 수록되어 있다. 청나라 때인 1716년에 완성된 『강희자전』에는 4만 7천여 자가 수록되어 있다. 이때의 글자체와 뜻이 현재 동아시아 한자의 기준이자 표준이 되었다. 현존하는 최다 한자 수록 사전은 1994년 출판된 『중화자해(中華字解)』(冷玉龍냉옥룡, 中華書局중화서국)로 85,568자가 수록되어 있다. 『현대한어사전』의 기록에 근거하자면 중국어의 음절수는 약 1,600여 음절이다. 그렇다면 평균 53개의 한자가 같은 음을 갖고 있다고 할 수 있다. 말하자면 컴퓨터에서 발음을 입력하여 한자를 입력하려 했을 때 한 발음에 50개가 넘는 한자가 뜬다는 것이다. 이 때문에 중국에서는 간편한 한자 입력 프로그램을 개발하기 위해 많은 기술진들이 치열한 경쟁을 펼치고 있다.

한자 간체화 개혁

1950년대의 한자 간체화 사업으로 중국 대륙의 한자는 한국, 일본, 홍콩, 대만 등의 한자와 달라졌다. 이렇게 간체화된 한자를 중국에서는 '간체자'라고 부르고 기존의 정자를 '번체자'라고 부른다. 문맹을 퇴치하고 한자를 보급한다는 긍정적인 면도 있지만 기존의 문자와 지나치게 달라진 글자도 많아 변별력이 감소되었다는 단점도 있다. 한자의 간체화 방안은 대략 다음과 같다. 최재혁의 『한자가 보인다』(학고방, 2009)에서는 한자의 간체화 방안을 14개로 분류했는데 그중 일부는 다음과 같다.

① 갑골문 등의 고체자를 채택함

網 : 网	從 : 从	雲 : 云

② 고대에 사용된 이체자를 채택함

萬 : 万	禮 : 礼	處 : 処

③ 초서를 해서화함

車 : 车	興 : 兴	當 : 当

④ 글자의 일부분만 남김

聲 : 声	習 : 习	開 : 开

한자에는 고대 중국인들의 사유 방식과 의식 구조가 담겨 있다. 그러므로 한자의 구조를 의도적으로 고치거나 변화시키는 것은 커다란 의식의 변혁을 가져오는 것이다. 예를 들면 사랑[愛]이라는 글자는 心(마음 심)이 부수이고 사랑이라는 개념도 마음의 작용이 기본이다. 그런데 간체화되면서 마음이 사라졌다. 간체자로는 '爱'로 표기한다. 한자가 처음 만들어진 당시의 의식 구조가 해체된 것이다. 그뿐 아니라 한자 문화권의 동아시아 국가들 사이에 소통할 수 있는 기능도 사라졌다. 한국, 중국, 일본의 공통 한자를 다시 만들려고 시도하는 것도 이런 이유 때문이다.

5. 한자와 사유 체계

공동체의 가치관

한자는 인간 사회나 자연계 사물의 모습을 본떠서 만든 상형문자로 출발했다. 그러나 상형문자는 한자의 3%에도 미치지 않는다. 『설문해자』 수록 한자 9,353자 중에서 상형, 회의, 지사는 1,400자 정도이고 대부분은 형성문자이다. 『중화자해』 수록 한자 85,568자 중에서 형성문자는 약 90%에 이른다. 형성의 원리가 활용되면서 한자의 수가 폭발적으로 증가한 것이다.

일본 학자 시라카와 시즈카(白川靜)의 『한자의 세계(漢字の世界)』에 따르면 한자는 윤곽적인 평면 묘사의 방식을 피하고 있다. 형태에 의미, 상징화, 공동체의 가치관이 담겨 있어야 문자가 된다는 것이다. 예를 들면 至(이를 지) 자의 발전 과정은 다음과 같다.

갑골문	대전	소전	해서

'이르다', '도착하다'라는 추상적인 의미를 고대인들은 화살이 날아가 땅에 떨어진 모습으로 형상화했다. 그래서 至(지)는 '어떤 지점에 무언가가 도달했다'라는 의미가 되었다. 그런데 至(지)는 또 至極(지극), 至誠(지성)처럼 '지극하다', '매우'라는 의미도 있다. 아마도 이 화살이 떨어진 장소가 어떤 신성한 곳이었던 모양이다. 어쩌면 원시인들이 하늘에 제사를 지내는 곳이었던 것 같다. 이 신성하다는 말에는 공동체의 의식과 가치관이 담겨 있다.

예술적 상상력이 중요

　한자는 그림이다. 문자를 통한 최초의 의사 전달 방식은 그림을 그려 보여주고 그림을 보고 이해하는 것이었다. 그림이었기 때문에 한자에는 미감이 담기게 되었고 미감을 표현하기 때문에 한자는 예술과 가까운 속성을 갖게 되었다. 서예와 전각은 한자를 쓰고 깎는 행위만으로 예술이라 할 수 있다. 그래서 한자는 이미지에 의존하는 존재이다. 과학적이고 논리적이라기보다는 영감과 예술적 상상력을 중시한다.

　예를 들면 聾(귀머거리 롱) 자는 용〔龍〕과 귀〔耳〕가 결합되어 만들어졌다. 왜 귀머거리를 표현하는데 용과 귀를 결합했을까. 아마도 청각 장애인에게 달려 있는 귀는 용의 귀이기 때문에 사람의 소리를 듣지 못한다고 생각했던 모양이다. 이런 생각은 예술가의 상상력이다. 또 「바람과 함께 사라지다(Gone With the Wind)」라는 소설이 있다. 동명의 영화로 더 유명하다. 스칼렛이라는 대농장주의 장녀가 남북전쟁을 거치며 가문의 몰락과 사랑과 인생의 영락을 경험하는 내용이다. 처음 이 영화가 중국에 들어왔을 때의 제목은 「난세가인(亂世佳人)」이었다. 난세를 겪는 아름다운 여인이라는 말이니 영화의 내용과 딱 맞는 제목이다. 그런데 후에 「표(飄)」라는 제목이 다시 생겨났다. 이 소설

• 영화 「바람과 함께 사라지다」의 중국 포스터 •

과 영화의 표지는 한동안 「난세가인」과 「표」라는 두 제목이 모두 유통되었다. 표(飄)는 '회오리 바람 표' 자로 '바람에 나부끼다, 펄럭이다'라는 뜻이 있고 '바람에 떨어지다, 유랑하다'라는 뜻도 있다. "미풍이 규방 창문에 부딪히니, 비단 커튼이 홀로 펄럭입니다(微風沖閨闥, 羅帷自飄揚.

미풍충규달 나유자표양).”라는 시구도 있다. 이 영화가 사람들에게 감동을 주었던 것은 전쟁이라는 역사의 거대한 물결 속에서 어쩔 수 없이 떠밀려가는 가녀린 여인의 파란만장한 인생 역정인데 「표(飄)」는 이런 내용을 이미지로 전달했다. 영화의 내용을 직접적으로 표현한 것은 「난세가인」이지만 「표(飄)」라는 제목은 한없이 바람에 떠가는 여주인공의 가련한 인생을 연상하게 했을 것이다. 후에 이 영화는 「표(飄)」라는 제목으로 더 많이 알려졌다. 이것이 한자가 갖는 이미지로서의 속성이다.

6. 한자의 주술성과 신비주의

한자는 B.C. 200~A.D. 200년경에 체제가 완비되었다. 이집트, 메소포타미아의 문자들은 모두 사라졌지만 한자는 지금도 사용되고 있다. 한자는 메소포타미아의 설형문자, 이집트의 상형문자와 마찬가지로 그림문자였고 종교적인 목적으로 생겨났다. 이집트인들이 문자를 신의 선물이라고 여긴 것처럼 중국인들도 한자를 신비화하는 경향이 있다.

장국영이 지은 이름

알파벳은 단어를 구성하는 하나의 작은 부분이지만 한자는 한 글자가 하나의 의미이다. 특히 한자로 이름을 짓는 동아시아 국가들의 사람들은 이름에 특별한 의미를 담기 위해 고심하며 글자를 고른다. 대개 자식의 이름에는 그 가족 구성원들의 희망이 담기게 된다. 1980년대의 홍콩 영화 「영웅본색2」에는 장국영이 전화박스에서 죽으며 딸의 이름을 짓는 장면이 있다. 이 영화의 명장면이기도 한데 장국영은 딸의 이름을 호연(浩然)으로 지었다. 이 이름은 중요한 의미가 있다. 영화의 스토리는 암흑가의 보스로 살아온 형과 경찰인 동생의 갈등이 주축이다. 서로 다른 길을 걸어온 두 형제가 결국엔 같은 핏줄이고 한 가족이라는 것을 잊지 말라는 것이 영화의 메시지이다. 그래서 영화의 주제가도 1편에서는 「지난날의 정(當年情당년정)」, 2편에서는 「내일을 향해 가자(奔向未來日子분향미래일자)」였다. 그런데 그 이면에는 당시 많은 홍콩 영화가 그랬듯이 홍콩의 반환을 앞둔 중국인들의 심리가 담겨 있다. 혁명을 통해 사회주의가 된 중국이나, 영국에 귀속되어 최고의 자본주의를 누린 홍콩이나 결국은 형제이니 과거를 잊고 새로운 미래를 맞자는 것이 영화의 또 다른 메시지이다. 그래서 장국영이 딸에게 지어준 호연이라는 이름에도 영화의 주제가처럼 어떤 메시지가 담겨 있다. 호연은 『맹자』에서 말한 호연지기(浩然之氣)에서 나온 말이다. 작은 것에 얽매이지 않고 초월하는 넓은 기상을 가리킨다. 너와 내가 암흑가의 보스든 경찰이든, 나라가 사회주의든 자본주의든, 이런 굴레를 벗어나 더 넓은 경지에 서서 미래를 보자는 메시지가 이 이름으로 표현되었다.

한자의 영험한 힘

한자 문화권에서는 제사를 지낼 때 돌아가신 분의 초상화를 놓거나 이름을 글씨로 써 붙여놓는다. 글씨로 그 사람을 대신할 수 있다는 관념이 있기 때문이다. 또 왕이나 조상의 이름을 함부로 부르는 것을 피하거나 숫자 4를 死(죽을 사)와 같은 발음이라고 하여 꺼리는 것 역시 글자에 영험한 힘이 있다고 생각한 것이다. 우리나라의 문화에도 이런 예는 많다. 서울 남쪽의 관악산은 풍수지리학적으로 불을 상징한다고 여겨졌다. 산의 모양새도 타오르는 불처럼 보였다. 그

• 숭례문 현판 •

래서 조선 시대에는 한양 도성의 남쪽 문인 남대문에 숭례문이라는 현판을 세로로 세웠다. 인, 의, 예, 지, 신에서 禮(예의 예)는 음양오행에서 火(불 화)에 해당한다. 숭례라는 이름은 예를 숭상한다는 말이지만 불의 기운을 숭상한다는 의미가 내포된 것이다. 불의 기운으로 불의 기운을 막으려는 의지가 남대문에 담겼다. 글씨를 세로로 쓴 것은 불이 타는 모습을 더욱 강조하기 위한 의도였다. 한자의 주술성을 믿는 관념이 표현된 일화이다.

한문의 특징과 어순

고립어의 특징

고대 중국어인 한문은 표의문자의 성격이 강하며 한 글자가 하나의 음과 뜻을 갖고 있다. 그리고 시제나 격에 따라 단어의 어형이 변하지 않는 고립어(孤立語)의 특징이 있다.

臣事君 신사군　신하가 임금을 섬기다.
君事臣 군사신　임금이 신하를 섬기다.

위의 예문은 주어+동사+목적어 어순의 한문 문장이다. 주어와 목적어의 위치가 바뀌면 다른 의미의 문장이 된다.

신하가 임금을 섬기다.

임금을 신하가 섬기다.

위의 예문은 한국어 문장이다. 주어와 목적어의 위치가 바뀌었지만 의미는 바뀌지 않았다. '-가(이)', '-을(를)'과 같은 조사가 문장의 의미 형성에 작용하기 때문이다. 한국어나 일본어처럼 조사가 활용되는 언어를 교착어(膠着語)라고 한다.

한문은 조사가 없으므로 어순의 역할이 매우 중요하다. 개념적 서술이 발달했기 때문에 단어의 활용과 문맥의 의미를 유추하고 추론하는 능력이 필요하다.

한문의 기본 어순

1. 주어+술어

　(1) 주어+명사

白居易山西太原人 백거이산서태원인　백거이는 산서 태원 사람이다.
冬者歲之餘 동자세지여　　　　　　겨울은 한 해의 나머지이다.

(2) 주어+동사

秋來 추래   가을이 오다.
三人行 삼인행   세 사람이 길을 간다.

(3) 주어+형용사

夜深 야심   밤이 깊었다.
山川秀麗 산천수려   산천이 수려하다.

'주어+술어' 구조가 어순이 바뀌면 수식 구조의 문장이 되기도 한다. 수식 구조의 문장은 우리말의 어순과 같다.

高山 고산 높은 산   山高 산고 산이 높다.
明月 명월 밝은 달   月明 월명 달이 밝다.

조동사는 동사 앞에 위치한다.

能復飲乎 능부음호   더 마실 수 있겠는가?
存亡不可知 존망불가지 살고 죽는 것은 알 수 없다.

2. 동사+목적어

한문에서 목적어는 동사 뒤에 위치한다. 우리말의 어순과 다른 점이다.

王好戰 왕호전   왕이 전쟁을 좋아하다.
塞翁失馬 새옹실마   변방의 노인이 말을 잃어버리다.

간접 목적어와 직접 목적어가 함께 사용될 때, 어순은 '동사+간접 목적어+직접 목적어'이다.

天生民而立之君 천생민이립지군	하늘이 백성을 내리고 그들에게 임금을 세워주었다.
公賜之食 공사지식	공이 그에게 음식을 하사했다.

3. 술어+보어

보어는 술어를 보충 설명하는 말이다. 예를 들어 學難成(학난성, 학문은 이루기 어렵다)의 成(이룰 성)은 難(어려울 난)을 보충 설명한다. 또 玉在山(옥재산, 옥이 산에 있다)의 山(산 산)은 在(있을 재)를 보충 설명한다. 여기서 成(성)과 山(산)이 보어로 사용되었다. 일반적으로 명사, 형용사 등이 보어로 사용된다.

終爲忠臣 종위충신	마침내 충신이 되었다.
人生如夢 인생여몽	인생은 꿈과 같다.

4. 부사 · 부정사의 위치

한문에서 부사나 부정사는 일반적으로 술어의 앞에 위치한다.

鳥已死 조이사	새가 이미 죽었다.
我未見好仁者 아미견호인자	나는 인을 좋아하는 사람을 아직 보지 못했다.

5. 품사의 자유로운 활용

한문에서는 명사, 형용사 등의 품사가 문맥에 따라 동사로 활용되기도 한다. 고대의 문장일수록 이런 용법이 자주 출현한다.

天雨粟 천우속	하늘이 곡식을 비로 내렸다.
吾妻之美我者, 私我也 오처지미아자 사아야	내 아내가 나를 잘생겼다고 여기는 것은 사적인 마음으로 나를 대하기 때문이다.

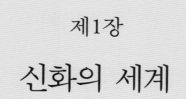

제1장

신화의 세계

1. 단문 읽기

반고의 천지개벽

天地渾沌如雞子, 盤古生其中. 萬八千歲, 天地開闢, 陽淸
천 지 혼 돈 여 계 자   반 고 생 기 중   만 팔 천 세   천 지 개 벽   양 청
爲天, 陰濁爲地.
위 천   음 탁 위 지

『三五曆紀』
삼 오 력 기

어휘 풀이

| 渾沌(혼돈) : 뒤엉켜 섞여 있음. 渾(혼)은 混(혼) 자와 통용 | 雞子(계자) : 달걀. 雞(계)는 鷄(계)
자와 통용 | 盤古(반고) : 신화 속의 거인 | 歲(세) : 해, 년 | 闢(벽) : 열다 | 陰陽(음양) : 음과 양 | 淸
濁(청탁) : 맑음과 탁함

우리말 해석

땅과 하늘이 계란처럼 뒤섞여 있었고 반고는 그 속에서 태어났다. 만 팔천 년이 지나 천지가
개벽되었는데 양의 맑은 기운이 하늘이 되었고 음의 탁한 기운이 땅이 되었다.

『삼오력기(三五曆紀)』는 삼국 시대 오나라 사람 서정(徐整)이 쓴 책인데 지금은 전하지 않는다. 본문의 내용은 송대 문헌인 『태평어람(太平御覽)』에 인용되어 전한다.

반고의 천지개벽은 중국의 창세 신화 중 가장 대표적인 이야기이다. 고대인들의 상상 속에서 태초의 모습은 모든 것이 뒤섞인 무질서한 공간이었던 것 같다. 『장자』에 나오는 중앙 천제 이름도 혼돈이었고 그리스 신화에서도 태초의 모습을 카오스(Chaos, 혼돈)라고 묘사했다. 그런데 반고의 고사에서는 난생(卵生) 설화의 화소가 등장한다. 하늘과 땅은 분리되지 않았고 계란 속의 흰자와 노른자처럼 모든 것이 뒤엉켜 있었다. 반고라는 거인이 그 가운데에서 태어나 혼돈의 상태를 깨고 천지를 개벽했다. 반고의 반(盤) 자는 '굽다, 구불구불하다'라는 뜻이다. 반고라는 이름은 거인이 알 속의 새처럼 웅크리고 있던 모습에서 나왔다. 그런데 반고는 도끼를 사용하여 천지를 나누었다. 천지를 창조했다고 말하지 않고 개벽했다고 말한 것은 이유가 있다. 개벽의 開(개)와 闢(벽)은 모두 '열다'라는 뜻이 있고 闢(벽)의 원형 글자인 辟(벽)에는 '쪼개다'라는 뜻도 있다.

반고가 천지를 개벽했더니 맑은 양의 기운이 올라가 하늘이 되었고 탁한 음의 기운은 내려가 땅이 되었다. 반고는 하늘과 땅이 다시 붙지 않도록 그 사이에서 버티고 있었다. 하늘과 땅은 날마다 1장(丈)씩 거리가 멀어져 반고는 키가 매우 큰 거인이 되었다. 『오운역년기(五運歷年記)』에 따르면 반고가 죽은 후 그의 시체가 변하여 세상의 일부분이 되었다고 한다. 그의 숨은 바람과 구름이 되고, 목소리는 천둥, 두 눈은 해와 달, 피와 근육과 혈관은 강과 지층과 토양이 되었다.

반고의 천지개벽 이야기에는 폭력이나 살해가 등장하지 않는다. 다른 문화권의 창세 신화에는 신들이 서로 싸우다 죽여 상대방의 시체로 세상을 만드는 내용이 많다. 게르만 신화에는 이미르라는 거인이, 바빌론 신화에는 여신 티아마트가 다른 신들에게 살해되면서 이들의 시체가 하늘과 바다와 육지가 된다. 그런데 반고의 이야기는 알에서 생명이 생겨나는 이야기로 시작된다. 난생 설화는 농경 문화의 특징이다. 또 반고는 천지를 만든 절대적인 공로자인데, 사후에도 자신의 신체를 세상을 위해 제공한다. 이 대목은 희생과 헌신을 중시하는 문화적 심리로 해석할 수 있다. 인간의 신체와 자연을 동일시하는 관념이 반영된 요소이기도 하다.

흙으로 사람을 빚다

俗說開天闢地, 未有人民, 女媧搏黃土作人. 劇務, 力不暇供,
속설개천벽지 미유인민 여와박황토작인 극무 역불가공

乃引繩於泥中, 擧以爲人.
내인승어니중 거이위인

『風俗通義』
풍속통의

어휘 풀이

│俗說(속설): 속설에, 세속에서 말하길│女媧(여와): 신화 속의 여신. 상체는 사람이고 하체는 뱀│搏(박): (맨손으로) 치다, 때리다│作(작): 만들다, 짓다│劇(극): 심하다, 심히│務(무): 힘쓰다│力不暇供(역불가공): 애를 써도 만들어낼 수 없다│引(인): 이끌다│繩(승): 끈, 줄│泥(니): 진흙│風俗通義(풍속통의): 동한 때 응소(應劭)가 쓴 책

우리말 해석

속설에, 천지가 개벽되었으나 아직 사람이 없었는데 여와가 황토를 반죽하여 사람을 만들었다. 매우 힘썼으나 애를 써도 다 만들 수 없게 되자, 끈을 진흙 속에서 끌었다가 들어 올려 사람을 만들었다.

인류 창조 신화이다. 媧(와)는 '와', '왜'의 두 가지 독음이 있는데 일반적으로 여와라고 말한다. 천지를 개벽한 반고는 남신의 캐릭터인데, 여와는 이름에서 보이듯 여신의 캐릭터이다. 생명을 생산하는 것은 여성의 역할이라는 관념이 반영된 것으로 보인다. 반고의 천지개벽으로 세상은 생겨났지만 아직 인간은 없었다. 그래서 여와가 황토를 반죽하여 사람을 만들었다. 원문의 摶(박)은 '치다'라는 의미가 있다. 밀가루 반죽하듯 치대는 동작을 말한다. 성경에도 사람을 만든 재료는 흙이다. 아마도 인류가 흙을 빚어 무언가를 만들었던 경험이 있기 때문에 이런 발상이 생긴 것 같다. 토기가 발명된 신석기 시대 이후일 것이다.

여와는 사람의 형상을 하나씩 손으로 빚다가 한계를 느꼈다. 그래서 대량 생산의 방법을 고안해냈다. 진흙 더미 속에 줄을 넣었다가 힘차게 위로 들어 올리는 것이다. 이때 튀기는 진흙 파편들 하나하나가 사람이 되었다. 여와는 시간과 힘을 줄일 수 있었고 사람의 수는 빠르게 늘었다. 뒷부분에는 "그러므로 부귀한 사람은 황토로 만든 사람들이고 빈천한 보통 사람들은 밧줄로 만든 사람들이다."라는 내용이 있다. 손으로 하나씩 정성스럽게 빚어서 만든 인간은 부귀한 신분이고 진흙을 튀겨 한꺼번에 만든 사람들은 빈천한 신분이라는 것이다. 사람이 선천적으로 귀하고 천한 신분을 부여받아 태어났다는 계급 사회의 신분 관념이 담겨 있다.

여와는 중국 신화에서 다양한 역할로 자주 등장한다. 대부분 인간을 보살피고 인류를 위해 헌신하는 내용이다. 『회남자』에는 하늘을 받치던 기둥이 무너져 홍수가 나자 여와가 날아 올라가 오색 돌로 하늘을 보수했다고 한다. 또 고대 벽화나 화상석(畫像石)에는 여와가 오빠와 함께 있는 그림도 많다. 오빠의 이름은 복희(伏羲)로 인류에게 수렵과 의약과 팔괘를 알려주었다. 두 남매는 상반신만 사람이고 하반신은 뱀인데 몸이 엉켜 있다. 이는 남매인 여와와 복희가 결합하여 인류의 시조가 되었음을 설명한다. 고대의 뱀은 불멸과 재생(再生), 다산 등 복합적 의미를 갖고 있다. 여와가 최초의 인류로 등장하는 신화도 있다. 홍수가 나 세상에 여와, 복희만 남아 두 사람의 근친혼으로 인류가 존속한다는 내용이다. 생명을 생산하고 돌보고 헌신하는 다양한 이미지가 여와에게 투영되어 있음을 볼 수 있다.

• 중국 투루판 아스타나 고분에서 발견된 여와와 복희 그림 •
(국립중앙박물관)

달나라로 간 항아

羿請不死之藥於西王母, 未及服之. 姮娥盜食之, 得仙奔入
예 청 불 사 지 약 어 서 왕 모   미 급 복 지   항 아 도 식 지   득 선 분 입

月中, 爲月精也.
월 중   위 월 정 야

『淮南子』高誘註
회 남 자   고 유 주

어휘 풀이

▌羿(예): 활을 잘 쏘는 신화 속의 영웅 후예(后羿) ▌於(어): ~에게 ▌西王母(서왕모): 주로 남녀
의 애정 문제를 장관하는 여신 ▌未(미): 아직 ~하지 않다 ▌及(급): 미치다 ▌服(복): 복용하다 ▌姮
娥(항아): 후예의 아내. 嫦娥(상아)로도 표기 ▌盜(도): 훔치다 ▌奔(분): 달아나다 ▌月精(월정): 달
의 정령

우리말 해석

후예가 서왕모에게 불사의 약을 청하고 아직 먹지 않았다. 항아가 그것을 훔쳐 먹고 신선이
되어 달 속으로 달아나 달의 정령이 되었다.

후예와 항아는 부부이다. 후예는 중국 영웅 신화의 대표적 인물로 『회남자』, 『산해경』 등에 무용담이 전한다. 요(堯)임금 때 하늘에 열 개의 해가 떴다. 산천은 불타고 곡식과 초목이 말라 죽자 요임금은 후예에게 활로 해를 떨어뜨려달라고 요청했다. 후예가 아홉 개의 화살로 하나씩 해를 떨어뜨리자 마지막 화살을 요임금이 감추었다. 하나 남은 해도 떨어뜨릴까 봐 두려웠기 때문이다. 결국 하늘에는 하나의 태양만 남았고 세상은 평온해졌다. 이 이야기는 부족 국가 시대의 세력들이 통합되는 과정으로 해석

• 한대 화상석 •
후예가 해를 떨어뜨리는 장면.

된다. 열 개의 태양은 각각의 세력을 상징한다. 이 상징 속에는 고대인들의 태양 숭배 사상이 담겨 있다. 후예는 이 세력들의 통합을 이끈 인물일 것이다.

항아가 후예의 약을 훔쳐 달아난 이유에 대해서는 별다른 기록이 없다. 하지만 항아의 행동은 윤리적으로 비난의 대상이 될 만했다. 그래서 항아의 이미지는 달에서 두꺼비로 변신했다는 내용으로도 발전했다. 항아가 벌을 받았어야 한다는 민간의 염원이 반영된 것이다. 까마귀가 태양의 정령이라면 두꺼비는 달의 정령이 되었다. 두꺼비는 장생불사의 영물이기도 하며 다산(多産)과 번식의 숭배 대상이기도 하다. 남녀의 혼인을 주관하는 신선을 월하노인(月下老人)이라고 부르는 것도 생식과 관계된 달의 이미지 때문이다.

달에 토끼의 형상이 등장하는 것은 이후의 일이다. 토끼는 달에서 방아질을 하는 이미지로 묘사되는데 방아질은 불사의 선약(仙藥)을 빻는 행동이다. 달, 항아, 두꺼비, 토끼가 연결되는 설화 요소는 현재에도 이어진다. 2013년 달 착륙에 성공한 중국의 탐사 위성의 이름 창어[chángé]는 항아의 또 다른 이름인 상아(嫦娥)의 중국어 발음이고, 탐사 차량의 이름 위투[yùtù]는 옥토끼(玉兔)의 중국어 발음이다.

한편 항아에게 배신당한 후예의 말로는 다소 비극적이다. 그는 지상에서 방황하다 자신의 제자에게 복숭아나무 몽둥이로 맞아 죽었다. 신성(神性)을 가진 아내가 떠나자 사실적이고 인간적인 모습으로 최후를 맞았다. 중국 신화는 여신 캐릭터가 빈약한데 그나마 알려진 이야기인 항아의 이미지도 부정적이다. 후예에게 불사의 약을 준 서왕모 역시 여신이고 다른 신화에서 남녀의 사랑을 중재하는 역할로 자주 등장한다. 후예와 항아의 이야기에서 서왕모의 행동도 석연치 않다. 본인이 준 약 때문에 후예 부부가 파탄을 맞았다면 더 강하게 이 사건에 개입해야 했다.

현실이었다면 서왕모의 역할이 더 컸을 것이다. 하지만 이 이야기에서 서왕모는 더 등장하지 않는다. 남성 중심인 중국 신화의 특징을 볼 수 있다.

• 마왕퇴(馬王堆) 한묘(漢墓)에서 출토된 백화. 귀부인의 관을 덮은 비단 위에 사후세계의 모습을 채색으로 그렸다. •

고주몽의 탈출

"我是天帝子, 河伯孫. 今日逃遁, 追者垂及, 奈何?" 於是
아 시 천 제 자 하 백 손 금 일 도 둔 추 자 수 급 내 하   어 시

魚鼈成橋, 得渡而橋解, 追騎不得渡.
어 별 성 교 득 도 이 교 해 추 기 부 득 도

『三國遺事』
삼 국 유 사

어휘 풀이

| 是(시) : ~이다 | 天帝(천제) : 상제, 하느님 | 河伯(하백) : 강물의 신 | 逃遁(도둔) : 달아나다, 도망치다 | 追者(추자) : 추격하는 자 | 垂(수) : 거의 | 及(급) : 미치다, 이르다 | 奈何(내하) : 어찌하랴 | 於是(어시) : 이에 | 魚鼈(어별) : 물고기와 자라 | 橋(교) : 다리 | 渡(도) : 물을 건너다 | 解(해) : 풀다, 해체하다 | 追騎(추기) : 쫓아오는 말

우리말 해석

"나는 천제의 자손이자 하백의 손자이다. 지금 달아나고 있는데 쫓아오는 자들이 거의 다 왔으니 어찌해야 하는가?" 이에 물고기와 자라가 다리를 만들었는데 물을 건너니 다리는 흩어져 쫓아오던 말 탄 이들이 물을 건너지 못했다.

고구려의 건국 신화이자 고구려의 시조 주몽에 대한 영웅 신화이다. 주몽의 이야기는『삼국유사』,『삼국사기』와 이규보의 서사시「동명왕편(東明王篇)」등에 실려 있다. 주몽의 아버지는 천제의 아들 해모수이고 어머니는 하백의 딸 유화이다. 해모수가 떠난 후 유화는 햇빛을 받아 임신하여 알을 낳았다. 알이 부화되자 아기가 나왔는데 이 아기가 주몽이다. 주몽은 활을 잘 쏘고 명마를 감식하는 능력이 있다. 주몽은 성장한 후, 부여 왕자들의 위협을 피해 남쪽으로 도망친다. 그러다 큰 강을 만나 위기에 처했는데 물고기와 자라의 도움으로 무사히 탈출했다. 영웅 설화의 전형적인 구조인 '출생의 비범함 → 시련 → 극복 → 성공'에서 이 대목은 시련을 극복하는 단계이다. 신과 교통할 수 있는 주몽의 초인적 능력이 부각되었다. 성경에 등장하는 모세의 출애굽 일화와 비슷하다. 새로운 땅을 찾아가다가 고난을 만나고 신의 도움으로 이를 극복하는 것이다. 모세와 그의 백성들은 바닷물이 갈라져 이집트를 탈출했고 주몽과 그의 일행은 물고기와 자라가 만든 다리를 건너 졸본으로 갔다. 주몽을 구출하기 위해 물고기와 자라가 모인 것은 외조부 하백이 강의 신이기 때문이다. 주몽은 졸본에 도읍을 정하고 고구려를 세웠다.

주몽의 부계 혈통은 태양신이다. 조부가 천제일 뿐 아니라 부친 해모수도 태양과 관련된 신성(神性)이 있다. 유화가 임신하게 된 것도 자신을 따라오는 햇빛 때문이었다. 해모수의 이름에도 '해'가 들어간다. 주몽의 시호인 동명성왕의 동명(東明)도 태양을 의미한다. 이런 내용들은 주몽

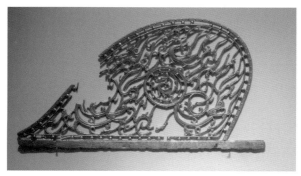
• 꾸미개에 새겨진 삼족오 •
(평양 진파리 무덤, 국립중앙박물관)

의 정치적 권위를 하늘과 연결하려는 관념에서 나왔다. 단군 신화와 비슷한 점이다. 또 주몽의 모계 혈통은 강물신이다. 물은 농업 생산에 절대적인 요소이기 때문에 하백의 혈통이라는 점은 주몽에게 농경 민족의 지도자로서 강력한 권위를 갖게 한다. 음양론에서 태양은 양에 속하고 물은 음에 속한다. 그래서 주몽은 음양의 기운이 어우러진 인물이자 하늘과 물에 대한 숭배 사상이 반영된 형상이라 할 수 있다. 주몽 신화는 스케일이 크고 초자연적인 내용 요소도 많다. 주몽과 고구려가 처한 정치적 상황과 필요성 때문일 것이다. 졸본에서 주몽은 외부에서 온 이방인이다. 통치자로 군림하기 위해서는 비범한 혈통과 초자연적인 권위가 필요했을 것이다.

흥미로운 것은 강물의 신 하백, 태양 숭배, 활쏘기 능력 등의 요소가 중국 신화에도 등장한다는 점이다. 단군 신화에 나오는 풍백(風伯)과 우사(雨師), 선녀와 나무꾼, 우렁이 색시 등의 화소들도 한중 양국의 설화에 공통적으로 등장한다. 이런 내용들은 두 나라 고대 문화의 교집합 부분이라 할 수 있다.

2. 문법 해설

1 **天地渾沌如雞子** (천지혼돈여계자) 땅과 하늘이 계란처럼 뒤섞여 있었다.

如 (같을 여)

① ~와 같다

▶ 人生如夢(인생여몽) 인생은 꿈과 같다. (「염노교 念奴嬌 · 적벽회고 赤壁懷古」)

② 만약 ~라면

▶ 洛陽親友如相問(낙양친우여상문) 낙양의 친구들이 물어본다면

（「부용루송신점 芙蓉樓送辛漸」)

2 **陽淸爲天, 陰濁爲地** (양청위천 음탁위지) 양의 맑은 기운이 하늘이 되었고 음의 탁한 기운이 땅이 되었다.

爲 (할 위)

① ~이다, ~이 되다

▶ 終爲忠臣(종위충신) 마침내 충신이 되었다. (『세설신어 世說新語』)

② 하다, 만들다

▶ 知其不可而爲之(지기불가이위지) 그것이 안 된다는 것을 알면서도 하다. (『논어 論語』)

③ ~를 위하여

▶ 士爲知己者死, 女爲悅己者容(사위지기자사 여위열기자용) 선비는 자기를 알아주는 사람을 위해 목숨을 바치고 여인은 자기를 어여뻐하는 사람을 위해 용모를 꾸민다.

（『전국책 全國策』)

3 未有人民(미유인민) 아직 사람이 없었다.

未(아닐 미)

不(불), 非(비), 無(무) 등과 같은 부정사로서, 특히 '아직 ~하지 않았다'라는 의미로 사용된다.

▶ 吾未見好德如好色者也(오미견호덕여호색자야) 색을 좋아하듯 덕을 좋아하는 사람을 나는 아직 보지 못했다. (『논어 論語』)

4 擧以爲人 (거이위인) 들어 올려 (그렇게 함으로써) 사람을 만들었다.

以(써 이)

① (수단, 도구) ~로써
▶ 爲善者天報之以福(위선자천보지이복) 선을 행하는 사람은 하늘이 복으로 그에게 보답한다. (『명심보감 明心寶鑑』)

② (신분, 자격) ~로서
▶ 以臣弑君(이신시군) 신하로서 임금을 시해하다. (『사기 史記』)

③ (앞 절의 내용을 받아) ~ 함으로써
▶ 殺身以成仁(살신이성인) 자신을 희생하여 인을 이룬다. (『논어 論語』)

5 羿請不死之藥於西王母(예청불사지약어서왕모) 후예가 서왕모에게 불사의 약을 청했다.

於 (어조사 어)

① ~에, ~에서
▶ 福生於淸儉(복생어청검) 복은 청렴함과 검소함에서 생긴다. (『명심보감 明心寶鑑』)

② ~에게
▶ 勞心者治人, 勞力者治於人(노심자치인 노력자치어인) 마음을 쓰는 자는 남을 다스리고

힘을 쓰는 자는 남에게 다스림을 받는다. (『맹자 孟子』)

③ (비교) ~보다

▶ 苛政猛於虎(가정맹어호) 가혹한 정치는 호랑이보다 사납다. (『공자가어 孔子家語』)

6 **未及服之** (미급복지) 아직 먹지 않았다.

之 (갈 지)

① 가다

▶ 君將何之(군장하지) 그대는 장차 어디로 갈 것인가? (『묵자 墨子』)

② 그, 그것, 그 사람

▶ 學而時習之(학이시습지) 배우고 수시로 그것을 익히다. (『논어 論語』)

③ ~의

▶ 赤子之心(적자지심) 어린아이의 마음. (『맹자 孟子』)

7 **我是天帝子, 河伯孫** (아시천제자 하백손) 나는 천제의 자손이자 하백의 손자이다.

是 (옳을 시)

① 이, 이것, 이 사람

▶ 天將降大任於是人也(천장강대임어시인야) 하늘이 장차 큰일을 이 사람에게 내리려고 하다. (『맹자 孟子』)

② 옳다

▶ 今是而昨非(금시이작비) 지금이 옳고 지난날은 틀렸다. (「귀거래사 歸去來辭」)

③ (A 是 B 용법) A는 B이다.

▶ 何日是歸年(하일시귀년) 어느 날이 돌아갈 해인가? (『절구 絶句』)

8 **追者垂及, 奈何** (추자수급 내하) 쫓아오는 자들이 거의 다 왔으니 어찌해야 하는가?

奈何 (어찌 내(나), 어찌 하)

① (의문사) 어찌. 주로 어쩔 수 없는 상황이나 행동을 의미한다.

▶ 然則奈何(연즉내하) 그러면 어떻게 해야 하는가? (『관자 管子』)

② 목적어가 있을 때, 목적어는 주로 奈와 何의 사이에 위치한다. 아래의 예문에서 若(약)은 2인칭 대명사로 '너'라는 의미이다.

▶ 虞兮虞兮奈若何(우혜우혜내약하) 우여! 우여! 너를 어찌하랴? (『사기 史記』)

弘益人間
홍 익 인 간

널리 세상을 이롭게 하다.

「단군 신화」에 나오는 말이다. 천신 환웅이 인간 세상에 내려올 때 천명한 정신으로 우리나라의 건국 이념이며 교육 이념이다. 여기서 인간(人間)은 인생세간(人生世間)의 준말로 천상에 상대되는 개념이다. 사람들이 살아가는 세상을 가리킨다.

• 弘(넓을 홍) | 益(더할 익) | 人(사람 인) | 間(사이 간)

刀以逢父
도 이 봉 부

칼로 아버지를 만나다.

유리가 숨겨진 칼을 찾아 아버지 주몽(동명성왕)을 만나고 이를 증표로 고구려의 2대 왕에 오른 고사에서 나온 말이다. 칼은 동서양 문화에서 권력을 상징하는데 아버지 찾기 신화에서 자신의 존재를 증명하는 신표로 자주 등장한다.

• 刀(칼 도) | 以(써 이) | 逢(만날 봉) | 父(아비 부)

天長地久
천 장 지 구

하늘은 길고 땅은 장구하다.

『노자』에서 나온 말로 하늘과 땅처럼 오래되고 사라지지 않음을 가리킨다. 당 현종과 양귀비의 러브 스토리인 백거이의 「장한가(長恨歌)」에 "하늘과 땅은 장구해도 다할 때가 있지만 이들의 한은 면면히 끊어질 때가 없네(天長地久有時盡. 此恨綿綿無絶期. 천장지구유시진 차한면면무절기)."와 같이 인용된 후 영원한 사랑을 맹세하는 의미가 되었다.

• 天(하늘 천) | 長(길 장) | 地(땅 지) | 久(오래될 구)

辟邪進慶
벽 사 진 경

사악한 기운을 물리치고
기쁜 일을 맞이하다.

『삼국유사』에 기록된 처용(處容)의 고사에서 나오는 말이다. 처용은 동해 용의 아들인데 서라벌에 와 헌강왕을 모셨다. 처용이 어느 날 밤늦도록 놀다가 돌아오니 역신(疫神)이 아내와 동침하고 있었다. 처용이 노래 부르고 춤추며 물러났더니 역신이 찾아와 사죄하며 앞으로 처용의 모습을 보면 얼씬도 하지 않겠다고 다짐했다. 신라 사람들은 이후로 역신의 해를 막기 위해 처용의 초상화를 그려 대문에 붙였다. 역신의 역(疫)은 돌림병, 즉 전염병을 말한다.

• 辟(물리칠 벽) | 邪(사악할 사) | 進(나아갈 진) | 慶(경사 경)

洪水滔天
홍 수 도 천

큰물이 넘쳐 하늘에 닿는다.

『상서』, 『산해경』 등의 문헌에 나오는 말로 태초의 큰 홍수를 묘사한 표현이다. 홍수로 물이 넘쳐 그 기세가 하늘에 닿을 듯 사납고 위태로움을 가리킨다.

• 洪(넓을 홍) | 水(물 수) | 滔(물 넘칠 도) | 天(하늘 천)

別有天地非人間
별 유 천 지 비 인 간

별천지라 인간의 세상이 아니다.

이백의 시 「산중문답」에서 나온 말로 세속의 희로애락에 얽매이지 않는 유유자적하고 아름다운 곳을 가리킨다.

• 別(나눌 별) | 有(있을 유) | 天(하늘 천) | 地(땅 지)
非(아닐 비) | 人(사람 인) | 間(사이 간)

天衣無縫
천 의 무 봉

천상의 옷에는
바느질 자국이 없다.

『현괴록』에서 나온 말로 곽한이라는 사람이 선녀를 만났는데 선녀의 옷을 보았더니 재봉 자국이 없었다고 한다. 인위적인 흔적이 없어 자연스러우며 조금도 어긋나지 않고 완벽함을 가리키는 말이다.

• 天(하늘 천) ┃ 衣(옷 의) ┃ 無(없을 무) ┃ 縫(꿰맬 봉)

月下老人
월 하 노 인

달빛 아래의 노인.

남녀를 붉은 실로 묶어 부부의 인연을 맺어준다는 설화 속의 노인으로 중매쟁이를 말한다. 위고라는 사람이 달빛 아래에서 명부의 책을 보는 노인을 만났는데 그 노인이 붉은 실로 미혼 남녀의 발을 묶으면 천리 먼 곳에 떨어져 있더라도 언젠가는 부부가 된다고 한다. (제10장 '월하노인' 참고).

• 月(달 월) ┃ 下(아래 하) ┃ 老(늙을 로) ┃ 人(사람 인)

4. 명문 감상

유리는 어린 시절 남다른 강단이 있었다고 한다. 어려서 참새 쏘는 일을 자주 했는데 한 아낙이 물동이를 이고 있는 것을 보고 쏘아 깨뜨렸다. 그 아낙은 화내며 꾸짖어 말했다. "애비 없는 자식이 내 물동이를 쏘아 깨뜨려버리다니." 유리는 크게 부끄러워하며 진흙 탄환을 다시 쏘아 물동이 구멍을 원래대로 막아놓았다. 집에 돌아와 어머니에게 "나의 아버지는 누구입니까?"라고 물었더니 모친은 유리가 아직 어리다고 생각하여 농담으로 "너에게는 딱히 정해진 아비가 없다."라고 했다. 유리는 울면서 "사람에게 딱히 정해진 아버지가 없다면 장차 무슨 면목으로 남들을 보겠습니까?"라고 하며 스스로 찔러 자결하려 했다. 모친이 크게 놀라 그를 말리며 "방금 한 말은 농담이었을 뿐이다. 너의 아버지는 천제의 손자이자 하백의 외손자이니라. 부여의 신하로 있는 것을 원망하다가 남쪽 땅으로 달아나 나라를 세우셨다. 네가 가서 뵙겠느냐?"라고 했다. 유리가 대답하여 말하길 "아버지는 남들의 임금이신데 자식이 남의 신하라면 제가 비록 재주가 없지만 어찌 부끄럽지 않겠습니까?"라고 했다. 모친은 말했다. "너의 아버지가 떠나실 때 남긴 말이 있는데 '일곱 고개 일곱 골짜기의 돌 위 소나무에 내가 숨겨둔 물건이 있다. 이것을 찾을 수 있는 자는 바로 나의 아들일 것이다.'라고 하셨다." 유리는 홀로 산골짜기에 가서 이를 찾다가 찾지 못하고 지친 몸으로 돌아왔다. 유리는 집 기둥에서 슬픈 소리가 나는 것을 들었다. 그 기둥은 바로 돌 위에 세워진 소나무였는데 몸체가 일곱 모서리였다. 유리가 스스로 깨우쳐 "일곱 고개 일곱 골짜기는 일곱 모서리였고 돌 위 소나무는 기둥이었구나."라고 말했다. 일어나 기둥을 보았더니 그 위에 구멍이 있었는데 거기에서 부러진 검 한 도막을 찾아내어 크게 기뻐했다. 전한 홍가 4년 여름 4월에 고구려에 가서 검 한 도막을 왕에게 바쳤더니 왕은 갖고 있던 검 한 도막을 꺼내어 그것과 합쳤다. 피가 나더니 검 한 자루로 이어졌다. 왕은 유리에게 "네가 참으로 나의 아들이라면 어떤 신령한 능력이 있는가?"라고 했다. 유리는 그 말을 듣자마자 몸을 들어 하늘로 치솟아 창을 타고 햇빛 속으로 들어가 신령스러운 이적을 보여주었다. 왕은 크게 기뻐하며 태자로 세웠다.

類利少有奇節云云. 少以彈雀爲業, 見一婦戴水盆, 彈破之. 其女怒而詈曰, "無父之兒, 彈破我盆." 類利大慙, 以泥丸彈之, 塞盆孔如故. 歸家問母曰, "我父是誰?". 母以類利年少, 戲之曰, "汝無定父." 類利泣曰, "人無定父, 將何面目見人乎?" 遂欲自刎. 母大驚止之曰, "前言戲耳. 汝父是天帝孫, 河伯甥, 怨爲扶餘之臣, 逃往南土, 始造國家. 汝往見之乎?" 對曰, "父爲人君, 子爲人臣, 吾雖不才, 豈不愧乎." 母曰, "汝父去時有遺言. '吾有藏物七嶺七谷石上之松. 能得此者, 乃我之子也.'" 類利自往山谷, 搜求不得, 疲倦而還. 類利聞堂柱有悲聲. 其柱乃石上之松木, 體有七稜. 類利自解之曰, "七嶺七谷者, 七稜也. 石上松者, 柱也." 起而就視之, 柱上有孔. 得毁劒一片, 大喜. 前漢鴻嘉四年夏四月, 奔高句麗, 以劒一片, 奉之於王. 王出所有毁劒一片合之. 血出連爲一劒. 王謂類利曰, "汝實我子, 李有何神聖乎?" 類利應聲, 擧身聳空, 乘牖中日, 示其神聖之異, 王大悅, 立爲太子.

(이규보 李奎報 「동명왕편 東明王篇」)

이 글은 고려 시대 이규보(1168~1241)의 영웅 서사시 「동명왕편」에서 『구삼국사(舊三國史)』를 인용한 부분이다. 『구삼국사』는 고려 초기에 쓰였다고 추정되나 지금은 전해지지 않는다. 주몽 신화는 다수의 문헌에 기록되어 있지만 유리 신화를 기록한 문헌은 많지 않기 때문에 『구삼국사』의 내용은 귀중한 가치가 있다. 이규보는 「동명왕편」에서 해모수와 주몽, 그리고 유리에 이르기까지 3대의 행적을 쓰면서 고구려 건국의 위대한 의미를 일깨우고 민족적 자긍심을 고취했다. 따라서 이 글에 소개된 유리의 의지와 능력은 고구려 건국의 신성성과 정당성을 설명한다.

이 이야기는 크게 세 단락으로 구성되어 있다. 첫 번째 단락은 유리가 아버지의 부재라는 자신의 사회적 상황을 인식하는 내용이다. 모친의 부재 상황이 아이에게 주는 것이 신체적·정서적 방면의 결핍이라면 부친의 부재 상황은 아이에게 (신화 속에서는 특히 아들에게) 사회적 활동에 제약을 준다. 유리가 탄환(彈丸) 실력이 뛰어난 것은 아버지의 능력을 물려받은 것이지만 이 능력으로 인해 이웃집 아낙에게 후레자식이라는 질책을 받는다. 유리는 심각한 고민에 빠졌고 딱히 아버지라 할 만한 사람이 없다는 모친의 농담에 자결까지 하려 한다. 이러한 내용은 유리가 탄환 능력 외에도 아이답지 않은 비범한 의지력과 자의식을 갖고 있음을 보여준다.

두 번째 단락은 유리가 아버지가 남긴 말의 비밀을 풀어 아들의 증표를 찾아내는 내용이다. 아버지가 숨긴 증표를 찾음으로써 자신이 후계자로서의 능력이 있음을 입증하는 것이다. 유리는 '일곱 고개 일곱 골짜기의 돌 위 소나무'의 비밀을 풀고 증표인 부러진 검을 찾는다. 기둥에서 슬픈 소리가 났다는 것은 초현실적인 힘이 작용했음을 말한다. 비밀을 푸는 지혜, 천제와 해모수로부터 이어지는 혈통의 신성(神性)이 드러나는 순간이다. 이런 '아버지 찾기' 이야기 구조는 여러 문화권의 신화에 등장하는 요소이다.

먼저 그리스 신화의 테세우스 이야기이다. 테세우스는 외가인 트로이젠에서 자랐는데 유리와 마찬가지로 아버지의 존재를 모르고 성장했다. 사실 그의 아버지 아이게우스는 아테네의 왕이었는데 테세우스가 태어나기 전에 아테네로 떠났다. 아이게우스는 떠나기 전에 큰 바위 밑에 자신의 증표를 숨겨두고 후에 아이가 자라면 그 증표를 찾아 가져오게 했는데, 증표는 칼과 신발이었다. 장성한 테세우스는 그 돌을 치우고 아버지의 증표를 찾아 아테네로 가 아이게우스의 후계자가 된다. 공교롭게도 테세우스 이야기에서도 아버지가 요구한 후계자의 증표는 칼이다.

중국 신화 간장막야(干將莫邪)의 이야기도 유사하다. 간장은 초나라 왕의 명을 받아 검을 만들고 있었는데 자신의 죽음을 예감하고 한 자루를 더 만들어 숨겨두었다. 간장은 왕에게 검을 바치러 가면서 만약 자신이 돌아오지 않으면 배 속의 아이에게 복수를 부탁한다고 아내 막야에게 전했다. 그런데 간장은 검을 숨겨둔 곳이라며 "문을 나서 남산을 바라보면 소나무가 돌 위에 있고 검은 그 등에 있다(出戶望南山, 松生石上, 劍在其背. 출호망남산 송생석상 검재기배)."라는 말을 남겼다. 간장이 죽은 후 막야는 아들 적비를 낳는다. 적비는 장성하여 검을 찾고 협객의 도움으로 아버지의 원수를 갚는다. 간장이 칼을 숨긴 곳이나 이 장소를 알려주는 방식은 유리 이야기와 매우 흡사하다.

이 세 편의 이야기에서 아들이 칼을 찾는 행위는 후계자로서의 능력, 또는 복수의 능력을 갖추었는지를 증명하는 방법이다. 여기서 칼은 권위와 능력을 상징하는 신물(神物)인 것이다. 또 테세우스는 아버지의 증표를 찾으면서 오직 신체적인 힘만 사용했지만 간장의 아들 적비와 주몽의 아들 유리는 사고력과 추리력이 필요했다. 아마도 이 점은 사회적 능력의 중점이 다른 동서양 문화의 차이 때문일 것이다.

　세 번째 단락은 유리가 아버지를 만나는 내용이다. 유리가 자신의 부러진 칼을 꺼내고 주몽도 자신이 갖고 있던 부러진 칼을 꺼내어 맞추자 칼은 피가 나면서 하나로 이어졌다. 주몽은 또다른 신성(神聖)을 보여달라고 요구했고 유리는 날아올라 햇빛 속으로 들어갔다. 이 단락에서는 인간적인 면모보다 신적인 힘이 더 강조된다. 유리는 하늘로 솟구쳐 햇빛 속으로 들어가는 능력을 보여줌으로써 자신이 천제로부터 해모수, 주몽으로 이어지는 태양 혈통의 후계자임을 증명한다. 동명왕(東明王)이란 이름 역시 동쪽에서 떠오르는 밝은 빛인 태양을 의미한다.

　『삼국사기』에 나오는 유리 이야기도 거의 비슷한 내용이다. 다만 칼에서 피가 나거나 하늘로 날아오르는 등의 신이한 대목은 없고, 옥지(屋智), 구추(句鄒), 도조(都祖) 3인과 졸본으로 갔다고 기록되어 있다. 그런데 사실 유리는 아버지 주몽과 마찬가지로 외부에서 온 세력이다. 토착 세력과의 투쟁은 필연적인 과정이었고, 왕위에 오른 뒤에도 사람들에게 자신의 능력과 권력의 정당성을 인정받아야 했다. 유리 이야기의 초현실적 요소들은 당시의 이러한 정치적 상황을 반영하고 있다고 할 수 있다.

제2장

성인과 종교

1. 단문 읽기

배우고 익히는 즐거움

子曰, "學而時習之, 不亦說乎. 有朋自遠方來, 不亦樂乎.
자 왈   학 이 시 습 지   불 역 열 호   유 붕 자 원 방 래   불 역 락 호

人不知而不慍, 不亦君子乎."
인 부 지 이 불 온   불 역 군 자 호

『論語』
논 어

어휘 풀이

| 時(시) : 수시로, 때에 맞게 | 習(습): 익히다, 연습하다 | 亦(역) : 또한 | 說(열) : 기쁘다. 悅(기쁠 열)과 같다 | 乎(호) : 어조사 | 朋(붕) : 벗, 친구 | 自(자) : ~로부터 | 遠方(원방) : 먼 곳 | 慍(온) : 성내다

우리말 해석

　선생님께서 말씀하셨다. "배우고 수시로 그것을 익히면 또한 기쁘지 않겠는가. 벗이 멀리서 찾아오면 또한 즐겁지 않겠는가. 남들이 알아주지 않아도 성내지 않으면 또한 군자가 아니겠는가."

『논어』의 첫 번째 단락이다. 『논어』는 춘추 시대 공자(孔子, B.C. 551~B.C. 479)의 언행록으로 공자 사후에 제자들이 공동 편찬했다. 그래서 자왈(子曰)이라는 말이 자주 등장한다. 공자는 인(仁)과 예(禮)를 중시하고 윤리와 도덕에 기초한 인본주의 사회를 이상적으로 생각했다. 『논어』는 『맹자』, 『대학』, 『중용』과 함께 사서(四書)의 하나이며 모두 20편으로 구성되어 있다. 이 구절이 나오는 첫 번째 편장은 「학이」편인데 학이(學而)라는 말로 시작하기 때문에 이런 제목이 붙었다. 다른 편장들도 모두 첫 두세 글자가 제목이 되었다.

첫 번째 구절은 공부에 대한 내용으로 시작한다. 주희는 무언가를 배우고 수시로 그것을 복습하는 기쁨으로 해석했다. 배우는 것은 다른 사람을 따라 본받는 것이고 복습하는 것은 혼자 하는 것이다. 주희는 習(익힐 습)을 새가 자주 나는 것이라고 보았다. 위에 있는 羽(우)는 새의 깃털이고 아래에 있는 白(백)은 百(백)과 통한다. 익힌다는 것은 어린 새가 나는 법을 배우려고 수백 번 날갯짓하는 것과 같다는 말이다. 다산 정약용은 習(습)을 실습으로 해석하여 이 구절을 학습과 실천, 즉 지행합일(知行合一)의 문제로 보았다. 두 번째 구절은 먼 곳에서 친구가 찾아오는 즐거움을 말한다. 有朋(유붕)이 友朋(우붕)으로 된 옛 판본도 있다. 이 친구는 동문수학(同門修學)한 벗, 세상에 대한 뜻과 이상이 같은 동지를 말한다. 제자로 보는 학설도 있다. 세 번째 구절은 군자의 품성을 말한다. 人不知(인부지)는 두 가지 해석이 있다. 하나는 나의 학문과 능력을 남들이 몰라준다는 것이고, 또 하나는 다른 이에게 학문을 가르쳤지만 그가 알지 못한다는 것이다. 일반적으로 전자가 타당하다고 본다. 천하를 경영할 큰 능력을 갖추었지만 세상이 자신을 알아주지 못한다면 슬프고 괴롭다. 하지만 묵묵히 견디며 세상을 원망하지 않는 것이 군자의 품성이라는 것이다.

이 단락의 내용 속에는 공자의 인생이 비친다. 평생 학문에 정진했고 높은 경지에 이르렀지만 자신의 이상을 세상에 펼치지 못했다. 하지만 그는 원망하지 않았다. 깊은 숲속의 향초가 사람이 없다고 향기를 멈추지는 않는 것처럼 공자는 알아주는 사람이 없어도 자신의 길을 멈추지 않았다. "널리 배우고 깊이 생각하고 자신을 닦고 행실을 단정히 하여 때를 기다린다."라고 했다.

오직 인과 의

孟子見梁惠王, 王曰, "叟不遠千里而來, 亦將有以利吾國乎?"
맹자견양혜왕 왕왈 수불원천리이래 역장유이리오국호

孟子對曰, "王何必曰利, 亦有仁義而已矣."
맹자대왈 왕하필왈리 역유인의이이의

『孟子』
맹자

어휘 풀이

▍梁惠王(양혜왕): 위(魏)나라의 혜왕. 도읍이 대량(大梁)에 있었기 때문에 양 혜왕이라고 부른다. ▍見(견): 만나다 ▍叟(수): 늙은이, 어르신 ▍不遠千里(불원천리): 천리를 멀다고 여기지 않다 ▍而(이): 그리고, 그러나. 말을 이어주는 역할로 순접, 역접 모두 가능 ▍亦(역): 또한 ▍將(장): 장차 ▍利(리): 이롭다, 이롭게 하다 ▍乎(호): (의문 종결 어미) 문미에 사용되어 의문문을 만든다 ▍何必(하필): 어찌 반드시, 하필 ▍仁義(인의): 인과 의, 어짊과 정의로움 ▍而已(이이): ~일 뿐이다

우리말 해석

맹자가 양 혜왕을 만났는데 왕이 말하길, "어르신께서 천 리를 멀다 하지 않고 오셨으니 또 장차 우리나라를 이롭게 하시겠지요?" 맹자가 대답하여 말하길, "왕께서는 하필 이로움을 말하십니까. 또한 인과 의가 있을 뿐입니다."

『맹자』의 첫 번째 단락이다. 『맹자』는 전국 시대 맹자(B.C.372경~B.C.289경)의 언행록으로 맹자가 만년에 제자 만장(萬章)과 함께 저술한 것으로 추정되지만, 그의 사후에 만장 등이 정리했다는 설도 있다. 맹자는 공자의 학맥을 잇는 유학의 정통 노선으로 평가받는다. 사마천에 따르면 맹자는 공자의 손자인 자사(子思)에게 학문을 배웠다고 한다.

공자의 핵심 사상이 인(仁)이라면 맹자의 핵심 사상은 인의(仁義)이다. 인이 개인의 품성에 기초한 것이라면 의는 사회의 보편적 정의를 의미한다. 무한 경쟁의 시기였던 전국 시대에 모든 군주들은 자국의 부국강병을 도모했고 맹자의 인의 사상에는 관심이 없었다. 그래서 맹자는 천하를 주유하며 제후들에게 자신의 사상을 설파했다. 이 단락은 양 혜왕을 만났을 때의 대화이다. 세 번째 글자 見은 견(만나다), 현(알현하다)의 두 가지 독음이 있다. 그래서 이 구절은 '맹자현'으로 읽기도 한다.

양 혜왕은 맹자와 만나 자국의 이익[利]를 물었고 맹자는 인의(仁義)로 답했다. 두 개의 가치관이 충돌했다. 양 혜왕에게 중요한 것은 부국강병을 이뤄 패권 국가가 될 수 있는지의 문제였다. 군주에게는 이것이 발전이기 때문이다. 맹자는 이익 추구에 기초한 발전의 위험성을 지적했다. 제후가 국가의 이익을 추구한다면 대부들은 자기 집안의 이익을 추구하고 사와 서민들은 자기 자신의 이익만을 추구한다는 것이다. 맹자는 "윗사람과 아랫사람이 서로 이익만을 추구한다면 나라가 위태로워진다(上下交征利而國危矣 상하교정리이국위의)."라고 말했다. 이익이라는 것은 배타적 가치관이기 때문에 결국 대립과 충돌을 야기한다. 이익을 얻기 위해 서민은 사를 공격할 것이고, 사는 대부를 공격할 것이고, 대부는 제후를 공격할 것이며, 제후는 천자를 공격할 것이다. 맹자가 말하는 인의는 공공의 양심이고 보편적 정의이다. 인의에 바탕을 둔 민본주의 사회를 추구하면 온 천하의 백성들이 몰려오고 절로 강대국이 될 것이다. 맹자는 도덕적 이상주의자로 평가받는다. 인간이 개인의 이익을 양보하고 공공의 선을 추구하는 것이 가능할까? 맹자는 가능하다고 생각했다. 그는 인간의 양심이 선하다고 믿었다. 성선설이다.

도가도는 비상도

道可道, 非常道, 名可名, 非常名. 無名天地之始, 有名萬物
도가도　비상도　명가명　비상명　무명천지지시　유명만물

之母.
지모

『老子』
노자

어휘 풀이

| 道(도) : 도, 최고의 진리 | 可(가) : 가하다, ~할 수 있다 | 道(도) : 말하다 | 常道(상도) : 항상 그러한 불변의 도 | 名(명) : 이름, 이름하다 | 常名(상명) : 항상 그러한 불변의 이름 | 之(지) : ~의 | 始(시) : 시작

우리말 해석

　도가 말할 수 있는 것이라면 불변의 도가 아니다. 이름이 이름 부를 수 있는 것이라면 불변의 이름이 아니다. 무(無)는 천지의 시작을 이름하는 것이고 유(有)는 만물의 어머니를 이름하는 것이다.

『노자』의 첫 번째 단락이다. 『노자』는 춘추 시대 노자(老子, 생졸년 미상)가 지었다고 알려진 저작으로 약 5,000자이며 총 81장으로 구성되어 있다. 『도덕경』이라고도 부른다. 사마천에 따르면 노자의 이름은 이담(李聃)이고 공자와 만난 적이 있다고 한다. 그러나 노자의 정체와 행적에 대한 실증적인 기록이 없어 그가 실존 인물인지도 단언하기 어렵다. 『논어』와 『맹자』가 대화체인 데 반해 『노자』는 대부분 함축적인 운문의 문체이며 형이상학적이고 추상적인 내용이 많아 다양한 학설이 존재한다.

도(道)는 우주의 근본 원리이자 법칙이다. 두 번째 나오는 道(도)는 동사 '말하다'의 뜻으로 보아 "도가 말할 수 있는 것이라면 상도가 아니다."로 해석한다. 상도(常道)는 '절대 불변의 도'를 말한다. 도는 너무나 심오한 것이라 말로 설명할 수 없으니, 말로 설명된다면 도의 완전한 면모라 할 수 없다는 것이다. 도는 인간의 사유를 초월하기 때문이다. 두 번째 구절도 언어의 유한성을 말한다. 두 번째 나오는 名(명)은 동사 '이름하다'의 뜻으로 보아 "이름이 이름 부를 수 있는 것이라면 불변의 이름이 아니다."로 해석한다. 이름은 어떤 현상이나 존재를 언어로 표시한 것인데 언어는 한계가 있기 때문에 그 대상의 모든 면을 개괄할 수는 없다는 것이다. 세 번째 구절은 크게 두 가지 해석으로 나누어진다.

① 왕필 : "無名/天地之始, 有名/萬物之母"로 보아 "이름이 없다는 것은 천지의 시작이고 이름이 있다는 것은 만물의 어머니이다."로 해석한다.
② 왕안석 : "無/名天地之始, 有/名萬物之母"로 보아 "무(無)는 천지의 시작을 이름하는 것이고 유(有)는 만물의 어머니를 이름하는 것이다."로 해석한다.

왕필의 해석은 이름의 유무에 중점이 있고 왕안석의 해석은 유무의 개념에 중점이 있다. 여기서는 후자의 해석을 따른다. 무(無)라고 하는 것은 천지가 시작되는 최초의 상태를 말하고, 유(有)라고 하는 것은 만물의 증식과 확장을 말한다고 보는 것이다. 그렇다면 무가 유보다 더 근원적인 개념이고 유는 무에서 나왔다. 무위가 유위보다 우월하다는 사상도 여기에 기초를 둔다.

노자 사상의 핵심을 무위자연이라고 말한다. 자연(自然, 스스로 자, 그럴 연)은 자신의 원리에 따라 저절로 그렇게 되는 것이다. 그는 인위적인 제도와 행위를 부정했다. 무위의 정치와 무욕의 생활을 통해 인간 본성의 순박함으로 돌아가야 하기 때문이다.

북명에 물고기가 있어

北冥有魚, 其名爲鯤. 鯤之大, 不知其幾千里也. 化而爲鳥,
북 명 유 어   기 명 위 곤   곤 지 대   부 지 기 기 천 리 야   화 이 위 조

其名爲鵬.
기 명 위 붕

『莊子』
장 자

어휘 풀이

❙北冥(북명) : 지명 ❙其(기) : 그 ❙爲(위) : ~이다 ❙鯤(곤) : 물고기의 이름 ❙幾(기) : 몇 ❙化(화) :
변화하다 ❙鵬(붕) : 새의 이름

우리말 해석

북명에 물고기가 있는데 그 이름은 곤이다. 곤의 크기는 몇 천 리인지 알 수 없다. 변하여 새
가 되는데 그 이름은 붕이다.

『장자』의 첫 번째 단락이다. 『장자』는 전국 시대 장자(莊子, B.C.365경~B.C.270경)의 저작이다. 내편, 외편, 잡편으로 구성되어 있는데 내편만 장자가 쓴 것이고 나머지는 제자나 후인들의 저술로 보인다. 장자는 노자의 무위자연 사상을 계승하면서 개인의 정신적 자유를 더욱 강조했다. 인간의 인식과 언어에 한계가 있다고 생각했기 때문에 유가에서 중시하는 학문과 지식을 부정했다.

첫 번째 편장의 제목은 「소요유(逍遙遊)」이다. 한가롭게 노니는 절대 자유의 경지를 말한다. 여기서 북명은 지명이다. 명은 어둡고 캄캄한 것을 말한다. 너무 깊어서 어둡고 캄캄한 북쪽의 바다, 그 바다에 길이가 몇 천 리인지도 모르는 거대한 물고기가 살고 있다. 그리고 물고기가 변하여 거대한 새가 되는데 이 새도 길이가 몇 천 리나 된다. 이들의 이름은 곤, 붕이라고 했다. 존재하지 않는 동물들의 이름을 굳이 명시하는 것은 이름의 필요성을 조롱하는 것인지도 모르겠다. 마치 『노자』가 첫 구절에 이름을 부정했듯이. 이 새는 물을 쳐서 삼천 리를 솟구치고 회오리바람을 타고 구만 리를 날아올라 여섯 달을 날아간 후에야 쉰다. 구만 리면 대기권을 넘어 달에 진입할 만한 높이다. 상상을 초월한다. 우주와 자연의 거대함 앞에 인간의 존재는 아무것도 아니다. 아등바등 이익을 다투는 현실 정치는 말할 것도 없다.

그런데 이 새는 갑자기 나타나지 않았다. 化(화)해서 새가 되었다. 변화는 장자의 철학에서 중요한 개념이다. 호접몽 고사에서도 장자와 나비의 관계를 物化(물화)라고 말했다. 사물의 변화다. 장자의 물화는 다음과 같은 특징이 있다. ① 모든 자연물은 변화한다. 물이 변해 수증기가 되고 낮이 변해 밤이 된다. 물리학의 개념으로 말하자면 운동과 같다. ② 변화의 원동력은 자기 자신이다. 자발적인 변화다. 물에는 본래 수증기로 변할 수 있는 요소가 있었다. ③ 변화는 순환의 과정이다. 끝나는 곳에서 변화

• 갑골문의 化(화) •

가 시작된다. 삶과 죽음도 마찬가지다. 삶 속에 죽음의 요소가 있다. 장자는 "삶은 죽음을 뒤따르는 무리이며 죽음은 삶의 시작(生也死之徒, 死也生之始. 생야사지도 사야생지시)."이라고 했다.

이 단락은 물고기와 새의 이야기로 자신의 철학적 메시지를 논했다. 흥미로운 스토리의 우화에 철학을 담는 것이 『장자』의 서술 방식이다. 그래서 『장자』는 분량이 길고 중국 소설의 출발로도 평가받는다.

달마와 혜가

光聞師誨勵, 潛取利刀, 自斷左臂, 置於師前. 師知是法器,
광 문 사 회 려　잠 취 리 도　자 단 좌 비　치 어 사 전　사 지 시 법 기

乃曰, "諸佛最初求道, 爲法忘形. 汝今斷臂吾前, 求亦可在."
내 왈　　제 불 최 초 구 도　위 법 망 형　여 금 단 비 오 전　구 역 가 재

『景德傳燈錄』
경 덕 전 등 록

어휘 풀이

┃光(광): 인명. 중국 선종의 2대 조사 혜가(慧可)를 말한다. 속명은 신광(神光) ┃誨勵(회려): 가르침과 격려 ┃潛(잠): 잠기다, 몰래 ┃取(취): 취하다, 갖다 ┃利刀(리도): 예리한 칼 ┃斷(단): 자르다 ┃臂(비): 팔 ┃置(치): 두다 ┃於(어): (어조사) ~에 ┃是(시): 이, 이 사람 ┃法器(법기): 불법을 담을 수 있는 그릇 ┃諸佛(제불): 여러 부처 ┃爲(위): 위하여 ┃形(형): 형체. 여기서는 신체를 말한다 ┃汝(여): 너 ┃在(재): 얻다

우리말 해석

　신광은 스승의 가르침을 듣고 살며시 날카로운 칼을 가져와 스스로 왼쪽 팔을 잘라 스승의 앞에 두었다. 스승은 이 사람이 법기라는 것을 알고 말하기를 "여러 부처님들이 처음 도를 구할 때 법을 위해 자신의 신체를 잊었다. 네가 지금 내 앞에서 팔을 잘랐으니 법을 구하여 득도할 수 있을 것이다."라고 했다.

『경덕전등록』은 북송 경덕(景德) 원년인 1004년 승려 도원(道原)이 선종의 역사를 쓴 책이다. 불교에서는 불법을 등불로 자주 비유한다. 등불은 어둠을 밝히기 때문이다. 제목의 전등(傳燈)은 '등불을 전한다'라는 뜻으로 불법의 전수를 비유한다. 그래서 이 책은 불교의 1,701명 선사들이 제자에게 법통을 전수한 내용을 담고 있다.

인도의 달마가 동쪽으로 와 양 무제를 만났지만 양 무제는 달마의 높은 경지를 이해하지 못했다. 달마는 양자강을 건너 소림사에 가서 9년간 면벽수도를 했다. 혜가(487~593)는 출가하기 전에 유학과 노장 사상에 조예가 깊었는데 마흔 살의 나이에 소림사에 들어가 수도에 정진했다. 어느 겨울 큰 눈이 내려 허리까지 쌓인 날, 혜가는 자신의 수행이 보잘것없음을 한탄하며 눈물로 달마에게 가르침을 청했다. 달마는 과거 제불(諸佛)들의 수행이 혹독하고 지난했음을 말하며 작은 지혜와 덕으로 참된 깨우침을 얻을 수는 없다고 일깨웠다. 혜가는 이 말을 듣고 팔을 잘라 불법을 구한 것이다. 이 일화를 단비구도(斷臂求道)라고 한다. 달마는 혜가의 의지가 역대 제불처럼 자신의 신체도 아까워하지 않는 정도라 생각되어 혜가라는 법명을 하사하고 후계자로 삼았다. 달마와 혜가가 가르침을 주고받은 일화로는 안심(安心) 문답이 유명하다. 혜가가 "마음을 편안하게 해주십시오."라고 하자 달마가 답했다. "너의 마음을 가져오라." 혜가가 한참 후 말했다. "마음을 찾지 못하겠습니다." 달마가 답했다. "너의 마음이 편안해졌다." 편안과 불안은 모두 마음의 작용일 뿐, 실체가 아닌 허망한 것이라는 가르침이다. 달마는 중국 선종의 1대 조사이고 혜가는 2대 조사가 되었다. 지금도 소림사에서는 승려들이 한 손으로 합장하는데 이는 혜가를 기념하는 행위이다. 달마가 면벽수도한 동굴인 달마동(達摩洞)이 아직 있고 경내에는 혜가가 단비구도를 했다는 입설정(立雪亭)이 있다.

• 소림사 •
(중국 하북성 정주시)

중국 선종은 6대 조사인 혜능(慧能)이 법통을 전수받으며 큰 전환점을 맞는다. 소림사 내의 강력한 세력이던 신수 일파가 혜능을 인정하지 않았던 것이다. 혜능과 신수는 구법에 대한 생각이 돈오(頓悟, 한순간의 깨달음)와 점수(漸修, 점진적 수양)로 달랐다. 신수 일파는 독자적으로 소림사의 법맥을 이어가고 혜능은 신수 일파의 추격을 피해 남방인 광동성 조계(曹溪)까지 내려간다. 이 사건은 선종 사상이 중국 전역에 전파되는 중요한 계기가 되었다. 혜능은 불성무남북(佛性無南北, 불성에는 남북이 없다), 진면목(眞面目, 진면목은 선도 악도 아니다), 풍번문답(風幡問答, 흔들리는 것은 당신의 마음이다)과 같은 유명한 선문답을 남겼다.

2. 문법 해설

1 學而時習之 (학이시습지) 배우고 수시로 그것을 익히다.

而 (말 이을 이)

두 가지 동작이나 상황을 연결하는 접속사로 뜻은 없다. 순접, 역접이 모두 가능하기 때문에 상황에 따라 '그리고' 또는 '그러나'로 해석된다.

▶ 任重而道遠(임중이도원) 소임이 중하고 길은 멀다. (『논어 論語』)

2 不亦說乎 (불역열호) 또한 기쁘지 않겠는가.

乎 (어조사 호)

① 문장 맨 뒤에서 사용되어 의문이나 감탄을 표시한다.

  ▶ 與朋友交而不信乎(여붕우교이불신호) 벗과 사귐에 진실하지 못했는가? (『논어 論語』)

② 於(어)와 같은 용법으로 '~에', '~에서'라는 의미로 사용된다.

  ▶ 今雖死乎此(금수사호차) 지금 비록 여기에서 죽지만 (「포사자설 捕蛇者說」)

3 亦有仁義而已矣 (역유인의이이의) 또한 인과 의가 있을 뿐입니다.

而已矣 (말 이을 이, 이미 의, 어조사 의)

而已(이이)는 문장 맨 뒤에 사용되어 '~일 뿐이다'의 의미를 표시한다. 비슷한 용법으로 耳(이)가 있다. 矣(의)는 문장 맨 뒤에 사용되어 우리말의 '~ㅂ니다'처럼 문장을 종결하는 어기를 만든다. 矣(의) 없이 而已(이이)만 사용되기도 한다.

▶ 求其放心而已矣(구기방심이이의) 그 잃어버린 마음을 구하는 것뿐이다. (『맹자 孟子』)

4 名可名, 非常名 (명가명 비상명) 이름이 이름 부를 수 있는 것이라면 불변의 이름이 아니다.

名 (이름 명)

일반적으로 '이름'이라는 명사 용법으로 사용되지만 '~라고 이름하다', '~라고 이름 붙이다'의 동사 용법으로도 사용된다.

▶ 名之者誰(명지자수) 그곳에 이름을 붙인 사람은 누구인가? (「취옹정기 醉翁亭記」)

5 師知是法器 (사지시법기) 스승은 이 사람이 법기라는 것을 알았다.

法器 (법 법, 그릇 기)

법기(法器)는 불도를 수행할 수 있는 능력을 갖춘 사람을 말한다. 그릇은 큰 학문이나 진리를 담을 수 있는 도량에 대한 비유로 사용된다. 『논어』에서 공자가 제자 자공(子貢)에게 "너는 그릇(器)이다."라고 평가한 것에서 비롯되었다. 그래서 본문은 혜가가 불법을 전수할 만한 도량을 갖춘 사람이라는 것을 스승 달마가 알았다는 의미이다.

6 諸佛最初求道 (제불최초구도) 여러 부처님들이 처음 도를 구할 때

諸 (모두 제, 지어 저)

① (제) : 모든, 여러
▶ 諸人皆懼而起(제인개구이기) 여러 사람들이 모두 두려워 일어났다. (『설원 說苑』)
② (저) : 之於(지어)의 축약형. 이때 之(지)는 주로 지시 대명사이므로 '~에 그를', '~에서 그를' 등으로 해석된다.
▶ 行有不得, 反求諸己(행유부득 반구저기) 행하여 얻지 못하거든 돌이켜 자기에게서 그것을 구한다. (『맹자 孟子』)

3. 명언명구

己所不欲,
기 소 불 욕
勿施於人
물 시 어 인

자기가 바라지 않는 것을
타인에게 하지 말라.

『논어』에서 나온 말로 자신의 마음에 비추어 다른 사람의 입장을 생각하라는 의미이다. 자공이 평생 지켜야 할 중요한 덕목을 알려달라고 하자 공자는 '서(恕)'라고 대답했다. 이 구절은 '서'의 의미를 설명하는 말이다. '서'는 용서(容恕)라고 할 때의 '서'이다. 如(같을 여)와 心(마음 심)의 결합이다. 서로의 마음이 같아지는 것이다. 내가 싫어하는 것은 타인도 싫어한다. 내가 바라는 것은 타인도 바란다. 이것을 이해하고 실천하는 것이 '서'이다.

• 己(몸 기) ┃ 所(바 소) ┃ 不(아닐 불) ┃ 欲(하고자 할 욕)
勿(말 물) ┃ 施(베풀 시) ┃ 於(어조사 어) ┃ 人(사람 인)

歲寒然後
세 한 연 후
知松柏之後凋
지 송 백 지 후 조

날이 추워진 후에야
소나무와 측백나무가 늦게
시든다는 것을 안다.

『논어』에 나오는 말로 굳은 지조와 절개를 지닌 사람은 역경을 만나도 오래 견딜 수 있다는 의미로 사용된다. 여름에는 어떤 나무가 강인하고 굳센지 알 수 없다. 모든 나무가 푸르기 때문이다. 겨울이 와봐야 추위 속에서도 꼿꼿하게 살아남는 나무를 알 수 있다는 것이다.

• 歲(해 세) ┃ 寒(찰 한) ┃ 然(그럴 연) ┃ 後(뒤 후) ┃ 知(알 지)
松(소나무 송) ┃ 柏(나무 이름 백) ┃ 之(갈 지) ┃ 凋(시들 조)

人之患
인 지 환
在好爲人師
재 호 위 인 사

사람의 병폐는 다른 이의
스승이 되는 걸 좋아함에 있다.

『맹자』에서 나온 말로 자신의 부족함을 돌아보지 못하고 남을 계도하려고 하는 행태를 지적한 것이다. 다른 사람의 스승이 된다는 것은 자신의 생각을 기준으로 자꾸 남을 가르치는 행동을 말한다. 먼저 자기 자신을 냉철하게 살펴야 할 것이다.

• 人(사람 인) | 之(갈 지) | 患(병 환)
在(있을 재) | 好(좋을 호) | 爲(할 위) | 師(스승 사)

舍生取義
사 생 취 의

삶을 버리고 의를 취하다.

『맹자』에서 나온 말로 생명보다 의를 귀하게 여긴다는 뜻이다. 맹자는 물고기와 곰 발바닥이 모두 귀한 음식이지만 하나만 선택한다면 곰 발바닥을 취하겠다고 했다. 더 귀한 음식이기 때문이다. 또 삶과 의로움은 모두 소중한 것이지만 하나만 선택한다면 의로움을 선택하겠다고 했다. 의로움을 목숨보다 중요한 가치로 인식한 것이다. 공자의 살신성인(殺身成仁)에 비견된다.

• 舍(버릴 사) | 生(날 생) | 取(취할 취) | 義(의로울 의)

守株待兔
수 주 대 토

그루터기를 지켜보며
토끼를 기다린다.

『한비자』에 나오는 말로 요행히 일어났던 일이 또 일어나기를 기다리는 어리석은 행태를 풍자했다. 송나라 때 농부가 그루터기에 부딪혀 죽는 토끼를 보고 다음 날부터 일을 하지 않고 그루터기만 지켜보았다는 우화이다. 한비자는 이 이야기로 주나라 초기의 예법과 제도를 회복하려는 유가를 비판했다. 새 시대에는 새로운 사상과 제도가 필요하다는 것이 한비자의 사상이다.

• 守(지킬 수) | 株(그루터기 주) | 待(기다릴 대) | 兔(토끼 토)

上善若水
상 선 약 수

최상의 선은 물과 같다.

『노자』에 나오는 말로 가장 훌륭한 선(善)의 경지는 물과 같다는 의미이다. 물은 만물을 이롭게 하면서도 다투지 않고 모두가 싫어하는 낮은 곳에 처한다. 자신을 드러내려고도 하지 않는다. 노자는 이러한 품성이 도에 가까운 것이라고 했다.

─────────

• 上(위 상) | 善(착할 선) | 若(같을 약) | 水(물 수)

胡蝶夢
호 접 몽

나비가 된 꿈.

『장자』에 나오는 말이다. 장자가 꿈에 나비가 되어 기쁘게 날아다니다가 문득 생각했다. 자신이 꿈에 나비가 된 것인지, 아니면 원래 나비였는데 그간 장자의 꿈을 꾼 것인지. 장자는 이를 물화(物化)라고 했는데, 이는 '만물의 변화'라는 뜻이다. 이 우화에는 인간의 인식은 한계가 있다는 것과 자연계의 모든 현상은 변화한다는 이치가 담겨 있다.

─────────

• 胡(오랑캐 호) | 蝶(나비 접) | 夢(꿈 몽)

無用之用
무 용 지 용

쓸모가 없는 존재의 쓸모.

『장자』에 나오는 말로 보기엔 쓸모없는 것처럼 보이지만 오히려 더 큰 쓸모를 갖고 있음을 의미한다. 계수나무와 옻나무는 용도가 있기 때문에 사람들이 잘라 간다. 하지만 구부러지고 볼품없는 나무는 용도가 없기 때문에 천수를 누릴 수 있다. 장자의 생각은 이것이 더 큰 쓰임이라는 것이다.

─────────

• 無(없을 무) | 用(쓸 용) | 之(갈 지)

4. 명문 감상

성선설과 성악설

고자가 말했다. "인성은 급류와 같다. 동쪽으로 물길을 트면 동쪽으로 흐르고 서쪽으로 물을 트면 서쪽으로 흐른다. 사람의 성품이 선과 불선을 구분하지 못하는 것은 물이 동서에 구분이 없는 것과 같다." 맹자가 말했다. "물이 참으로 동서에 구분이 없지만 상하에 구분도 없던가? 인성의 선함은 물이 아래로 가는 것과 같다. 사람은 선하지 않은 이가 없고 물은 아래로 가지 않는 것이 없다. 지금 물을 쳐서 높이 치솟게 하면 이마를 넘게 할 수 있다. 막았다가 터트리면 산에 이르게 할 수도 있다. 이것이 어찌 물의 성질이겠는가? 그 기세가 그런 것이다. 사람이 선하지 않은 행동을 하게 되어도 그 성품은 이와 같다."

告子曰, 性猶湍水也. 決諸東方則東流, 決諸西方則西流. 人性之無分於善不善也, 猶水之無分於東西也. 孟子曰, 水信無分於東西, 無分於上下乎? 人性之善也, 猶水之就下也. 人無有不善, 水無有不下. 今夫水, 搏而躍之, 可使過顙. 激而行之, 可使在山. 是豈水之性哉? 其勢則然也. 人之可使爲不善, 其性亦猶是也. (『맹자 孟子』)

「고자(告子)」편에 실린 인간의 성품에 대한 맹자와 고자의 논쟁이다. 물로 인간의 성품을 논했다는 점이 흥미롭다. 노자도 "최상의 선은 물과 같다."라는 말에서 물의 속성으로 성품을 비유했다. 고자는 인간의 성품은 선하지도 악하지도 않다고 보았다. 다만 상황에 따라 선한 행동을 하기도 하고 악한 행동을 하기도 한다는 것이다. 마치 물길이 동쪽으로 나면 동쪽으로 흐르고 서쪽으로 나면 서쪽으로 흐르는 것처럼. 그런데 맹자는 인간은 태어나면서부터 선을 지향한다고 생각했다. 이른바 성선설(性善說)이다. 그래서 고자의 비유를 반박했다. 물이 상황에 따라 방향을 정하는 것은 맞지만 그래도 위아래의 구분은 분명하지 않은가. 물이 아래로 흐르지 위로 흐르는 법은 없다. 물이 높이 튀거나 고여 높은 곳까지 차올라도 그것은 본성이라서가 아니라 잠깐의 상황 때문인 것이다. 물에게도 절대적인 지향점이 있는 것처럼 인간의 본성은 절대적으로 선을 지향한다는 것이다.

지금 누군가 어린아이가 우물에 막 빠지려는 것을 보게 되면 모두 놀라고 불쌍한 마음이 생길 것이다. 이는 어린아이의 부모와 친교하려는 이유도 아니고, 마을 사람들과 친구들에게 칭찬받으려는 이유도 아니며, 소문이 생길까 봐 싫어해서 그런 것도 아니다. 이로부터 살펴본다면 불쌍하게 생각하는 마음이 없으면 사람이 아니며, 부끄럽고 미워하는 마음이 없으면 사람이 아니며, 사양하는 마음이 없으면 사람이 아니며, 옳고 그름을 가리는 마음이 없으면 사람이 아니다. 불쌍하게 생각하는 마음은 인(仁)의 실마리요, 부끄럽고 미워하는 마음은 의(義)의 실마리요, 사양하는 마음은 예(禮)의 실마리요, 옳고 그름을 가리는 마음은 지(智)의 실마리이다. 사람은 이 네 가지 실마리를 갖고 있으니 사지를 갖고 있는 것과 같은 것이다.

今人乍見孺子將入於井, 皆有怵惕惻隱之心. 非所以內交於孺子之父母也, 非所以要譽於鄉黨朋友也, 非惡其聲而然也. 由是觀之, 無惻隱之心, 非人也. 無羞惡之心, 非人也. 無辭讓之心, 非人也. 無是非之心, 非人也. 惻隱之心, 仁之端也. 羞惡之心, 義之端也. 辭讓之心, 禮之端也. 是非之心, 智之端也. 人之有是四端也, 猶其有四體也. (『맹자 孟子』)

「공손추(公孫丑)」편에 실린 내용으로 그 유명한 사단설(四端說)이다. 인간의 본성이 선을 지향한다는 근거로 어린아이의 비유를 들었다. 아무것도 모르는 젖먹이 아기가 우물을 향해 기어간다면, 그리고 곧 우물에 빠져 죽게 생겼다면 어떻게 할 것인가? 옆에서 그런 상황을 지켜본다면 아무리 악한 마음을 가진 사람이라도 깜짝 놀라 아이를 구할 것이다. 맹자는 이때 사람의 마음에 측은지심이 생긴다고 말했다. 부모에게 사례를 받으려는 것도, 동네 사람들에게 칭찬받으려는 것도, 자기에게 나쁜 소문이 생길까 봐 그런 것이 아니다. 이것은 사회적으로 학습된 반응이 아니라 천부적인 본성에서 나온 것이다. 사단설은 이 천부적인 본성을 이론적으로 개념화한 네 가지 요소, 즉 측은지심, 수오지심, 사양지심, 시비지심이다. 端(실마리 단)은 실의 한쪽 끝부분을 말한다. 실타래가 뒤엉켜 있을 때 실마리를 찾아서 당기다 보면 깨끗하게 정리된다. 측은지심이 인(仁)의 실마리라고 했다. 측은한 마음이 드는 것을 보면 사람의 마음에 인이 있다는 것을 알 수 있다는 말이다. 수오지심(羞惡之心)은 옳지 않은 행동을 부끄러워하고 미워하는 마음이다. 惡(악, 오)는 '미워하다'라는 의미일 때 '오'라고 읽는다. 이는 인간의 본성이 정의를 추구하기 때문이라고 맹자는 말했다. 사양지심, 시비지심 모두 마찬가지이다. 그러므로 인의예지, 이 네 가지는 인간의 팔다리처럼 천부적으로 타고난 것이라고 보았다. 맹자는 이상주의자다.

순자(B.C. 313∼B.C. 238)는 전국 시대 사람으로 맹자와 함께 공자의 유학을 계승한 철학자이다. 그러나 맹자의 철학이 주관적이고 이상적 측면이 강한 반면 순자의 철학은 객관적이고 현실적 측면이 강하다. 우선 순자는 하늘에 도덕적 의지가 있어 인간의 행위에 화와 복을 준다는 당시 사람들의 인식을 부정했다. 자연에는 자연의 법칙이 있다고 생각한 것이다. 그는 "하늘의 운행에는 일정한 법도가 있다."라고 생각했으며 "하늘은 만물을 생성하기는 하지만 만물을 분별하지는 못하며, 땅은 사람들을 그 위에 살게 하지만 사람들을 다스리지는 못한다."라고 말했다. 하늘이 인간의 생활을 지배하는 섭리라는 권위를 부정한 것이다. 또 인간의 본성에 관하여 순자의 생각은 맹자의 생각과 반대편에 있다. 맹자는 인간의 본성을 선하다고 생각했지만 순자는 악하다고 했다. 이른바 성선설과 성악설이다. 그는 인간의 악함이 선천적인 것이라고 했다. 이 때문에 후대 유가 사상가들에게 이단으로 비판받기도 했다.

사람의 성품은 악하다. 선하다는 것은 인위적인 것이다. 지금 사람의 본성은 태어날 때부터 이익을 좋아하는데 그것을 그대로 따르기 때문에 싸움이 생겨나고 양보가 없다. 태어날 때부터 시기하고 미워하는데 그것을 그대로 따르기 때문에 해치고 다치게 하는 일이 생겨나고 진실과 믿음이 없다. 태어날 때부터 귀와 눈의 욕망이 있어 아름다운 소리와 빛깔을 좋아하는데 그것을 그대로 따르는 까닭에 지나친 어지러움이 생겨나고 예의와 꾸밈이 없다.

> 人之性惡, 其善者僞也. 今人之性, 生而有好利焉, 順是, 故爭奪生而辭讓亡焉. 生而有疾惡焉, 順是, 故殘賊生而忠信亡焉. 生而有耳目之欲, 有好聲色焉, 順是, 故淫亂生而禮義文理亡焉. (『순자 荀子』)

순자는 인간의 본성이 악하다고 생각했지만 선한 행동을 전혀 안 한다고 보지는 않았다. 선한 행동도 하지만 그것은 본성에서 나온 것이 아니라 위선적인 행동, 즉 억지로 하는 인위적인 행동이라고 보았다. 원문의 僞(위)는 거짓이라는 의미가 아니라 인위적이라는 의미이다. 맹자가 측은지심이 표현되는 것을 보고 마음 속 인의 존재를 알 수 있다고 생각한 것처럼 순자는 인간의 이기심을 미루어보니 본성의 악함을 알 수 있다고 생각한 것이다. 그런데 측은지심도 본성이고 이기심도 본성이다. 두 관점의 우열을 다투기는 어렵다. 두 사람은 동시대 인물이다. 이들이 살았던 전국 시대는 제후국들이 치열하게 경쟁하고 대립했던 시대였고 오로지 부국강병만이 시대적 사명이었다. 백성들의 행복이나 삶의 질은 관심의 대상이 아니었다. 순자가 주목한 것은 치열한 투쟁과 물질적 욕망을 추구하는 현실의 모습이었다.

하지만 순자의 성악설도 인간의 가능성을 비관적으로 본 것은 아니다.

> 부목이 생겨난 것은 굽은 나무 때문이다. 먹줄이 생겨난 것은 반듯하지 않은 것 때문이다. 임금을 세우고 예의를 밝히는 것은 사람의 본성이 악하기 때문이다. 이러한 점으로 본다면 사람의 본성이 악한 것은 분명하며 그것이 선하다는 것은 인위적인 것이다. 반듯한 나무가 부목이 아니라도 반듯한 것은 그 본성이 반듯하기 때문이다. 굽은 나무는 반드시 부목을 대고 쪄서 바로잡은 후에야 반듯해지는데, 그 본성이 반듯하지 않기 때문이다.
>
> 故檃栝之生, 爲枸木也. 繩墨之起, 爲不直也. 立君上, 明禮義, 爲性惡也. 用此觀之, 然則人之性惡明矣, 其善者僞也. 直木不待檃栝而直者, 其性直也. 枸木必將待檃栝烝矯然後直者, 以其性不直也. (『순자 荀子』)

순자도 맹자와 마찬가지로 교육과 예의를 중시했는데, 그것은 인간이 악하기 때문에 교육과 예의로 악함의 발산을 막을 수 있다는 생각 때문이다. 부목이란 구부러진 나무에 대고 함께 묶어놓은 나무이다. 구부러진 나무를 곧게 만들려고 부목을 대는 것이다. 먹줄은 나무를 반듯하게 자르려고 실에 먹물을 묻혀 직선을 그리는 장치다. 부목이나 먹줄이 있다는 것은 반듯하지 않은 나무가 존재한다는 증거이다. 악한 성품에 대한 비유이다. 순자의 사상은 분명 유가 계열이지만 형벌과 제도를 강조하는 법가 사상에 이론적 기초를 제공했다. 법가 사상가인 이사(李斯), 한비자(韓非子) 등을 순자의 후학이라고 보는 것도 이런 이유이다.

그런데 순자의 철학이 극단적인 비관주의는 아니다. 부목과 먹줄이 나무를 곧게 만드는 것처럼 인간도 교육과 예의를 통해 악한 본성을 바로잡을 수 있다. 그는 길거리의 사람 누구나 노력을 통해 성인이 될 수 있다고 했다. 본성대로의 행동이 아니라 억지로 하는 행동, 인위적인 행동을 말하는 원문의 僞(위)가 바로 교육과 예의를 말하는 것이다. 인간이 성인이 될 수 있는 것은 이 인위적인 행동이 쌓인 결과이다. 『순자』의 첫 번째 편장은 「권학(勸學)」편인데 학문을 권면하는 내용이다. "학문은 그만둘 수가 없다."라는 말로 시작하고 그 유명한 청출어람(靑出於藍)의 비유가 이어진다. 그에게 학문은 매우 중요한 덕목이다.

성리학을 숭배했던 조선의 유학자들은 맹자의 성선설을 이(理)와 기(氣)의 개념 위에서 발전시켰다. 이(理)는 본질적 원리이고 천부적인 성품이며 기(氣)는 희(喜)·노(怒)·애(哀)·구(懼)·애(愛)·오(惡)·욕(欲)의 칠정(七情)처럼 감정 현상이다. 이황은 맹자가 말한 사단이 이(理)에 속한다고 주장했다. 인간의 도덕성이 천부적인 순수한 본성이라는 것이다. 반면 기대승은 기(氣)에 속한다고 하여 사단은 칠정과 다르지 않다고 보았다. 칠정은 동물적 본성이기도 하다. 그러므로 사단과 칠정이 같다는 인식은 동물로서의 인간의 본성을 부각하는 생각이다. 조선 후기 실학자 정약용은 이 문제를 다음과 같이 정리했다. 인성에는 기질의 성과 도의의 성, 두 가지 측면이 있는데 동물은 전자만 갖고 있으며 인간은 두 가지 모두 갖고 있다. 그래서 인간은 선을 지향하는 본성도 있지만 감정과 욕망 때문에 악한 행동을 하기도 한다. 악한 행동에 대한 가능성이 오히려 더 많다. 그러므로 감시와 심판, 상과 벌이라는 규제의 요인을 강조했다. 기본적으로 맹자의 성선설을 인정하고 있지만, 실학자로서 도덕의 타락과 인간의 자유 의지라는 현실적 측면에 더 주목했기 때문이다.

제3장

삶과 죽음

불후의 가치

太上有立德, 其次有立功, 其次有立言. 雖久不廢, 此之謂
태 상 유 입 덕   기 차 유 입 공   기 차 유 입 언   수 구 불 폐   차 지 위

不朽.
불 후

『春秋左氏傳』襄公 24年
춘 추 좌 씨 전   양 공   년

어휘 풀이

┃太上(태상): 최고, 최상┃立德(입덕): 덕을 세우다┃其次(기차): 그다음┃立功(입공): 공을 세
우다┃立言(입언): 말을 세우다. 뛰어난 학설이나 언행으로 책이나 사상을 남기는 것┃雖久(수
구): 비록 오래되어도┃廢(폐): 폐하다, 없어지다┃此之謂(차지위): 이를 ∼라고 말한다┃不朽(불
후): 썩지 않다┃春秋左氏傳(춘추좌씨전): 역사서『춘추』에 좌씨가 주석을 단 책

우리말 해석

최고는 덕을 세우는 것이고 그다음은 공을 세우는 것이며 그다음은 말을 세우는 것이다. 비
록 오래되더라도 사라지지 않으니 이를 불후라고 한다.

『춘추』는 춘추 시대 노나라의 역사를 기록한 편년체 역사서이다. 공자가 썼다고 알려졌으며 유교 오경(五經)의 하나이다. 『춘추좌씨전』은 후대에 좌씨 성을 가진 사람이 『춘추』에 주석을 단 책이다. 좌구명(左丘明)이라고도 하나 분명하지는 않다.

　노 양공 24년이니 B.C. 549년의 일이다. 노나라의 숙손표(叔孫豹)가 진나라에 갔는데 진나라의 대부 범선자(范宣子)가 그를 맞으며 말했다. "우리 집안은 순임금 이전에는 도당씨였고 하나라 때는 어룡씨였고 상나라 때는 시위씨였고 주나라 때는 당두씨였으며 진나라가 중원의 패권을 주도하고 있을 때는 범씨였습니다." 원래 성(姓)과 씨(氏)는 다른 개념이다. 성은 동일 혈통을 표시하는 개념이고, 씨는 더 세부적으로 소속 집단의 신분이나 지역을 표시하는 개념이다. 높은 공을 세우면 천자가 씨를 하사하기도 했기 때문에 부자간에 성은 같지만 씨는 다른 경우도 있었다. 범선자의 말은 자신의 집안이 오래전부터 대단한 권력을 누렸던 고위층 가문이라는 의미이다. 그는 이 정도면 불후(不朽)라고 할 만하지 않느냐고 물었다. 냉철한 숙손표가 대답했다. 이런 것은 세속적인 봉록(世祿)이라고 할 수는 있어도 불후라고 할 수는 없다고. 노나라에 장문중(臧文仲)이라는 인물이 있는데 이미 죽었지만 그가 남긴 언행이 사라지지 않고 후대에 전하니 이런 것이야말로 불후라는 것이다. 가문의 부귀영화가 대대손손 이어진다 해도 나라가 없어지면 함께 사라진다. 하지만 말과 글에 담긴 정신은 불멸의 것이다. 본문의 내용은 이런 맥락에서 나온 숙손표의 단언이다.

　입덕(立德), 입공(立功), 입언(立言) 이 세 가지는 정신적 가치를 중시하는 윤리적 생명관이다. 이를 삼불후(三不朽)라고 말한다. 몸은 죽고 사라져도 이것은 영원히 썩지 않고 전해질 것이니 생명을 대신할 만하다. 철저한 사회적 책임감에서 나온 유교적 가치관이다. 유가 사상을 신봉하는 지식인들은 이런 정신적인 가치를 위해 육체적 삶을 기꺼이 버리기도 했다. 맹자는 목숨과 의로움 중 하나를 선택한다면 목숨을 버리고 의로움을 취하겠다고 말했다. 그런데 이 세 가지 불후의 가치에도 우선순위가 있다. 덕이 가장 우월한 가치이다. 입공, 입언도 올바른 도덕적 가치 판단 위에서 실현되어야 한다는 것이다.

인생은 백 년을 살지도 못하면서

生年不滿百, 常懷千歲憂.
생 년 불 만 백　　상 회 천 세 우
晝短苦夜長, 何不秉燭遊.
주 단 고 야 장　　하 불 병 촉 유

「古詩十九首」
고 시 십 구 수

어휘 풀이

┃生年(생년) : 인생의 햇수, 나이를 말한다 ┃滿(만) : 차다, 채우다 ┃常(상) : 항상 ┃懷(회) : 품다
┃千歲憂(천세우) : 천 년의 근심 ┃晝(주) : 낮 ┃苦(고) : 쓰다, 괴롭다 ┃何不(하불) : 어찌 ~하지 않
는가 ┃秉(병) : (손으로) 잡다 ┃燭(촉) : 등불

우리말 해석

인생은 나이 백 년을 채우지 못하면서 항상 천 년의 근심을 품고 있네. 낮은 짧고 괴로운 밤
은 기니 어찌 등불을 들고 놀지 않는가.

「고시십구수」는 한나라 말기 하층 문인들이 지었다고 전해지는 19수의 고시를 통칭하는 제목이다. 타향을 떠도는 나그네의 애환, 이별의 수심, 인생에 대한 회한과 우수 등 감성적 풍격과 주제가 주조를 이루고 있으며 남조의 시문선집인 『문선(文選)』에 「고시십구수」라는 제목으로 실려 있다.

「고시십구수」 작품에는 인생이 짧고 허무함을 탄식하는 구절이 많다. 예를 들면 다음과 같다.

> 인생은 천지 사이에 문득 먼 길 가는 나그네 같아라.
> (人生天地間, 忽如遠行客. 인생천지간 홀여원행객)
>
> 인생은 세상에서 문득 눈앞을 지나는 새 같아라.
> (人生瀛海內, 忽如鳥過目. 인생영해내 홀여조과목)

이런 구절들이 표현하는 인생에 대한 애착의 정서는 사실 죽음을 회피하고 싶다는 심리와 동전의 양면이다. 본문의 시도 사람은 누구나 죽는다는 사실을 전제로 한 인생관이다. 인생은 길어야 백 년을 채우지 못한다. 자신이 죽은 후의 일을 걱정하는 것은 모두 부질없다는 것이다. 놀자. 놀자. 낮이 짧고 괴로운 밤이 길다고 했다. 그것은 왜인가? 악착같이 놀아야 하는데 밤이 되면 어두워 놀 수 없기 때문이다. 그래서 시인은 등불을 들고 놀자고 말하는 것이다.

이어지는 내용은 다음과 같다. "행락도 응당 제때에 해야 하니, 어찌 다시 후일을 기다리리. 어리석은 이는 돈을 아끼다가, 후세 사람들의 웃음거리가 된다네. 왕자교(王子喬)는 신선이 되었다지만, 그런 바람은 이루어지기 어렵다네." 여기에는 죽음을 받아들이는 또 다른 유형이 등장한다. 하나는 부의 축적을 인생의 성취로 여기는 가치관이다. 시인은 이런 생각을 비웃는다. 부를 축적하려는 욕구도 훗날의 즐거움을 위한 것인데 그렇다면 지금 즐거움을 누리는 것이 낫다는 것이다. 돈을 아끼는 사람은 돈의 즐거움은 모르고 돈의 노예로 살다가 죽는다. 또 하나는 신선이 되어 죽지 않는 것인데 이는 불가능한 일이다. 그렇다면 답은 정해졌다. 오로지 노는 것이다. 이 시가 표현하는 정서는 향락주의 인생관이다. 민간의 통속적인 느낌이 물씬 풍긴다. 우리 노래도 있지 않은가. "노세, 노세, 젊어서 노세."

생명은 기가 모인 것

生也死之徒, 死也生之始. 孰知其紀. 人之生, 氣之聚也.
생 야 사 지 도　　사 야 생 지 시　　숙 지 기 기　　인 지 생　　기 지 취 야

聚則爲生, 散則爲死.
취 즉 위 생　　산 즉 위 사

『莊子』
장자

어휘 풀이

┃也(야) : (주격 조사) ~은(는) ┃徒(도) : 제자, 따르는 무리 ┃孰(숙) : 누구 ┃其(기) : 그 ┃紀(기) : 벼리. 원래 그물을 오므리고 펴는 부분을 말하는데 일이나 이치의 핵심을 비유 ┃氣(기) : 기, 기운 ┃聚(취) : 모이다 ┃則(즉) : (가정법) ~하면 ┃爲(위) : 되다 ┃散(산) : 흩어지다

우리말 해석

삶은 죽음을 뒤따르는 무리이며 죽음은 삶의 시작이다. 누가 그 이치를 알겠는가? 사람의 삶은 기가 모인 것이다. 기가 모이면 삶이 되고 흩어지면 죽음이 된다.

장자는 호접몽 고사에서 존재하는 모든 현상과 사물은 변화한다는 이치를 말했다. 물화(物化)라는 개념이 그것이다. 변화의 순간을 관찰해보면 변화하는 사물 속에는 변화의 요소가 들어 있다. 얼음 속에는 물의 요소가 있었고 밤 속에는 아침의 요소가 있었다. 장자는 삶과 죽음도 그렇다고 생각했다.

삶은 죽음을 뒤따라 다니고 있는 무리이다. 얼핏 보면 죽음이라는 현상 속에는 죽음만 있는 것 같았지만 자세히 보면 그 뒤에 삶이라는 놈이 따라다니고 있다. 죽음이 비키면 삶이 나타난다. 그래서 죽음은 삶의 시작이다. 삶은 저절로 시작되는 것이 아니라 죽음이 변하여 시작된다. 삶과 죽음은 반복된다. 장자는 인간의 생명을 물질로 보고 있다. 기(氣)는 눈에 보이지 않지만 존재하는 어떤 에너지를 말한다. 기가 모이면 생명이 되고 기가 흩어지면 죽음이 된다. 태어났다고 기뻐하고 죽었다고 슬퍼할 것도 없다.

「지락(至樂)」편에는 다음과 같은 내용이 실려 있다. 장자의 처가 죽어서 혜자가 조문을 갔는데 장자가 동이를 두드리며 노래를 부르고 있었다. 혜자는 곡을 하지는 못할망정 노래를 부르는 것은 너무하다고 비난했다. 장자가 대답했다. "처음엔 나도 왜 슬프지 않았겠는가. 그런데 삶의 처음을 살펴보니 본래는 삶이 없었네. 삶이 없었을 뿐 아니라 형상도 없었고 기(氣)도 없었네." 그런데 아득한 혼돈 속에서 기가 생기더니 형상도 생기고 삶이 생겼다. 지금 아내의 삶이 변하여 죽음이 된 것은 춘하추동 사계절이 바뀌는 것과 같은 것이다. 장자가 볼 때 계절이 바뀌는 것은 자연의 이치이지, 기쁘고 슬퍼할 일이 아니다. 「제물론(齊物論)」편에는 여희(麗姬)가 진 헌공(獻公)에게 시집가기 싫어서 슬피 울었는데, 결혼 후에 행복한 생활을 하며 지난날 울었던 일을 후회했다는 이야기가 있다. 죽은 사람이 생전에 죽음을 두려워했던 일을 후회할 수도 있다는 비유이다. 삶과 죽음에 대한 장자의 관점은 자연주의라고 할 수 있다.

冥(어두울 명)이라는 글자는 여성의 자궁 속에서 나오는 아기를 두 손으로 받는 모습에서 생겼다. 그런데 이 글자는 또 저승을 뜻한다. 우리는 명복(冥福)이라고 말할 때 이 글자를 쓴다. 캄캄하고 어두운 저 공간은 찬란한 탄생의 공간이면서 동시에 죽음의 공간이기도 하다. 삶과 죽음은 같은 대기실을 쓰는 손님들이다.

•갑골문의 冥(명)•

귀신 유무론

阮宣子論鬼神有無者. 或以人死有鬼, 宣子獨以爲無, 曰
완 선 자 론 귀 신 유 무 자   혹 이 인 사 유 귀   선 자 독 이 위 무   왈

"今見鬼者, 云着生時衣服. 若人死有鬼, 衣服復有鬼邪?"
금 견 귀 자   운 착 생 시 의 복   약 인 사 유 귀   의 복 부 유 귀 야

論者服焉.
논 자 복 언

『世說新語』
세 설 신 어

어휘 풀이

┃阮宣子(완선자) : 인명. 위진 시대의 명사 완수(阮脩) ┃論(론) : 논하다, 토론하다 ┃或(혹) : 어떤 사람 ┃以(이) : ~라고 생각하다 ┃獨(독) : 홀로, 유독 ┃以爲(이위) : ~라고 생각하다 ┃云(운) : 말하다 ┃着(착) : (옷을) 입다 ┃若(약) : 만약 ┃邪(야) : (의문 종결 어미) 문미에 사용되어 의문문을 만든다 ┃服(복) : 탄복하다 ┃世說新語(세설신어) : 남조 송나라 때 유의경(劉義慶)이 남조 사인들의 언행과 일화를 기록한 책

우리말 해석

완선자는 귀신의 유무를 논하는 사람이다. 어떤 사람은 사람이 죽으면 귀신이 생긴다고 생각했는데 완선자만은 유독 생기지 않는다고 생각하여 "요즘 귀신을 봤다는 사람들은 귀신이 살아 있을 때의 의복을 입고 있다고 말한다. 만약 사람이 죽어 귀신이 생긴다면 의복에도 귀신이 있는 것인가?"라고 말했다. 함께 논하던 사람들이 이에 탄복했다.

위진남북조 시대에는 불교의 성행으로 영혼과 내세에 대한 관심이 높았다. 민간에서는 인간과 귀신이 사랑하는 인귀련(人鬼戀) 고사가 유행했고 지식층에서는 영혼의 문제를 깊이 사유했다. 본문의 내용도 이런 사상적 풍조 속에서 생긴 일화이다. 완수는 철저한 유물론자이다. 그는 사람이 죽은 후 영혼이 소멸한다는 관점을 견지했고 영혼불멸론자들과 무수한 논쟁을 펼쳤다. 그런데 그의 주요 논지는 귀신이 옷을 입고 있더라는 목격자들의 증언이 모순이라는 것이다.

『진서(晉書)』에는 또 다음과 같은 이야기가 있다. 완적(阮籍)의 손자 완첨(阮瞻)은 무귀론자인데 뛰어난 논변 실력을 갖고 있었다. 그런데 어느 날 손님이 찾아와 귀신유무론을 놓고 논쟁이 붙었다. 손님도 논변을 잘했지만 점차 완첨의 논리에 밀렸다. 결국 그는 안색이 변하며 "귀신의 일은 고금의 성현들도 모두 인정하고 전하던 바인데 그대는 어찌 홀로 없다고 하는가? 내가 바로 귀신이다."라고 말했다. 그는 곧 형체가 귀신으로 변하더니 사라졌다. 완첨은 아무 말도 하지 못했고 심신이 크게 쇠약해져 일 년쯤 지나 병으로 죽었다. 흥미롭다. 귀신 본인도 논리로는 자신의 존재를 증명하지 못했고 완첨을 설득하지 못했다.

당시 육체와 영혼의 관계에 대한 담론을 형신론(形神論)이라 한다. 형은 육체를, 신은 정신이나 영혼을 말한다. 신불멸론자들은 육체와 영혼을 이원적인 관계로 보았고 육체가 죽어도 영혼은 소멸하지 않는다고 했다. 승려 혜원(慧遠)은 「형진신불멸론(形盡神不滅論)」에서 육체와 영혼의 관계를 장작과 불에 비유했다. 타던 장작이 재가 되어 소멸해도 불은 다른 장작으로 전달되어 남는다는 것이다. 신멸론자들은 육체와 영혼을 일원적인 관계로 보았고 정신이나 영혼의 지각작용은 육체에서 파생된 것이라고 했다. 범진(范縝)은 「신멸론(神滅論)」에서 육체와 영혼의 관계를 칼과 날카로움에 비유했다. 날카로움이란 칼이 있다는 것을 전제로 존재하는 것이지, 칼이 없으면 날카로움도 없다는 것이다. 범진은 유물론적인 관점에서 불교의 인과응보와 윤회의 학설을 비판했다. (제4장 명언명구 참고)

『주역』에 "선을 쌓은 집안은 반드시 넘치는 경사가 있다(積善之家, 必有餘慶. 적선지가 필유여경)"는 말이 있다. 내 선행의 보답이 후손에게 미친다는 말이다. 하지만 불교의 인과응보, 윤회의 세계관은 더 직접적으로 개인적 선악의 당위성을 제시했다. 내 선행의 보답을 내가 받는 것이다. 권선징악이 실현되지 않는 현실에 대한 불만도 해결된다. 불교의 전래는 새로운 윤리적 인생관을 가져왔다.

2. 문법 해설

1 此之謂不朽(차지위불후) 이를 불후라고 한다.

> ### 此之謂(이 차, 갈 지, 말할 위)
>
> 此는 '이', '이것'이라는 의미이며 謂는 '말하다'라는 의미이다. 此之謂는 관용적으로 '이를 일러 ~라고 말한다(부른다)'로 해석한다.
>
> ▶ 此之謂大丈夫(차지위대장부) 이러한 사람을 대장부라고 말한다. (『맹자 孟子』)

2 何不秉燭遊(하불병촉유) 어찌 등불을 들고 놀지 않는가.

> ### 何不(어찌 하, 아닐 불)
>
> 의문사 何(하)와 부정사 不(불)이 결합한 형태로 '어찌 ~하지 않는가?'로 해석한다.
>
> ▶ 何不食肉糜(하불식육미) 어찌 고기죽을 먹지 않는가? (『진서 晉書』)

3 生也死之徒(생야사지도) 삶은 죽음을 뒤따르는 무리이다.

> ### 也(어조사 야)
>
> ① (문장 종결 어미) 문미에 위치하여 문장의 종결을 의미한다. 뜻은 없고 한국어의 '~ㅂ니다'에 해당한다.
>
> ▶ 故以羊易之也(고이양역지야) 그러므로 양으로 그것을 바꾼 것입니다. (『맹자 孟子』)
>
> ② 주어 뒤에 위치하여 주어를 강조한다.
>
> ▶ 生也一片浮雲起(생야일편부운기) 산다는 것은 한 조각 뜬구름이 일어나는 것이다. (서산 대사 西山大師 게송 偈頌)

4 孰知其紀(숙지기기) 누가 그 이치를 알겠는가?

孰(누구 숙)

① 익다, 익히다. 고문에서는 熟(익을 숙)과 통용되었다.

▶ 五穀孰而草木茂(오곡숙이초목무) 오곡이 무르익고 초목이 무성하다. (『한서 漢書』)

② (의문사) 누구

▶ 人非生而知之者, 孰能無惑(인비생이지지자 숙능무혹) 사람은 태어나면서 아는 존재가 아니니, 누가 의혹이 없겠는가? (「사설 師說」)

5 或以人死有鬼(혹이인사유귀) 어떤 사람은 사람이 죽으면 귀신이 생긴다고 생각했다.

或(혹 혹)

불특정한 어떤 상황이나 사람을 가리키는 말로 사용되어 '어떤 때는', '어떤 사람은' 등으로 해석된다.

▶ 或百步而後止(혹백보이후지) 어떤 사람은 백 보를 가서 멈추었다. (『맹자 孟子』)

以(써 이)

① ~로써

▶ 君子以文會友(군자이문회우) 군자는 문장으로 친구를 모은다. (『논어 論語』)

② ~라고 생각하다

▶ 子之君以我忘之乎(자지군이아망지호) 그대의 임금은 내가 그를 잊었다고 생각하는가?
(『설원 說苑』)

6 宣子獨以爲無 (선자독이위무) 완선자만 유독 생기지 않는다고 생각했다.

以爲(써 이, 할 위)

① ~라고 생각하다

> ▶ 他日聞鍾, 以爲日也(타일문종 이위일야) 다른 날 종소리를 듣더니 해라고 생각했다.
>
> (「일유 日喩」)

② 以之爲의 축약형으로 '그것을 ~로 삼다'

> ▶ 以爲女婿(이위여서) 그를 사위로 삼다. (『수신기 搜神記』)

7 衣服復有鬼邪 (의복부유귀야) 의복에도 귀신이 있는 것인가?

復(돌아갈 복, 다시 부)

① (복) 돌아가다, 회복하다

> ▶ 克己復禮(극기복례) 자기를 억제하고 예를 회복하다. (『논어 論語』)

② (부) 또, 다시

> ▶ 復前行, 欲窮其林(부전행 욕궁기림) 다시 앞으로 나아가 그 숲의 끝까지 가려 했다.
>
> (「도화원기 桃花源記」)

邪(간사할 사, 그런가 야)

① (사) 간사하다, 바르지 못하다

> ▶ 思無邪(사무사) 생각에 사악함이 없다. (『논어 論語』)

② (야) 의문 종결 어미. 문미에 사용되어 의문문을 만들고 자신의 생각에 대해 상대의 의
> 향을 물어볼 때 사용된다.

> ▶ 其信然邪, 其夢邪(기신연야 기몽야) 그것이 진실로 그러한가? 그것이 꿈인가?
>
> (「제십이랑문 祭十二郎文」)

8 論者服焉(논자복언) 논자들이 이에 탄복했다.

服(옷 복)

① 옷, 의복, 입다

▶ 甘其食, 美其服(감기식 미기복) 그 음식을 감미롭게 하고 그 의복을 아름답게 하다.

(『노자 老子』)

② 복종하다, 감복하다, 탄복하다

▶ 以力服人者, 非心服也(이력복인자 비심복야) 힘으로 남을 굴복시킨 것은 마음으로 감복한 것이 아니다. (『맹자 孟子』)

③ (약을) 먹다, 복용하다

▶ 常服何藥(상복하약) 늘 무슨 약을 먹습니까? (『홍루몽 紅樓夢』)

焉(어찌 언)

① (의문사) 어찌, 어떻게

▶ 未知生, 焉知死(미지생, 언지사) 생도 알지 못하겠는데 어찌 죽음을 알겠는가?

(『논어 論語』)

② 문장의 종결을 표시한다. 也(야), 矣(의)의 용법과 같다.

▶ 身旣不孝, 子何孝焉(신기불효 자하효언) 나 자신이 이미 효를 하지 못했는데 자식이 어떻게 효를 하겠는가? (『명심보감 明心寶鑑』)

③ 於之(어지)의 축약형으로 '거기에', '이에' 등으로 해석된다.

▶ 三人行, 必有我師焉(삼인행 필유아사언) 세 사람이 길을 가면, 거기에 반드시 나의 스승이 있다. (『논어 論語』)

3. 명언명구

豹死留皮
표 사 류 피

표범은 죽어서 가죽을 남긴다.

우리 속담과 유사하다. 『신오대사(新五代史)』를 보면 양(梁)나라 명장 왕언장(王彦章)이 적의 포로가 되었는데 투항을 권하자 "표범은 죽어서 가죽을 남기고 사람은 죽어서 이름을 남긴다(豹死留皮, 人死留名. 표사류피 인사류명)."라고 말했다. 육체적 생명은 소멸해도 명성이 후대에 전하면 자신의 생명을 대신할 수 있다는 관념이다.

• 豹(표범 표) ▎死(죽을 사) ▎留(머무를 류) ▎皮(가죽 피)

人生七十古來稀
인 생 칠 십 고 래 희

인생 칠십 세는 예로부터 드물다.

두보의 시 「곡강이수(曲江二首)」에 나오는 말로 칠십까지 장수하기는 매우 어렵다는 뜻이다. 여기에서 고희(古稀)라는 말이 나왔다. 또 『논어』에는 15세를 지학(志學), 30세를 이립(而立), 40세를 불혹(不惑), 50세를 지천명(知天命), 60세를 이순(耳順), 70세를 종심소욕불유구(從心所欲, 不踰矩)라고 표현했다.

• 人(사람 인) ▎生(날 생) ▎七(일곱 칠) ▎十(열 십) ▎古(옛 고) 來(올 래)▎稀(드물 희)

死生有命,
사 생 유 명
富貴在天
부 귀 재 천

생사는 운명이 있고
부귀는 하늘에 달려 있다.

『논어』에 나오는 구절로 사마우(司馬牛)가 자신은 형제가 없다고 한탄하자 자하(子夏)가 한 말이다. 생사와 부귀는 운명에 속하는 것이니 어쩔 수 없는 것이고 자신의 의지로 가능한 일에 힘쓰라는 의미이다. 늘 공경하고 예의를 지키면 세상 사람들이 모두 형제가 될 것이니 그런 근심은 하지 말라고 했다. 여기서 사해형제(四海兄弟)라는 말이 나왔다.

• 死(죽을 사) ┃ 生(날 생) ┃ 有(있을 유) ┃ 命(목숨 명)
富(부유할 부) ┃ 貴(귀할 귀) ┃ 在(있을 재) ┃ 天(하늘 천)

未知生, 焉知死
미 지 생 　 언 지 사

생도 알지 못하겠는데
어찌 죽음을 알겠는가?

『논어』에 나오는 말로 제자인 자로(子路)가 죽음에 대해 묻자 공자가 대답한 말이다. 철학의 중점을 현실 사회에 둔 공자의 현세주의 가치관이 명확히 표현되었다.

• 未(아닐 미) ┃ 知(알 지) ┃ 生(날 생) ┃ 焉(어찌 언) ┃ 死(죽을 사)

人生如朝露
인 생 여 조 로

인생은 아침 이슬과 같다.

한나라 때 소무(蘇武)가 흉노에게 사신으로 갔다가 억류되어 19년 동안 돌아가지 못했다. 흉노에 투항한 이릉(李陵) 장군이 인생은 짧으니 그만 투항하라며 설득한 말이다. 하지만 소무는 끝내 거절했다.

• 人(사람 인) ┃ 生(날 생) ┃ 如(같을 여) ┃ 朝(아침 조) ┃ 露(이슬 로)

鼓盆之嘆
고 분 지 탄

동이를 두드리며 하는 탄식.

장자의 아내가 죽어 혜자가 찾아갔더니 장자가 동이를 두드리며 노래를 부르고 있더라는 일화에서 나온 말. 『장자』원문에서는 장자가 생사의 이치를 깨달아 슬퍼하지 않았지만 이 성어는 아내를 잃은 슬픔을 가리키는 말로 사용된다.

• 鼓(두드릴 고) | 盆(동이 분) | 嘆(탄식할 탄)

一日難再晨
일 일 난 재 신

하루에 두 번의 새벽은 없다.

도연명의「잡시(雜詩)」의 한 구절로 젊을 때 시간을 아껴 노력하라는 교훈이다. 전문은 다음과 같다. "젊은 시절 다시 오지 않고 하루에 두 번의 새벽은 없다. 때를 놓치지 말고 힘써야 하리니 세월은 사람을 기다리지 않는다(盛年不重來, 一日難再晨. 及時當勉勵, 歲月不待人. 성년부중래 일일난재신 급시당면려 세월부대인)."

• 一(한 일) | 日(날 일) | 難(어려울 난) | 再(다시 재) | 晨(새벽 신)

夫天地者
부 천 지 자
萬物之逆旅
만 물 지 역 려

천지는 만물이 묵는 여관이다.

이백의 글「춘야연도리원서(春夜宴桃李園序)」의 첫 구절로 인생무상과 향락주의 정서가 담겨있다. 봄 밤, 도리꽃 만발한 화원에서 술 마시며 쓴 글이다. 인생은 먼 길 가는 나그네이고 세상은 우리가 잠깐 머무르는 여관이다. 다음의 구절이 이어진다. "시간은 백대를 지나는 나그네다(光陰者百代之過客 광음자백대지과객)."

• 夫(지아비 부) | 天(하늘 천) | 地(땅 지) | 者(놈 자) | 萬(일만 만)
物(물건 물) | 逆(거스를 역) | 旅(나그네 려)

4. 명문 감상

귀신과 결혼한 담생

　　한나라 때, 담생(談生)이라는 선비는 나이 마흔에 아내가 없어 늘 울분에 차 『시경』을 읽었다. 어느 날 밤 나이는 십오륙 세쯤 되고 용모와 복장이 천하에 다시없을 만큼 뛰어난 여자가 담생에게 와서 부부가 되자고 말했다. 그녀는 "저는 다른 사람들과 다릅니다. 절대 불로 저를 비춰보지 마세요. 삼 년이 지나면 보아도 됩니다."라고 했다. 함께 부부가 되어 아들을 하나 낳았는데 어느덧 두 살이 되었다. 남편은 참지 못하고 밤에 그녀의 침소를 엿보다 몰래 불로 비추어보았다. 그 허리 위는 이미 살이 생겨 사람과 같았으나 허리 아래는 다만 마른 뼈만 있었다. 아내가 깨어나 말하길 "당신은 저를 저버렸습니다. 저는 거의 생명을 얻었는데 어찌 단 일 년을 참지 못하고 결국 비추어보았나요?" 담생은 사죄하였으나 아내는 울음을 그치지 않고 말했다. "저는 당신과 영원히 이별해야 합니다만 저의 아이를 생각해보니 만약 가난 때문에 당신과 아이가 함께 살지 못하겠다면 잠시 저를 따라오십시오. 당신에게 물건을 좀 주겠습니다." 담생이 아내를 따라 그녀가 쓰던 방으로 들어갔더니 범상치 않은 물건이 있었다. 그녀는 구슬이 달린 저고리 한 벌을 주며 "보탬이 될 것입니다."라고 하더니 담생의 옷소매를 찢어 가지고 사라졌다. 후에 담생은 생활이 곤궁해져 그 저고리를 시장에 내다 팔았는데 휴양왕의 집안에서 많은 돈을 주고 사갔다. 휴양왕은 그 저고리를 알아보고 "이것은 내 딸의 저고리인데 어떻게 시장에 있겠는가? 틀림없이 무덤을 파헤친 것이다."라고 말하며 담생을 데려다 심문했다. 담생은 사실대로 말했지만 휴양왕은 믿지 않았다. 그래서 딸의 무덤에 가서 보게 되었는데 무덤은 예전과 다름없이 온전했다. 무덤을 파고 안을 보았더니 관 뚜껑 아래에 과연 찢어진 옷소매가 있었다. 담생의 아이를 불러다가 얼굴을 보앉더니 정말 자신의 딸과 몹시 닮은 것이었다. 휴양왕은 그제서야 모든 사실을 믿고 담생을 불러 재물을 내리고 사위로 인정했다. 담생의 아이는 조정에 글을 올려 낭중으로 천거했다.

漢談生者, 年四十, 無婦, 常感激讀『詩經』. 夜半, 有女子年可十五六, 姿顏服飾, 天下無雙, 來就生, 爲夫婦. 之言曰 "我與人不同, 勿以火照我也. 三年之後, 方可照耳" 與爲夫婦. 生一兒, 已二歲. 不能忍, 夜伺其寢後, 盜照視之. 其腰以上, 生肉如人, 腰以下, 但有枯骨. 婦覺, 遂言曰 "君負我. 我垂生矣, 但忍一歲而竟相照也" 生辭謝, 涕泣不可復止. 云 "與君雖大義永離, 然顧念我兒. 若貧不能自偕活者, 暫隨我去, 方遺君物" 生隨之去, 入華堂室宇, 器物不凡. 以一珠袍與之, 曰 "可以自給" 裂取生衣裾, 留之而去. 後生持袍詣市, 睢陽王家買之, 得錢千萬. 王識之曰 "是我女袍, 那得在市? 此必發塚" 乃取拷之. 生具以實對, 王猶不信. 乃視女塚, 塚完如故. 發視之, 棺蓋下果得衣裾. 呼其兒視, 正類王女. 王乃信之. 卽召談生, 復賜遺之, 以爲女婿. 表其兒爲郎中. (『수신기 搜神記』)

중국 진(晉)나라 때의 소설집 『수신기』에 수록된 이야기로 『태평광기(太平廣記)』에도 실려 있다. 이 이야기처럼 인간이 귀신과 사랑하고 결혼하는 내용을 '인귀련(人鬼戀)'이라고 한다. 『수신기』는 민간에 전하는 흥미로운 이야기를 수집하여 엮은 책인데 인귀련 고사가 상당히 많다. 『수신기』 외에도 『수신후기(搜神後記)』, 『술이기(述異記)』, 『열이전(列異傳)』 등 인간과 귀신의 사랑 이야기를 담은 책들이 위진남북조 시대에 많이 등장했다.

선진 시대의 중국 철학은 죽음의 문제를 윤리의 관점, 또는 자연의 관점으로 접근하고 탐구했을 뿐, 사후의 세계나 영혼의 문제까지는 인식하지 못했다. 다만 음양의 관점으로 사람은 혼(魂)과 백(魄)이 있어서 혼은 양(陽)의 속성이라 죽으면 하늘로 가 신(神)이 되고, 백은 음(陰)의 속성이라 죽으면 땅으로 가 귀(鬼)가 된다고 보았다. 그러다가 불교가 전래되면서 지옥과 극락, 윤회 등과 같은 불교적 세계관이 등장했고 중국 지식인들의 사유 체계에 큰 영향을 주었다. 위진남북조 시대에는 영혼의 유무, 영혼의 존멸 등의 문제에 대한 논쟁이 매우 치열했고 귀신이 나타나 사람들과 접촉하는 이야기가 대량 등장했다. 이들의 토론을 보면 당시 영혼의 문제에 대한 관심이 얼마나 진지했는지 알 수 있다.

담생의 이야기는 인귀련 고사의 전형적인 구조를 갖고 있다.

한 남자가 예쁜 여자를 우연히 만난다 → 두 사람은 결혼한다 → 여자가 증표를 남기고 떠난다 → 알고 보니 권세가의 딸이었다 → 무덤을 열어 확인한다 → 남자는 처가의 도움으로 신분 상승을 이룬다.

이 이야기에서도 담생은 가난한 서생이었다. 하지만 우연히 미모의 젊은 여인을 만나 사랑하고 행복한 결혼 생활을 한다. 옛날이야기에는 항상 '절대 ~하지 말라'는 금기가 설정되고 주인공은 항상 금기를 어긴다. 아내를 훔쳐본 담생은 아내와 이별하고 홀로 아들을 키우면서 가난하게 산다. 어느 날 아내가 남긴 저고리를 내다 팔았다가 아내의 아버지를 만났는데 장인은 매우 신분이 높은 사람이었다. 두 사람이 함께 무덤에 가서 확인을 했더니 과연 담생의 아내는 이 지체 높은 가문의 귀한 딸이었다. 무덤 속 아내의 시신은 담생의 찢어진 옷소매를 꼭 쥐고 있었다. 알고 보니 아내가 남긴 저고리나 담생의 옷을 찢어 가져간 천은 모두 이 순간 담생이 이 집안의 사위라는 것을 증명하기 위한 치밀한 설정이었다. 담생은 이 집안의 사위로 인정받아 부귀를 누리고 어린 아들은 벼슬을 얻었다.

그런데 이 이야기는 해피앤딩일까? 여자 귀신의 입장에서 이야기를 다시 구성해본다면 뭔가 석연치 않다. 이 여자 귀신은 왜 하필 담생을 선택했을까? 두 사람의 결혼은 일방적으로 여자 귀신이 주도한 것이다. 젊고 매력적인 총각을 선택하지 않고 마흔 살의 노총각 담생을 선택했다. 담생(談生)은 이 사람의 이름이 아니고 성이 담씨인 서생이라는 말이다. 평생 과거를 준비했지만 아직 벼슬을 얻지 못했고 그러다 보니 결혼도 하지 못하고 가난하게 살고 있다. 자기가 귀신이라는 콤플렉스 때문에 양심에 찔려서 담생과 결혼한 것일까? 이 여자 귀신이 살아 있는 남자를 만나 결혼한 것은 인간의 정기를 얻어 자신도 환생하려는 욕망 때문이었다. 약속을 어긴 담생 때문에 모든 계획이 수포로 돌아갔지만 그런데도 담생을 위해 치밀한 설정을 하고 증거가 될 물품을 남긴다. 증거를 남기는 작업은 오로지 담생을 위해서만 좋은 일이었다. 여자 귀신에겐 좋을 일이 없다. 그리고 그녀는 다시 등장하지 않는다. 자신의 한과 분노는 표출하지 못했다. 담생의 신분 상승이란 결말이 여자 귀신의 입장에서도 해피앤딩이었을까?

이러한 상황을 보자면 이 이야기는 철저히 담생의 입장에서 만들어진 이야기라는 것을 알 수 있다. 옛날이야기에는 늘 예쁜 여자 귀신이 등장하여 인간 남성과 사랑하지, 남자 귀신이 인간 여성과 사랑하는 스토리는 없다. 이것은 이런 귀신 이야기를 만들고 향유하는 계층이 담생처럼 가난하고 결혼하지 못한 남성 지식인이었다는 것을 의미한다. 마치 아침드라마가 주부들의 판타지를 대변하는 것처럼. 음양학의 관점에서 본다면 남성이 양이고 여성이 음인데 귀신은 음계(陰界)에 소속된 존재라 여자 귀신이 등장했다고 설명할 수도 있겠다. 하지만 이런 초현실적인 이야기 속에는 대개 인간의 욕망이 담겨 있다. 귀신은 귀신대로 환생의 욕망이 있었지만 남자 주인공인 담생은 담생대로 예쁜 여성에 대한 성적인 욕망과 부귀공명을 바라는 세속적 욕망이 있었다. 담생은 자신이 원하던 모든 것을 얻었다. 이루지 못한 벼슬길에 대한 미련도 아들이 대신 풀어주었다. 이런 류의 이야기는 자신의 욕망을 환상 속에서 추구하려는 서생의 염원이 영혼에 대한 관심이 증폭된 문화적 분위기와 만나 생겨난 것이라 할 수 있다.

또 사회적인 관점에서 해석하자면 당시 도굴이 빈번했던 시대적인 상황도 중요한 배경이 될 수 있다. 즉, 도굴꾼들이 자신들의 범죄가 탄로나 장물의 출처를 추궁당할 때, 그를 정당화할 수 있는 근거로 이런 스토리를 만들었다고 보는 것이다. 도굴의 대상은 대체로 높은 신분을 가진 집안의 무덤들이었기 때문에 처벌도 당연히 매우 엄중했다. 이에 대한 역사 기록도 많다. 그러다 보니 도굴한 물품에 대한 해명을 위해 귀신의 이야기를 날조하는 것도 충분히 가능한 일이다.

제4장

천도와 운명

1. 단문 읽기

백이숙제의 운명

或曰，"天道無親，常與善人." 若伯夷叔齊，可謂善人者非
혹 왈　천도무친　상여선인　약백이숙제　가위선인자비

邪? 積仁潔行如此而餓死.
야　적인결행여차이아사

『史記』
사 기

어휘 풀이

| 或(혹) : 혹자, 어떤 사람 | 天道(천도) : 천도, 하늘의 도 | 親(친) : 편애하다, 사사롭게 대하다
| 常(상) : 항상 | 與(여) : 함께, 함께하다 | 若(약) : ~와 같다 | 伯夷叔齊(백이숙제) : 인명. 백이와
숙제. 주나라가 상나라를 멸하자 의롭지 않은 행동이라 여기고 수양산에 들어가 굶어 죽었다
| 可謂(가위) : ~라고 말할 수 있다 | 非(비) : 아니다, 그르다 | 邪(야) : 의문 종결 어미 | 積仁(적인) :
인을 쌓다 | 潔行(결행) : 행동을 고결하게 하다 | 如此(여차) : 이와 같다 | 餓死(아사) : 굶어 죽다

우리말 해석

　어떤 이는 "천도는 사사로움이 없어 언제나 선한 사람과 함께한다."라고 말한다. 백이, 숙제 같
은 사람들은 선한 사람이라고 말할 수 있는 것인가, 아닌가? 어진 성품을 쌓고 고결한 행동을
함이 이와 같지만 굶어 죽었다.

열전(列傳) 중 첫 번째 편인 「백이(伯夷)열전」의 한 구절이다.

백이와 숙제는 고죽국 군주의 아들들이다. 군주가 삼남인 숙제에게 왕위를 물려주려 하자 숙제는 장남인 형에게 양보했고 백이는 부친의 뜻이 아니라며 받지 않았다. 결국 차남이 후계자가 되었고 두 사람은 세상을 떠돌다 주나라로 갔다. 그런데 주나라의 무왕(武王)은 부친의 장례도 마치지 않고 상나라를 정벌하러 떠나고 있었다. 백이와 숙제는 무왕을 만류했다. 부친의 상중에 전쟁을 일으키는 것은 효가 아니며 신하가 군주를 죽이는 것은 인(仁)이 아니라는 이유였다. 결국 무왕은 상나라를 멸망시키고 천자의 자리에 올랐다. 백이와 숙제는 주나라의 백성이라는 것을 부끄럽게 여겨 수양산에 들어가 고사리를 먹고 살다가 굶어 죽었다.

「백이열전」은 약 1,000자 정도 분량인데 백이, 숙제의 이야기는 약 200자 정도다. 나머지는 사마천의 논설이다. 이 단락은 백이, 숙제의 생애를 화두로 삼아 천도와 인간의 운명에 대해 논했다. 백이, 숙제는 의로운 인물인데 불행한 최후를 맞았다. 또 공자가 가장 아낀 제자 안연(顏淵)은 가난하게 살다가 요절했다. 하지만 천하의 잔악한 도적 도척(盜跖)은 호의호식하며 천수를 누렸다. 이것은 어째서인가? 세상에는 불의한 사람들이 성공하고 정의로운 사람들이 불행을 맞는 사례들이 무수히 많다. 이것이 하늘의 뜻이라면 이것은 옳은 것인가, 그른 것인가? 그렇다면 인간은 어떤 삶을 살아야 하는가? 사마천은 이러한 의문을 제기하며 천도와 인간의 운명에 대해 강한 회의를 표했다. 이는 자신의 불행한 인생에 대한 울분일 것이다.

"혹왈(或曰)" 구절은 『노자』에 나오는 말이다. 親(친할 친)의 의미는 친소(親疏) 관계에 따라 사사롭게 편애한다는 뜻이다. 善人(선인)은 도(道)와 하나된 경지에 이른 사람을 말한다. 친한 사람인지 아닌지 가리지 않고 천도는 언제나 자신의 원리로 운행되므로 선인이 되어 천도의 원리를 받아들여야 한다는 것이 노자의 메시지이다. 그런데 사마천은 권선징악의 도리를 말하기 위해 원래 의미를 변용했다.

「백이열전」의 말미에 사마천은 "구름은 용을 따라 일고 바람은 범을 따라 분다(雲從龍, 風從虎. 운종룡 풍종호)"라는 『주역』의 구절을 인용했다. 용과 범이 도약하면 구름과 바람이 일어나듯 강한 영향력을 가진 누군가의 언급으로 역사 속 무명 인물의 행적이 드러난다는 것이다. 공자의 칭찬이 있었기에 백이, 숙제와 안연의 훌륭함이 전해지게 된 것처럼. 사마천은 이것이 역사가의 역할이라고 생각했다. 이들의 실제 인생은 불우했지만, 명성이 후대에 전해진다면 천도의 불공정을 어느 정도 보완할 수 있을 것이다. 『사기』에 대한 무거운 책무감이자 자부심이다.

공자의 곤경

且夫芷蘭生於深林, 非以無人而不芳. 君子之學, 非爲通也.
차 부 지 란 생 어 심 림　비 이 무 인 이 불 방　군 자 지 학　비 위 통 야

爲窮而不困, 憂而意不衰也. 知禍福終始而心不惑也.
위 궁 이 불 곤　우 이 의 불 쇠 야　지 화 복 종 시 이 심 불 혹 야

『荀子』
순 자

어휘 풀이

┃且夫(차부): (발어사) 말의 시작을 표현 ┃芷蘭(지란): 지초와 난초. 모두 향초(香草)의 이름
┃以(이): ~ 때문에, ~를 이유로 ┃芳(방): 향기, 향기를 뿜다 ┃通(통): 통하다, 입신출세하다 ┃窮
(궁): 궁하다, 막히다 ┃困(곤): 곤하다, 괴로워하다 ┃憂(우): 근심하다 ┃衰(쇠): 쇠약해지다 ┃禍福
(화복): 화와 복 ┃終始(종시): 끝과 시작 ┃惑(혹): 미혹되다, 혼란에 빠지다

우리말 해석

지초와 난초가 깊은 숲속에서 자라지만 사람이 없다고 해서 향기를 뿜지 않는 것은 아니다.
군자의 학문은 세상에 등용되기 위한 것이 아니다. 막혀도 괴로워하지 않고 근심하면서도 뜻이
쇠약해지지 않나니, 화복의 시작과 끝을 잘 알아서 마음이 미혹되지 않는 것이다.

공자가 천하를 주유할 때였다. 진(陳)나라와 채(蔡)나라 사이에 있다가 초(楚)나라의 초빙을 받았다. 진나라와 채나라의 대부들은 공자가 초나라로 가면 자기들에게 해가 생길 것이라 생각하여 공자 일행을 위협하고 길을 막았다. 공자와 제자들은 7일 동안 화식(火食)을 하지 못했고 굶주려 아무 일도 할 수 없었다. 이 사건을 '진채지액(陳蔡之厄)'이라고 하는데『논어』외에도『순자』,『공자가어(孔子家語)』,『장자』등 여러 문헌에 실려 있는 유명한 사건이다.『논어』에는 이 때 자로가 "군자도 곤궁할 때가 있습니까?"라고 물으니 공자가 "군자는 진실로 곤궁할 때가 있으니, 소인은 곤궁하면 지나친 행동을 한다."라고 대답했다고 한다.

본문의 내용은『순자』에 실린 내용이다. 자로가 "선한 행동을 하는 사람은 하늘이 복으로 보답하고, 선하지 않은 행동을 하는 사람은 하늘이 화로 보답한다(爲善者天報之以福, 爲不善者天報之以禍. 위선자천보지이복 위불선자천보지이화)."라는 말을 들었다고 했다.『명심보감』의 첫 구절로 유명한 말이다. 하늘은 왜 큰 덕망과 학문을 가진 선생님에게 이런 가혹한 고난을 내리는 것이냐는 질문이다. 자로는 과격하고 직선적인 사람이다. 이 말은 천도와 운명에 대한 자로의 분노에서 나왔다. 진실한 원망이다. 공자가 답했다. 깊은 숲속의 향초들이 누가 알아주길 바라는 마음으로 향기를 뿜는 것이냐고. 아니다. 아무도 없는 숲속에서도 홀로 향기를 뿜는다. 세상이 알아주지 않아도 자기의 길을 포기하지 않는 신념에 대한 비유다.『논어』의 첫 단락에서도 "남들이 나의 능력을 알아주지 않아도 성내지 않으면 또한 군자가 아닌가."라고 하지 않았던가.

재능의 유무는 그 사람에게 달린 문제지만 좋은 운명을 만나고 못 만나는 것은 시운에 따른 것이다. 지혜롭다고 반드시 등용이 되는 것도 아니고 충성스럽다고 반드시 신임을 받는 것도 아니다. 능력 있는 자가 버려진 사례는 무수히 많다. 공자는 운명이 인간의 의지로 결정되지 않는다는 것을 알고 있었다. 그래서 또 말했다. 다만 군자는 널리 공부하고 깊이 사색하면서 자신의 품성과 능력을 키워 때를 기다리는 것이라고. 운명의 영역은 어찌할 수 없는 것이니, 할 수 있는 일에 힘쓸 뿐이라는 것이다.

공자의 학문은 지금의 관점으로 보자면 정치학, 윤리학이라 할 수 있다. 현실 사회에서 발현되어야 하는 분야이다. 공자는 자신의 정치적 이상을 실현해줄 군주를 찾아 60대의 나이로 10년이 넘는 기간 동안 천하를 주유했다. 수많은 거절을 당했고 "안 되는 것을 알면서도 하는 사람(知其不可而爲之者 지기불가이위지자)"이라거나 "집 잃은 개(喪家之狗, '상갓집 개'라고도 해석한다.)"라는 등의 조롱과 멸시도 받았다. 본문의 말 속에는 인생이 막혀〔窮 궁〕근심하는〔憂 우〕인간 공자의 모습도 보인다. 하지만 괴로워하지 않고[不困 불곤] 뜻이 쇠약해지지 않는[意不衰 의불쇠] 성인 공자의 신념도 느껴진다.

『장자』에 기록된 당시 공자의 심경은 다음과 같다. "마음속으로 반성하여 도에 궁하지 않아야 하고 고난에 임해도 덕을 잃지 않아야 한다. 큰 추위가 닥쳐 서리와 눈이 내리면 그때서야 우리는 소나무와 측백나무가 여전히 무성하다는 것을 알게 된다."

하늘이 큰일을 맡길 때에는

天將降大任於斯人也, 必先苦其心志, 勞其筋骨, 餓其體膚,
천 장 강 대 임 어 사 인 야　　필 선 고 기 심 지　　노 기 근 골　　아 기 체 부
空乏其身, 行拂亂其所爲. 所以動心忍性, 增益其所不能.
공 핍 기 신　　행 불 란 기 소 위　　소 이 동 심 인 성　　증 익 기 소 불 능

『孟子』
맹 자

어휘 풀이

┃將(장) : 장차 ┃降(강) : 내리다 ┃大任(대임) : 큰 임무 ┃斯人(사인) : 이 사람 ┃苦(고) : 괴롭다, 괴롭게 하다 ┃勞(로) : 수고하다, 힘들게 하다 ┃筋骨(근골) : 근육과 뼈 ┃餓(아) : 굶주리다 ┃體膚(체부) : 신체와 피부 ┃窮乏(궁핍) : 궁핍하다 ┃拂亂(불란) : 흔들고 어지럽히다 ┃所以(소이) : ~하는 바이다 ┃動心(동심) : 마음을 움직이다. 분발하여 진작함을 말한다 ┃忍性(인성) : 성품을 참게 만들다. 인내심을 키우는 것을 말한다 ┃增益(증익) : 더하여 늘게 하다

우리말 해석

　하늘이 큰 임무를 이 사람에게 내리려 할 때에는 반드시 그 심지를 괴롭게 만들며 그 근골을 힘들게 하고 그 신체와 피부를 굶주리게 하며 그 몸을 궁핍하게 하여 행함에 그 하는 바를 흔들고 어지럽힌다.

인생의 엄중한 시련을 맞았을 때 우리는 어떻게 해야 하는가? 시련을 견디지 못하고 인생을 포기하는 사람도 있다. 포기하지 않았지만 시련 속에서 생을 마치는 사람도 있고 시련을 극복하고 한 단계 높은 경지로 올라서는 사람도 있다. 시련을 만난 사람이 모두 위인이 되는 것은 아니지만 세상의 위인들은 모두 시련을 견디고 이겨냈다.

맹자는 인생의 고난에 하늘의 의도가 있다는 말로 인생을 위로했다. 이 구절의 앞에서는 밑바닥 생활을 하다가 높은 자리에 오른 사람들의 사례를 열거했다. 순(舜)은 밭을 갈다가 30세에 등용되었고, 부열(傅說)은 제방을 쌓던 사람인데 무정(武丁)에게 등용되었으며, 교격(膠鬲)은 어물과 소금을 팔다가 문왕에게 등용되었다. 관중(管仲), 손숙오(孫叔敖), 백리해(百里奚) 모두 어려운 처지였으나 나중에 크게 된 사람들이다. 하늘의 큰 임무를 부여받은 사람들의 고난에 대한 묘사가 매우 구체적이고 혹독하다. 정신력과 의지가 무너져 뼈와 근육이 아프고 가난으로 굶주려 사지와 피부가 앙상해진다. 하는 일마다 풀리지 않고 모든 생활이 나락으로 떨어진다. 하지만 이 과정은 하늘이 인간을 단련시키는 과정이다. 포기하지 않아야 한다. 하늘의 시험을 견뎌내야 의지와 능력을 증강시켜 큰일을 할 수 있다.

이 구절은 단순한 세상살이 처세술이 아니다. 맹자의 수양론 철학과 연결되어 있다. 인생의 역경을 이겨내고 성공하여 높은 지위를 얻으면 행복한가? 그렇지 않다. 핵심은 흔들리지 않는 마음의 자세다. 맹자는 "부귀를 누려도 마음이 방탕해지지 않고 빈천해져도 생각이 바뀌지 않으며 위세와 무력에 눌려도 의지가 꺾이지 않는 것(富貴不能淫, 貧賤不能移, 威武不能屈. 부귀불능음 빈천불능이 위무불능굴)"이 대장부라고 말했다. 시련과 고난을 필연적인 과정으로 받아들여 극복하는 것처럼, 성공으로 부귀를 얻어도 신념과 의지를 잃지 말아야 한다. 본문의 구절은 이런 시련을 겪은 후에야 "우환 속에서는 살아나고, 안락 속에서는 죽는다(生於憂患而死於安樂. 생어우환이사어안락)."라는 이치를 알게 된다는 말로 마무리된다. 굳건한 정신과 마음을 유지해야 우환 속에서도 살아남는다. 정신과 마음이 무너지면 안락 속에서도 죽는다.

맹자 수양론의 대표적인 개념은 호연지기(浩然之氣)이다. 넓고 넓어 지극히 크고 강한 경지를 말한다. 맹자는 이 기(氣)라는 것은 의(義)와 도(道)를 짝으로 삼는다고 했다. 나의 행동이 떳떳하고 정당할 때 호연지기가 자라고 마음에 꺼림칙한 것이 있으면 호연지기가 위축된다. 그렇다면 알 만하다. "심지를 괴롭게 만들며 그 근골을 힘들게 하고 그 신체와 피부를 굶주리게 하며 그 몸을 궁핍하게" 하는 그 고난을 극복하게 하는 것은 성공한 미래에 대한 달콤한 상상이 아니라 의롭고 정당한 양심과 도덕적 행동이라는 것이다.

항우의 최후

項王笑曰, "天之亡我, 我何渡爲! 且籍與江東子弟八千人
항 왕 소 왈　천 지 망 아　아 하 도 위　차 적 여 강 동 자 제 팔 천 인
渡江而西, 今無一人還, 縱江東父兄憐而王我, 我何面目
도 강 이 서　금 무 일 인 환　종 강 동 부 형 련 이 왕 아　아 하 면 목
見之?"
견 지

『史記』
사 기

어휘 풀이

┃亡(망): 망하다, 죽다 ┃何渡爲(하도위): 무엇 하러 물을 건너랴 ┃且(차): 또 ┃籍(적): 항우의
이름 ┃與(여): ~와 함께 ┃江東子弟八千人(강동자제팔천인): 항우의 고향인 강동 지역의 원로들이
항우를 위해 자신들의 자제 팔천 명을 보낸 일을 말한다 ┃渡江而西(도강이서): 강을 건너 서쪽
으로 가다 ┃還(환): 돌아가다 ┃縱(종): 설령, 가령 ┃憐(련): 불쌍히 여기다 ┃王我(왕아): 나를 왕
으로 삼다 ┃面目(면목): 면목, 낯

우리말 해석

항우가 웃으며 말하길, "하늘이 나를 망하게 했는데 내가 강을 건너 무엇 하랴. 게다가 나와
강동자제 팔천 명이 강을 건너 서쪽으로 왔는데 지금 한 명도 돌아가는 이가 없다. 가령 강동
의 부형들이 불쌍히 여겨 나를 왕으로 삼아주더라도 내가 무슨 면목으로 그들을 보겠는가?"

『사기·항우본기』에서 항우의 운명이 막바지에 이른 대목이다. 항우는 사면초가(四面楚歌) 전술에 대부분의 병력을 잃고 오강(烏江)에 도착했다. 오강의 관리는 작은 배가 있으니 강을 건너 고향 강동으로 돌아가서 재기하라고 청했다. 하지만 항우는 거절했다. 자신이 처음 세력을 일으킬 때 강동의 부형들이 자제 팔천 명을 큰일에 쓰라고 보냈는데 이제 모두 죽었으니 돌아가 그들을 볼 면목이 없다는 것이다. 그리고 항우는 오강에서 영웅다운 죽음을 맞았다.

항우는 명문가의 후예였다. 한미한 집안에 어린 시절 이름도 불분명했던 유방과는 출신 성분이 다르다. 역발산기개세(力拔山氣蓋世, 힘은 산을 뽑고 기세는 세상을 뒤덮는다.)의 용맹과 자신감이 있었다. 하지만 실패했다. 그것은 어떤 이유인가? 『사기』의 매 편장에는 말미에 '태사공왈(太史公曰)'로 시작되는 논설이 있다. 해당 인물에 대한 사마천의 평가이다. 사마천은 항우를 이렇게 평가했다.

> 5년 만에 나라를 망하게 하고 자신은 동성(東城)에서 죽으면서도 이유를 깨닫지 못하고 스스로를 책망하지도 않았으니, 이는 잘못이었다. 그리고 "하늘이 나를 망하게 한 것이지, 내 용병술의 죄가 아니다."라고 했으니 어찌 그릇된 일이 아니겠는가?

항우는 영웅이었다. 유방의 부모를 인질로 잡았을 때, 유방은 "삶아 국을 끓인다면 나도 한 그릇 다오."라며 비아냥거렸지만 항우는 결국 죽이지 않았다. 홍문연(鴻門宴)은 유방을 죽일 수 있는 절호의 기회였지만 그렇게 하지 않았다. (제6장 명언명구 참고) 비겁자가 되고 싶지 않았고, 영웅으로서의 명성에 흠집을 내고 싶지 않았기 때문이다. 사면초가의 위기에서 그는 애첩 우희와 술을 마시며 비분강개한 시를 지었다. 강동으로 돌아가는 마지막 기회를 거절한 것도 자존심 때문이었다.

항우는 영웅주의의 심리가 너무 강했기 때문에 언제나 영웅답게 행동하려고 했다. 대신 수하의 인재들을 모두 잃었다. 오만했던 것이다. 항우는 남의 단점에 가혹했고 공로에 대한 포상은 인색했다. 참모 범증은 항우의 의심을 받아 떠났고 한신과 팽월, 영포, 진평 등은 적이 되어 항우를 공격했다. 그런데도 항우는 유방에게 일대일로 승부를 가리자고 여러 차례 제안했다. 항우에게는 이런 방식이 영웅다운 것이었다. "하늘이 나를 망하게 한 것"이라는 최후의 진술은 너무나 항우답다. 자기 잘못은 없다.

『사기』에서 「본기」는 황제의 일생을 기록하는 부분이지만 항우는 황제가 아니었는데도 「본기」에 수록되었다. 항우에 대한 사마천의 특별한 애착을 보여준다. 사마천은 항우와 유방이라는 두 인물의 대결을 통해 자신이 『사기』를 통해 탐구하려 했던 '하늘의 뜻과 인간의 운명이 만나는 이치'를 썼던 것이다.

2. 문법 해설

1 天道無親 (천도무친) 천도는 사사로움이 없다.

親(친할 친)

① 부모, 친척
- ▶ 子欲養而親不待(자욕양이친부대) 자식은 봉양하고자 하나 부모는 기다리지 않는다.
  (『공자가어 孔子家語』)

② 친하다, 친근하게 대하다. 친한 사람을 특별히 편애하는 것을 말한다.
- ▶ 愛臣太親, 必危其身(애신태친 필위기신) 총애하는 신하를 지나치게 편애하면 반드시 군주 자신을 위태롭게 한다. (『한비자 韓非子』)

2 若伯夷叔齊 (약백이숙제) 백이, 숙제 같은 사람들은

若(같을 약)

① ~와 같다
- ▶ 天涯若比鄰 (천애약비린) 하늘 끝에 있어도 이웃과 같네.
  (「송두소부지임촉주 送杜少府之任蜀州」)

② 만약
- ▶ 若君說之則士衆能爲之(약군열지즉사중능위지) 만약 군주가 그것을 좋아한다면 병사들이 능히 그것을 할 수 있다. (『묵자 墨子』)

③ (2인칭 대명사) 너, 그대
- ▶ 若肯發兵助我乎?(약긍발병조아호) 그대가 기꺼이 군사를 발동하여 나를 돕겠는가?
  (『한서 漢書』)

3 且夫芷蘭生於深林 (차부지란생어심림) 지초와 난초가 깊은 숲속에서 자란다.

且夫 (또 차, 지아비 부)

발어사로서 뜻은 없다. 발어사는 말을 시작할 때 서두에 사용하는 단어를 말한다. '무릇', '대저'로 해석하기도 하며 해석하지 않아도 된다. 且(차), 夫(부)가 각각 단독으로 발어사 용법으로 사용되기도 한다.

▶ 且夫天地之間, 物各有主(차부천지지간 물각유주) 천지 사이에 모든 사물은 각각 주인이 있다. (「적벽부 赤壁賦」)

4 非以無人而不芳 (비이무인이불방) 사람이 없다고 해서 향기를 뿜지 않는 것은 아니다.

以 (써 이)

① ~로써, ~을 사용하여

▶ 以毒攻毒(이독공독) 독으로 독을 공략한다. (『철경록 輟耕錄』)

② ~을 이유로, ~때문에

▶ 勿以惡小而爲之(물이악소이위지) 악이 작은 일이라고 해서 그것을 하지 말라. (『삼국지 三國志』)

③ (명사) 이유

▶ 必有以也(필유이야) 반드시 이유가 있다. (『시경 詩經』)

5 爲窮而不困 (위궁이불곤) 막혀도 괴로워하지 않는다.

爲 (할 위)

① 하다, 되다.

▶ 君爲來見也(군위래견야) 임금께서 와서 보려고 했다. (『맹자 孟子』)

② ～를 위하여

古之學者爲己(고지학자위기) 옛날 배우는 이들은 자신을 위했다. (『논어 論語』)

③ ～때문에

▶ 爲不節而亡家(위부절이망가) 절제하지 않기 때문에 집안을 망친다.

(『명심보감 明心寶鑑』)

6 天將降大任於斯人也 (천장강대임어사인야) 하늘이 큰 임무를 이 사람에게 내리려 하다

將 (장차 장)

① 장차, 곧 ～하려고 하다

▶ 民之困窮, 將自此始矣(민지곤궁 장자차시의) 백성의 곤궁이 장차 이로부터 시작될 것이다. (『원사 元史』)

② 이끌다, 거느리다

▶ 將胡駿馬而歸(장호준마이귀) 오랑캐의 준마를 이끌고 돌아왔다. (『회남자 淮南子』)

斯 (이 사)

지시 대명사로 이, 이것, 이곳, 이 사람 등을 가리킨다. 유사한 용법으로 是(시), 此(차), 玆(자) 등이 있다.

▶ 有美玉於斯(유미옥어사) 여기에 아름다운 옥이 있다. (『논어 論語』)

7 所以動心忍性 (소이동심인성) 이렇게 함으로써 마음을 분발시키고 성품을 참게 만든다.

所以 (바 소, 써 이)

① 이유, 까닭

▶ 天地所以能長且久者(천지소이능장차구자) 천지가 장구할 수 있는 이유는 (『노자 老子』)

② 방법, 도구

▶ 夫明鏡者, 所以照形也(부명경자 소이조형야) 무릇 밝은 거울은 몸을 비출 수 있는 도구이다. (『한시외전 韓詩外傳』)

③ ~하는 바이다

▶ 師者, 所以傳道受業解惑也(사자 소이전도수업해혹야) 스승은 도를 전해주고 학업을 전수하고 의혹을 풀어주는 바이다. (「사설 師說」)

* 본문에서는 ③의 의미이다. 所(소)는 '~하는 바'의 의미이므로 뒤에 있는 "이렇게 함으로써 마음을 분발시키고 성품을 참게 만들어 그가 하지 못하던 바를 증익하다." 전체를 받아 마지막에 해석한다. 以(이)는 '이렇게 함으로써'의 의미로 앞 구의 내용, 즉 "반드시 그 심지를 괴롭게 만들며 그 근골을 힘들게 하고 그 신체와 피부를 굶주리게 하며 그 몸을 궁핍하게 하여 행함에 그 하는 바를 흔들고 어지럽힌다."를 받아 그렇게 고난을 줌으로써 다음 구절의 내용을 가능하게 한다는 의미로 이어준다.

8 **天之亡我, 我何渡爲**(천지망아 아하도위) 하늘이 나를 망하게 했는데 내가 강을 건너 무엇 하랴.

亡(없을 무, 망할 망)

① (무) 없다

▶ 天積氣耳, 亡處亡氣(천적기이 무처무기) 하늘은 기를 쌓은 것일 뿐이니 기가 없는 곳이 없다. (『열자 列子』)

② (망) 망하다, 죽다. 원래는 자동사지만 여기서는 타동사로 사용하여 '죽게 하다'로 해석한다. 뒤에 나오는 縱江東父兄憐而王我(종강동부형련이왕아)의 王(왕)도 같은 용법으로 원래 왕이라는 명사인데 동사로 사용하여 '왕으로 삼다'의 의미이다.

▶ 亡鄭厚晉(망정후진) 정나라를 망하게 하고 진나라를 두텁게 하다. (『사기 史記』)

何+동사+爲

주로 목적을 물어보는 의문문에 사용되며 爲는 뜻이 없다.

▶ 何哭爲(하곡위) 왜 웁니까? (『사기史記』)

9 縱江東父兄憐而王我 (종강동부형련이왕아) 가령 강동의 부형들이 불쌍히 여겨 나를 왕으로 삼더라도

縱(방종할 종)

① 제멋대로 하다

▶ 縱欲而不忍(종욕이불인) 마음대로 하며 참지 못하다. (「이소 離騷」)

② 부사로 사용되어 '비록(가령) ~ㄹ지라도'로 해석한다. 같은 용법으로 雖(수)가 있다.

▶ 縱我不往, 子寧不來(종아불왕 자녕불래) 비록 나는 가지 못할지라도 그대는 어찌 오지 않는가? (『시경 詩經』)

知我者其天乎

지 아 자 기 천 호

나를 알아주는 것은
오직 하늘이로구나.

『논어』에 나오는 말로 자신을 알아주는 사람이 세상에 없다는 한탄이다. 공자는 불운하여 세상에서 크게 쓰이지 못했지만 끊임없이 자신을 단속하고 정진했다. 그런데도 "하늘을 원망하지 않으며 사람을 탓하지도 않고 아래로 인간의 일을 배워 위로 천리에 통달했다." 그러므로 오직 하늘만이 나를 알 것이라고 탄식했다.

• 知(알 지) ▮ 我(나 아) ▮ 者(놈 자) ▮ 其(그 기) ▮ 天(하늘 천) 乎(어조사 호)

雁書

안 서

기러기가 전해 온 편지.

『한서(漢書)』에 나오는 말로 먼 곳에서 온 편지나 소식을 말한다. 한나라 때 소무(蘇武)가 흉노에 사신 갔다가 19년 동안 억류되었다. 한나라에서 소무의 송환을 요구하자 이미 죽었다고 답이 왔다. 한나라에서는 사냥을 하다가 기러기를 잡았는데 다리에 소무의 편지가 매여 있더라는 이야기를 지어 흉노의 선우에게 전했다. 선우는 크게 놀라 소무가 살아 있다고 실토하고 그를 송환했다. 안족전서(雁足傳書)라고도 말한다.

• 雁(기러기 안) ▮ 書(글 서)

新沐者必彈冠,
신 목 자 필 탄 관
新浴者必振衣
신 욕 자 필 진 의

새로 머리를 감은 사람은 반드시 관을 털고 새로 몸을 씻은 사람은 반드시 옷을 턴다.

『사기』에서 나온 말로 정신과 기품이 고결한 사람은 부정과 더러움을 멀리한다는 것을 말한다. 초나라의 충신 굴원(屈原)은 강직함 때문에 조정에서 추방되었다. 한 어부가 굴원에게 너무 강직하게 행동하지 말라고 충고하자 굴원이 대답한 말이다.

• 新(새 신) | 沐(머리 감을 목) | 者(놈 자) | 必(반드시 필)
彈(튀길 탄) | 冠(갓 관) | 浴(목욕할 욕) | 振(떨칠 진) | 衣(옷 의)

衣繡夜行
의 수 야 행

비단옷을 입고 밤길을 간다.

『사기』에 나오는 말로 항우가 관중을 점령하고 왕이 되었는데 신하들이 이곳에 수도를 세우고 대업을 이어가야 한다고 권하자 항우가 거절하며 했던 말이다. 부귀를 얻었는데 고향으로 돌아가지 않는다면 비단옷을 입고 밤길을 가는 것과 같다. 아무도 알아주는 사람이 없다는 의미이다. 항우의 과시욕을 보여준다.

• 衣(옷 의) | 繡(비단 수) | 夜(밤 야) | 行(행할 행)

塞翁之馬
새 옹 지 마

변방 늙은이의 말.

『회남자』에서 나온 말로 세상의 일은 변화가 많아 예측하기 어려움을 가리킨다. 塞(막힐 색, 변방 새)는 여기서 변방, 국경 지역을 말한다. 변방에 한 노인이 살았다. 키우던 말이 달아나 이웃들이 안타까워했는데 곧 한 무리의 말 떼를 데리고 돌아왔다. 아들이 그 말을 타다가 불구가 되었는데 그 덕에 전쟁에 나가지 않게 되었다. 이 노인에게 행운과 불행은 서로 이어졌던 것처럼 인생의 화와 복은 언제든 바뀔 수 있음을 말한다.

• 塞(막힐 색, 변방 새) | 翁(늙은이 옹) | 之(갈 지) | 馬(말 마)

囊中之錐
낭 중 지 추

주머니 속의 송곳.

『사기』에서 나온 말로 뛰어난 능력을 가진 사람은 주머니 속의 송곳처럼 언젠가는 두각을 나타내게 된다는 의미이다. 평원군이 초나라에 함께 갈 수행원을 선발하는데 모수(毛遂)가 스스로를 천거했다. 송곳이 주머니에 있으면 언젠가 끝이 튀어나오는 법이니 자신을 주머니에 넣어준다면 반드시 송곳처럼 뚫고 나올 것이라고 말했다. 모수자천(毛遂自薦)이라고도 한다.

• 囊(주머니 낭) | 中(가운데 중) | 之(갈 지) | 錐(송곳 추)

桃李不言,
도 리 불 언
下自成蹊
하 자 성 혜

복숭아나무, 오얏나무는 말하지 않지만 그 아래엔 저절로 길이 생긴다.

『사기』에서 나온 말로 한나라 때의 명장 이광(李廣)의 능력과 인품에 대한 예찬이다. 오얏은 자두이다. 복숭아나무, 자두나무는 꽃과 열매가 향기롭고 달기 때문에 말하지 않아도 많은 사람이 찾아온다. 능력과 덕망이 뛰어난 사람은 스스로 자랑하지 않아도 저절로 주위의 인정을 받게 된다는 의미이다.

• 桃(복숭아 도) | 李(오얏 리) | 不(아닐 불) | 言(말씀 언) 下(아래 하) | 自(스스로 자) | 成(이룰 성) | 蹊(지름길 혜)

墜茵落溷
추 인 낙 혼

방석 위에 떨어지기도 하고 똥통 위에 떨어지기도 한다.

『양서(梁書)』에서 나온 말로 남조 때 「신멸론(神滅論)」의 저자 범진(范縝)의 말이다. 범진은 전생의 업보를 믿지 않았다. 독실한 불교 신도였던 경릉왕(竟陵王)이 부귀한 사람과 빈천한 사람이 나뉘는 이치를 묻자 사람의 삶은 나무에 핀 꽃과 같아서 바람 따라 흩날리다가 혹은 방석 위에 떨어지기도 하고, 혹은 똥통 위에 떨어지기도 하는데 그것이 경릉왕과 자신의 처지이기도 하다고 대답했다.

• 墜(떨어질 추) | 茵(자리 인) | 落(떨어질 락) | 溷(어지러울 혼)

4. 명문 감상

 『사기』의 탄생과 사마천의 운명

『사기(史記)』는 서한 사마천(司馬遷, B.C.145~?)이 쓴 기전체 역사서로 황제와 치우가 싸우던 신화부터 자신이 살고 있던 한 무제 시대까지 장장 3,000년의 역사를 기록했다. 원래 이름은 『태사공서(太史公書)』 또는 『태사공기(太史公記)』였으나 후에 이를 줄여 『사기』라고 부르게 되었다.

고대 중국의 대표적 역사 서술 방식은 크게 편년체(編年體)와 기전체(紀傳體)로 나뉘는데 편년체는 시간의 순서대로 서술하는 방식이고 기전체는 인물 중심으로 서술하는 방식이다. 『사기』는 본기(本紀), 세가(世家), 서(書), 표(表), 열전(列傳)으로 구성된다. 본기는 황제의 전기, 세가는 제후의 전기, 서는 제도와 문물, 표는 연표, 열전은 여러 분야 유명한 인물의 전기이다.

저자인 사마천의 집안은 대대로 역사 저술이 가업이었다. 부친 사마담(司馬談)은 태사령(太史令) 직책을 맡아 사초와 문헌 정리, 제사 등의 업무를 돌보았다. 학문적 소양이 높았으며 천문, 역법을 비롯하여 도가 사상에도 조예가 깊었다고 한다. 사마담은 『춘추』 이후의 역사를 정리하고 있었는데 위중한 병에 걸리자 아들 사마천에게 반드시 태사령이 되어 저술을 완성하라는 유언을 남겼다. 사마천이 『사기』를 쓰게 된 중요한 계기는 선친의 유지였던 것이다. 사마천은 태사령이 되었고 집필을 하던 중 이릉(李陵) 사건에 휘말려 궁형(宮刑)을 받았다. 궁형은 생식기를 제거하는 형벌이다. 사마천은 치욕 때문에 죽고 싶었지만 『사기』 저술의 의무감으로 살아남았다고 말했다. 당시 나이 46세였다. 그때의 심경을 「태사공자서」에서 다음과 같이 토로했다.

> 나는 이릉의 화(禍)를 당하여 감옥에 갇히는 신세가 되었다. 이에 한탄하여 "이것이 내 죄인가! 이것이 내 죄인가! 신체는 훼손되어 쓸모없는 몸이 되었다."라고 했다. 나는 물러나

깊이 생각하였다. 『시경』, 『서경』은 은밀하면서도 말이 간략하니 자신의 뜻을 펼치려는 생각 때문이다. 옛날 주 문왕은 유리(羑里)에 구금되었을 때 『주역』을 풀이하셨다. 공자는 진나라와 채나라 사이에서 고초를 겪으시고 『춘추』를 지으셨다. 굴원은 조국에서 쫓겨나 「이소(離騷)」를 지었으며 좌구명은 실명한 후에 『국어(國語)』를 지었다. 손자는 다리가 잘리는 형을 받은 후에 『병법』을 논했고 여불위는 촉나라로 귀양 간 후에 『여씨춘추(呂氏春秋)』를 세상에 전했다. 한비자는 진나라에서 갇힌 후에 「세난(說難)」, 「고분(孤憤)」을 지었다. 『시경』은 대저 성현들이 발분하여 지은 것이다. 이들은 모두 마음에 울분이 맺힌 바 있으나 그 도를 실현할 수 없었기 때문에 지나간 일을 적어 이후의 사람들에게 알려주려고 생각한 것이다.

> 太史公遭李陵之禍, 幽於縲絏. 乃喟然而嘆曰, "余之罪也夫! 是余之罪也夫! 身毀不用矣." 退而深惟曰, 夫詩書隱約者, 欲遂其志之思也. 昔西伯拘羑里, 演周易. 孔子厄陳蔡, 作春秋. 屈原放逐, 著離騷. 左丘失明, 厥有國語. 孫子臏脚, 而論兵法. 不韋遷蜀, 世傳呂覽. 韓非囚秦, 說難˙孤憤. 詩三百篇, 大抵賢聖發憤之所爲作也. 此人皆意有所鬱結, 不得通其道也, 故述往事, 思來者. (『사기 史記·태사공자서 太史公自序』)

「태사공자서」는 『사기』의 맨 마지막 편장이다. 자신이 『사기』를 쓰게 된 배경과 전체적인 구상, 체재와 구성의 특징, 집필 의도와 중점 등 저자로서의 총체적인 관점을 적었다. 여기서 말한 이릉의 화는 사마천이 이릉을 변호하다 연좌된 사건이다. 이릉은 전설적인 명장 이광(李廣)의 손자로 그 자신도 대단한 명장이었다. 이릉은 흉노와의 전투에서 5천 명의 병사를 이끌고 분전하다 항복했는데 한 무제는 이릉의 일가 삼족을 멸하라는 명을 내렸다. 사마천은 너무 지나친 처벌이라 생각하여 반대 의견을 올렸다. 이릉이 훌륭한 장수라는 점, 소수의 병력으로 여러 번 큰 승전을 거두었다는 점, 훗날을 위해 투항했을 것이라는 점 등을 조목조목 논했다. 『자치통감』은 이때의 일을 이렇게 기록했다. "무제는 사마천의 말을 허망한 무고〔誣罔 무망〕라고 생각했다. 이사(貳師) 장군을 비방하고 이릉을 위해 유세한다고 여겨 부형(腐刑)을 내렸다." 이사장군은 무제가 총애했던 이부인의 오빠이자 이 전투의 총지휘관이었던 이광리(李廣利)이다. 무제는 사마천의 변론이 자신의 인척을 폄하한다고 생각하여 중형을 내린 것이다. 가엾은 사마천.

사마천은 형벌을 면제받을 만한 재물도 없었고 친구들과 동료들은 모두 등을 돌렸다. 아무도 나서서 그를 위해 변론해주지 않았다. 사마천은 "이것이 내 죄인가! 이것이 내 죄인가!" 하며 한탄했다. 사마천의 죄가 아니었다. 사마천은 이릉과 친하지도 않았고 함께 술을 마시거나 개인적인 친분도 없었다. 다만 이 처벌이 부당했기 때문에 의견을 올렸을 뿐이었다. 이릉은 후에 가족이 몰살되었다는 소식을 듣고 흉노에게 완전히 투항하여 선우의 사위가 되었다.

「태사공자서」에서 사마천은 불우한 운명을 겪은 인물들이 위대한 명작을 남긴 사례를 말했다. 『시경』, 『춘추』, 「이소」, 『국어』, 『손자병법』, 『여씨춘추』, 『한비자』 모두 동아시아 학술사의 빛나는 유산들이다. 사마천은 저자가 겪은 불행과 울분이 바탕이 되어 이런 명작이 탄생했다고 생각했다. 궁형을 받은 후 자신의 운명과 인생에 대해 깊이 생각한 결과였다.

평탄하고 안락한 생활을 한 사람들은 삶의 애환을 깊이 체험하지 못한다. 깊은 절망에 빠져 고통과 괴로움을 느껴본 사람만이 희극과 비극이 교차하는 인생의 참맛을 알고 말과 글에 무거운 감동을 담을 수 있다는 것이다. 여기서 말한 '발분저서(發憤著書, 울분을 발산하여 글을 쓰다)'의 정신은 중국 문학의 전통이 되었다.

다음은 그가 친구인 임안에게 쓴 편지글이다.

저는 불손하게도 최근 변변치 못한 글을 쓰면서 천하에 흩어진 오래전 이야기들을 모아 대략 행적을 고증하고 일의 앞뒤를 종합하며 그 성패와 흥망의 이치를 생각했습니다. 위로는 헌원씨부터 아래로는 지금의 때까지 표 10편, 본기 12편, 서 8편, 세가 30편, 열전 70편 모두 130편입니다. 또한 하늘의 뜻과 인간의 의지가 만나는 경계를 찾아내고 고금에 변화하는 이치에 통달하여 일가의 학설을 이루고자 했습니다. 초고를 아직 쓰지 못한 채 이런 화를 입게 되어 그 미완의 과업이 애석했습니다. 이런 까닭에 극형을 받고도 원망하는 빛이 없었던 것입니다. 사실 이 책을 지어 명산에 두었다가 훗날 어떤 이가 온 도시와 마을에 널리 퍼지게 한다면 저는 지난날 치욕스러웠던 빚을 보상받는 것이니 비록 만 번 죽임을 당하더라도 어찌 후회하겠습니까? 그러나 이는 지혜로운 사람에게는 말할 수 있지만 속인에게는 말하기 어려운 일입니다. 저속한 사람들과 사는 것은 쉽지 않습니다. 저속한 사람들은 비방이 많기 때문입니다. 저는 입으로 한 말 때문에 이런 화를 입고 다시 마을 사람들에게 비웃음을 사 선천을 욕보였으니 무슨 면목으로 부모님들의 묘소에 오르겠습니까? 비록 백 년이 지난다고 해도 저의 허물은 더욱 심할 뿐입니다. 이런 까닭으로 창자가 하루에

도 아홉 번이나 꼬이는 듯하며, 집에서는 망연자실 잃은 것이 있는 듯하고 나서면 갈 곳을 알지 못하는 지경입니다. 매번 이 치욕을 생각하면 땀이 등을 적시지 않은 적이 없습니다.

僕竊不遜, 近自託於無能之辭, 網羅天下放失舊聞, 略考其行事, 綜其終始, 稽其成敗興壞之紀, 上計軒轅, 下至於茲, 爲十表, 本紀十二, 書八章, 世家三十, 列傳七十, 凡百三十篇. 亦欲以究天人之際, 通古今之變, 成一家之言. 草創未就, 會遭此禍, 惜其不成, 是以就極刑而無慍色. 仆誠已著此書, 藏之名山, 傳之其人, 通邑大都, 則仆償前辱之責, 雖萬被戮, 豈有悔哉? 然此可爲智者道, 難爲俗人言也. 且負下未易居, 下流多謗議. 仆以口語遇遭此禍, 重爲鄉里所戮笑以汙辱先人, 亦何面目復上父母之丘墓乎? 雖累百世, 垢彌甚耳! 是以腸一日而九回, 居則忽忽若有所亡, 出則不知其所往. 每念斯恥, 汗未嘗不發背沾衣也. (사마천 司馬遷「보임안서 報任安書」)

제목의 報(보)는 '알리다, 보고하다'의 뜻이고 任安(임안)은 인명으로 사마천의 친구이다. 그러므로「보임안서」라는 제목은 임안에게 알리는 편지라는 뜻이다. 임안의 자가 소경(少卿)이라 이 편지를「보임소경서」라고도 부른다. 임안은 역모 사건에 휘말려 요참형(腰斬刑)으로 처형된 인물이다. 역모 사건이 일어났을 때 그는 가담하지 않았다. 하지만 무제는 그가 사태를 관망하다 유리한 진영에 붙으려 한 것이라고 판단하여 죄를 물었다. 이 편지는 임안이 감옥에 갇혀 처형을 기다릴 때 쓴 것이다. "곧 겨울이 다가오는데 저는 천자의 행차를 따라 옹 땅에 가야 합니다. 그대의 처형 때에 없을 것 같습니다. 저는 마음의 분노와 원망을 누구에게 말할 수도 없을 테고 먼 길 가는 당신의 혼백도 그 한이 끝없을 테지요."라고 썼다. 상황이 상황인지라 사마천에게나 임안에게나 모두 비통한 사연의 편지가 아닐 수 없다. 그래서 이 편지에 적은 사마천의 심경은 매우 절실하고도 비장하다. 세상과 자기의 인생에 대한 분노, 역사와『사기』에 대한 생각을 구구절절 상세하게 적었다. 창자가 하루에도 아홉 번 꼬인다(腸一日而九回)는 말에서 수장구회(愁腸九回)라는 성어가 나왔다.

이 글에서 사마천은『사기』의 중요한 저술 동기 세 가지를 거론했다. ① "하늘의 뜻과 인간의 의지가 만나는 경계를 탐구한다(究天人之際 구천인지제)", ② "고금에 변화하는 이치에 통달한다(通古今之變 통고금지변)", ③ "일가의 학설을 이룬다(成一家之言 성일가지언)"이다. ①은 운명을 말한다. 성공과 실패를 결정하는 것은 인간의 의지가 아니다. 똑같은 행동을 했지만 어떤 이는 성공하고 어떤 이는 실패한다. 하늘의 뜻이 작용했기 때문이다. 그래서 하늘의 뜻과 인간의 의지가 만나는 경계를 탐구한다고 말한 것이다. ②는 변화를 말한다. 세상에는 변하는 것과 변하지 않는 것이 있다. 과거부터 지금까지 변화의 이치를 살펴 인간 사회의 철칙을 파악한다는 것이다. 그리고 ③의 일가는 사마씨 가문을 말한다. 『사기』를 통해 사회와 인간에 대한 사상적 체계를 확립하고 아버지와 자신의 불후의 업적을 이룰 것이라는 자부심의 표현이다.

사마천이 치욕을 견디고 살아남은 것은 아버지가 남긴 유언, 『사기』를 완성해야 하기 때문이었다. 그는 임안에게 "사람은 진실로 한 번의 죽음이 있을 뿐이지만, 어떤 죽음은 태산보다 무겁고 어떤 죽음은 기러기 깃털보다 가볍습니다. 사용한 바가 다르기 때문입니다(人固有一死, 或重於泰山, 或輕於鴻毛, 用之所趨異也. 인고유일사 혹중어태산 혹경어홍모 용지소추이야)."라고 말했다. 『사기』를 완성하는 것은 그에게 생명과 인생을 대신할 만한 가치였다. 그렇기 때문에 그는 단순히 사건의 발생과 전개를 기록하는 방식을 취하지 않았다. 한 인물의 인생 조우와 상황에 대한 판단과 선택, 그리고 성공과 실패에 대해 썼다. 철저히 인물 중심의, 인생 중심의 역사 기술을 한 것이다.

『사기』는 인물 중심의 서술이라 소설적인 묘사가 많다. 예를 들면 진시황 사후에 큰 난을 일으켜 왕이 된 진승의 전기 「진섭세가(陳涉世家)」에 기록된 내용이다. 진승이 젊은 시절 품팔이 농사를 지을 때 동료에게 나중에 부귀해지면 서로 잊지 말자고 했는데 동료가 가당치 않다고 비웃었다. 그러자 진승은 "제비와 참새가 어찌 기러기와 고니의 큰 뜻을 알겠는가?(燕雀安知鴻鵠之志哉 연작안지홍곡지지재)"라며 탄식했다고 한다. 이 말에는 진승의 성격과 야망이 담겨 있다. 자신이 태어나기도 전에 밭두렁에서 두 사람이 나눈 대화를 사마천이 어떻게 들었겠는가? 인물의 개성과 이야기의 현장성을 높이려는 사마천의 서술 방식이다. 이런 의미에서 『사기』는 역사 서술인 동시에 문학 작품이기도 하다.

사마천은 55세에 『사기』를 완성했다. 그는 위대한 창작은 저자의 불운과 울분에서 탄생했다고 말했다. 『사기』 역시 자신의 불우한 운명과 맞바꾼 대작이었다. 총 글자 수는 52만 6,500자. 종이가 발명되기 전이었다. 『사기』는 기전체 역사서의 효시이자 동아시아 역사 기술의 전범이 되었다. 고려 김부식이 편찬한 『삼국사기』 역시 『사기』의 체재를 따랐다.

제5장

국가와 정치

제갈량의 출사표

先帝創業未半, 而中道崩殂. 今天下三分, 益州疲弊. 此誠
선 제 창 업 미 반　이 중 도 붕 조　금 천 하 삼 분　익 주 피 폐　차 성

危急存亡之秋也.
위 급 존 망 지 추 야

「出師表」
출 사 표

어휘 풀이

┃先帝(선제): 돌아가신 황제, 유비를 말한다 ┃創業未半(창업미반): 창업하여 반도 미치지 못하다 ┃中道崩殂(중도붕조): 중도에 세상을 떠나다 ┃今(금): 지금 ┃益州(익주): 지명. 蜀(촉) 지역 ┃疲弊(피폐): 피폐하다 ┃此(차): 이, 이것 ┃誠(성): 진실로 ┃危急存亡之秋(위급존망지추): 존망이 위급한 때. 秋(추)는 때, 시기를 말한다

우리말 해석

　선제께서 대업을 열어 아직 반도 미치지 못했는데 중도에 돌아가셨습니다. 지금 천하는 셋으로 나누어지고 익주는 피폐합니다. 이는 실로 존망이 위급한 때입니다.

저명한 제갈량「출사표」의 첫 구절이다. 제목
의 사(師)는 군대를 말하고 표(表)는 황제에게
올리는 글의 문체명이다. 그래서「출사표」는 전
쟁을 위해 출병하며 황제에게 올리는 글이라는
뜻이다. 227년 제갈량이 조비(曹丕)의 사후 위
(魏)나라를 공격하기 위해 출정하며 올린 글이
다. 후에 올린 또 한 편의「출사표」와 구분하기
위해 이 글은「전출사표」, 나중의 글은「후출사
표」라고 부른다.

• 악비가 쓴 출사표 •
(국립중앙박물관)

이때는 유비가 사망한 후 아들 유선이 제위에 있을 때다. 유비는 임종 당시 제갈량에게 자신
의 아들을 잘 보필해달라고 부탁한 바 있다. 영안성(永安城)에서의 일이라 이를 영안탁고(永安
託孤)라고 부른다. 정사『삼국지(三國志)』에 따르면 유비의 임종을 지키기 위해 제갈량이 영안성
으로 왔을 때 유비가 제갈량에게 다음과 같이 말했다.

> 그대의 재능은 조비의 열 배이니 틀림없이 나라를 안정시키고 종국에는 대업을 이룰 수
> 있을 것이오. 만약 후사가 보필할 만하다면 보필하시오. 그러나 만약 그가 재능이 없다면
> 그대가 스스로 제위를 취하시오.

자신의 아들이 제위에 있을 만한 능력이 안된다면 폐위 해 버리고 제갈량에게 직접 황제가 되
라는 당부였다. 제갈량에 대한 유비의 무한한 신뢰와 평생 고락을 함께한 두 사람의 운명이 감
동적이다. 제갈량이 눈물을 흘리며 대답했다. "신은 전력을 다해 충정의 절개를 바칠 것이며, 목
숨을 다해 대업을 이어가겠습니다." 제갈량은 유비에게도 충성을 맹세했고 실제로 유선이 즉위
한 후 온 힘을 바쳐 그를 섬겼다. 만약 제갈량이 사심이 있어 권력을 탈취하고자 했다면 그것은
어려운 일이 아니었다. 하지만 제갈량은 그렇게 하지 않았다. 일반적으로 제갈량은 지략의 상징
처럼 알려져 있지만 사실 충절의 대명사라는 성격도 강하다.

"「출사표」를 읽고 눈물을 흘리지 않으면 충신이 아니요, 「진정표(陳情表)」를 읽고 눈물을 흘
리지 않으면 효자가 아니다."라는 말이 있다. 「출사표」가 천고의 명문이 된 것은 화려한 수사나

멋진 비유가 있어서가 아니다. 문학적 표현은 거의 없다. 자신이 보잘것없는 사람이지만 선제께서 삼고초려로 찾아주셨던 감격의 심정을 토로했다. 또 아무개는 어떤 사람이고 아무개는 어떤 방면에 뛰어나니 자신이 없는 동안 어떤 일은 누구와 상의하면 좋을지를 시시콜콜 당부했다. 나라와 군주에 대한 제갈량의 충심과 걱정이 행간에 흘러넘친다. 특히 제갈량의 「출사표」는 남송의 민족 영웅 악비(岳飛)의 글씨로 유명하다. 악비는 금나라와의 전투에서 혁혁한 전공을 세웠지만 진회를 비롯한 주화파의 모함으로 처형당한 인물이다. 등에는 어머니가 새겨주신 '진충보국(盡忠報國)'이라는 글씨가 있다고 한다. 충정 어린 글과 글씨의 만남인 것이다.

역사는 거울이다

夫以銅爲鏡, 可以正衣冠, 以古爲鏡, 可以知興替, 以人爲
부 이 동 위 경　가 이 정 의 관　이 고 위 경　가 이 지 흥 체　이 인 위

鏡, 可以明得失.
경　가 이 명 득 실

『貞觀政要』
정 관 정 요

어휘 풀이

▐ 夫(부) : (발어사) 대저 ▐ 以銅爲鏡(이동위경) : 구리를 거울로 삼다 ▐ 可以(가이) : ~할 수 있다
▐ 正衣冠(정의관) : 의관을 바르게 하다 ▐ 興替(흥체) : 흥성과 쇠퇴 ▐ 明得失(명득실) : 득실을 밝히
다 ▐ 貞觀政要(정관정요) : 당 태종 때 군신(君臣)의 정치 문답집

우리말 해석

대저 구리로 거울을 만들면 의관을 바로잡을 수 있다. 옛일로 거울을 삼으면 흥성과 쇠퇴를
알 수 있다. 사람으로 거울을 삼으면 득실을 밝힐 수 있다.

『정관정요(貞觀政要)』는 당나라 때 오긍(吳兢)이 편찬한 당 태종과 신하들의 대화록이다. 정관(貞觀)은 당 태종 때의 연호이다. 정관 시기는 당나라 역사상 대표적인 태평성대였기 때문에 이 시기의 정치를 정관지치(貞觀之治)라고 부른다. 정요(政要)는 정치의 요체, 요점이라는 의미이기 때문에 이 책의 성격은 당 태종이 신하들과 함께 올바른 정치에 대해 고민하고 토론한 내용의 기록이다. 역대 왕조의 성공과 실패의 원인, 뛰어난 인재를 발굴하기 위한 방법이나 인사의 기준 등 정치 현안의 구체적인 문제들을 심도 있게 논의했기 때문에 이 책은 역대 황제들이 애독했던 책이며 제왕학의 교과서로도 불린다.

본문의 구절은 제2권「현인의 임용을 논함〔論任賢 논임현〕」에 수록된 내용으로 당 태종이 충신 위징(魏徵)의 죽음을 애통해하며 말한 대목이다. 위징은 수나라와 당나라의 왕조 교체기에 양 진영을 모두 섬긴 전력이 있고 당나라에 와서도 태종의 반대파였던 태자 이건성을 섬기며 태종 이세민을 독살하라고 진언하기도 했다. 하지만 태종은 권력을 잡은 후 위징의 능력과 충성심을 인정하고 그를 수하로 받아들였다. 위징은 죽음을 두려워하지 않고 직간(直諫)을 올렸고 태종도 위징의 충언을 두려워했다. 서릿발 같은 위징의 직언에 분노하여 그를 처형하려 한 적도 있었고, 아끼는 새가 있었는데 위징의 비난이 두려워 품 안에 감춰두었는데 나중에 새가 질식해서 죽었다는 일화도 있다. 고구려 원정에 실패한 후 "위징이 있었다면 말렸을 것이다."라며 후회했다고도 한다.

본문의 구절에서는 세 개의 거울을 말했다. 하나는 의복을 비춰보는 구리 거울, 하나는 흥망성쇠의 이치를 비춰보는 역사의 거울, 또 하나는 성공과 실패의 이치를 비춰주는 사람 거울이다. 興替(흥체)의 替(체)는 교체를 말한다. 쇠퇴하여 교체되는 것이니 멸망이라는 의미다. 다음의 구절이 이어진다. "짐은 항상 이 세 개의 거울로 나 자신의 잘못을 방비했다. 이제 위징이 떠났으니 하나의 거울을 잃어버렸다(朕嘗保此三鏡, 以防己過. 今魏徵逝, 一鏡亡矣. 짐상보차삼경 이방기과 금위징서 일경망의)." 위징이 사람 거울이라는 것이다.

천하에 큰 용기 있는 자

天下有大勇者, 猝然臨之而不驚, 無故加之而不怒. 此其所
천 하 유 대 용 자   졸 연 임 지 이 불 경   무 고 가 지 이 불 노   차 기 소

挾持者甚大, 而其志甚遠也.
협 지 자 심 대   이 기 지 심 원 야

「留侯論」
유 후 론

어휘 풀이

┃大勇(대용): 큰 용기 ┃猝然(졸연): 졸연히, 갑자기 ┃臨(임): 임하다 ┃驚(경): 놀라다 ┃無故(무고): 이유 없이 ┃加(가): 가하다 ┃怒(노): 노하다 ┃其所挾持者(기소협지자): 그가 가지고 있는 바의 것 ┃甚大(심대): 심히 크다 ┃甚遠(심원): 심히 멀다

우리말 해석

천하에 큰 용기 있는 자는 갑자기 무슨 일에 임해도 놀라지 않고 이유 없이 어떤 일을 가해도 노하지 않는다. 이는 그가 지닌 바가 심히 크고 그의 뜻이 심히 원대하기 때문이다.

「유후론」은 소동파가 1061년 과거에서 쓴 책문(策文)으로 유후는 유방을 도와 한나라를 건국한 장량(張良)을 말한다. 책문은 주어진 주제에 대해 자신의 주장을 쓰는 정론문(政論文)이다. 이 글에서 소동파는 장량이 범인의 분노를 억누르고 기다리는 인내심이 있었기 때문에 결국 승리자가 되었다는 논지를 펼쳤다. 소동파는 「유후론」으로 과거에 급제하여 관직에 올랐다.

장량은 한(韓)나라 출신으로 조국이 진나라에 패망한 후 원수를 갚기 위해 진시황 암살을 기도했다. 창해군이라는 장사를 알게 되어 철퇴로 진시황의 수레를 공격하도록 사주했으나 실패로 돌아갔다. 창해군은 현장에서 살해되고 장량은 쫓기는 몸이 되었다. 장량은 다리를 건너다 남루한 차림의 노인을 만났는데, 이 노인은 장량을 놀리듯 일부러 자신의 신발을 물에 빠뜨리고 주워 오게 했다. 노인이 같은 행동을 여러 번 반복했지만 장량은 공손하게 말을 따랐다. 노인은 장량에게 아침 일찍 이 자리로 오라고 하고는 항상 장량보다 일찍 와서 장량을 꾸짖었다. 나중에 장량이 밤부터 기다렸다가 노인을 맞이하자 그제야 기뻐하며 태공망의 병법서를 주었다. 장량은 이 병법서를 깊이 탐구하여 천하를 얻을 수 있는 책략을 갖추게 되었고 유방을 섬겨 한나라 건국의 일등 공신이 되었다. 유방은 "군막에서 계략을 세워 천 리 밖의 싸움을 이기는 것은 장량이 나보다 뛰어나다."라고 평가했다.

소동파는 장량이 노인에게 자신을 낮추어 병법을 전수받은 일을 주목했다. 장량이 뛰어난 능력을 갖고 있었으면서도 정공법을 택하지 않고 암살을 시도한 것은 잘못된 것이었는데 노인이 장량의 하찮은 용기를 꺾기 위해 일부러 거만하게 대했다는 것이다. 장량은 노인을 만나 자신의 작은 분노를 숨길 수 있는 법을 배웠고 훗날 성공의 비결이 되었다. 소동파의 관점에서 볼 때, 당시는 항우의 전력이 압도적으로 우세했기 때문에 유방으로서는 인내하며 시운(時運)을 기다려야 했다. 여기에서 유방이 견뎌낼 수 있도록 도운 것은 장량의 인내심이었다. 유방은 오기가 강하고 인내심이 약한 성향이지만, 장량 덕분에 위기를 기회로 바꿀 수 있었다. 보통 사람들은 모욕을 당하면 칼을 뽑고 일어나 분노를 발산하지만 이것은 작은 용기이다. 더 원대한 성공을 위해서는 작은 분노를 참을 수 있어

• 추이텐카이(崔天凱)가 친필로 쓴 「유후론」 •

야 한다는 것이다. 이것이 큰 용기이다.

2010년 천안함 사건 당시 중국 외교부 부부장 추이톈카이(崔天凱)는 한국의 외교통상부 천영우 차관에게 이 구절을 친필로 써 선물했다. 천안함 사건에 대한 중국 정부의 입장을 이 구절로 대신한 셈이었다. 이 구절이 어떤 의미였는지는 의견이 분분하다. 다만 고전을 인용하여 메시지를 전하는 중국의 한시 외교 화법이 한국에 알려진 계기가 되었다.

천하는 공공의 것

大道之行也, 天下爲公.
대 도 지 행 야   천 하 위 공

『禮記』
예 기

어휘 풀이

| 大道(대도) : 천하의 큰 도 | 行(행) : 행하다 | 爲(위) : 되다, 하다 | 公(공) : 공공의. 私(사)의 반대 개념

우리말 해석

대도가 행해지니 천하는 공공의 것이 되었다.

『예기』는 유학의 오경(五經)에 들어가는 책으로 고대의 예법을 기록한 책이다. 유학 경전이니 유가의 세계관이나 정치 철학이 반영되어 있다. 이 구절은 『예기』에서 공자의 말로 기록되어 있다.

대도(大道)는 큰 도를 말한다. 공자가 말하는 도는 성인의 도, 도덕적이고 윤리적인 힘을 말한다. 성인의 도가 실현되니 세상이 그 도덕적 지배력에 감화를 받아 모두 선한 본성이 깨어나고 그 힘으로 이상 세계가 열렸다는 말이다. 혹 公(공)을 공평하다, 공정하다로 해석해서 '공평한 세상이 되었다'로 번역하기도 한다. 하지만 이 구절의 전체적인 내용은 대동 사회, 이상적인 공동체 사회에 대한 이념이다. 이어지는 구절은 다음과 같다.

> 큰 도가 행해지니 천하가 공공의 것이 되어 어진 자와 능력 있는 자를 뽑아 신의를 강론하고 화목을 닦았다. 그러므로 사람들은 자신의 부모만을 부모로 여기지 않고 자신의 자식만을 자식으로 여기지 아니했다. 노인은 임종을 잘할 수 있었으며 장정은 쓰일 곳이 있었으며 어린아이는 잘 자랄 수 있었다. 홀아비, 과부, 고아, 독거노인, 병든 자들을 불쌍히 여겨 모두 부양하는 바가 있었으며 남자는 직분이 있었고 여자는 시집갈 곳이 있었다. 재물이 땅에 버려진 것을 나쁘게 보았지만 자신의 집에 감춰두지는 않았다. 스스로 힘쓰지 않는 것을 나쁘게 보았지만 자기만을 위하지는 않았다. 이런 까닭에 은밀히 계략을 꾸미는 행동은 단절되었고 도둑질과 난동도 일어나지 않았다. 그래서 바깥에 문이 있어도 닫지 않았으니 이를 대동(大同)이라 한다.

공공재는 내 개인의 소유물이 아니다. 무책임한 사람들은 자기만을 위해 사용한다. 타인을 위해 배려하지 않는다. 그리고 그 반대인 사람도 있다. 이 공공재가 잘 운영되려면 구성원들의 도덕성과 책임감이 필수다. 그래서 공자는 말했다. 천하를 위해 일할 사람은 능력도 있어야 하지만 어질기도 해야 한다. 또 이들이 계속 교육받아야 하는 덕목도 신의와 화목이다. 천하가 모두의 것이 되어 이웃집 노인을 내 부모처럼 돌보니 외롭게 고독사할 일이 없다. 이웃집 아이를 내 아이처럼 돌보니 끼니 굶을 일이 없다. 얼마나 아름다운 세상인가? 재물이 땅에 떨어져 있어도 아무도 주워 가지 않는다. 길에 있으나 내 집에 있으나 어차피 모두의 것이니까. 자기 자식 취업 청탁할 일도 없다. 공직에 있으나 거리에서 청소하나 모두 세상을 위한 일이다. 이런 사회를 대동(大同)이라 부른다고 했다. 동아시아의 이상 세계다. 유토피아.

　그런데 공자가 진단한 현재 사회는 이렇지 않다. 대도가 숨어버려 자기 집안만 위하는 사회다. 천하위공(天下爲公)이 아니라 천하위가(天下爲家)의 사회다. 자기 어버이만 위하고 자기 자식만 위한다. 재물도 자기들의 이익만을 위해 쓴다. 이런 사회는 소강(小康)이라 부른다고 했다. 부모 자식도 팽개치고 자기의 몸만 위하는 사회가 아니라 그나마 다행이다.

2. 문법 해설

1 此誠危急存亡之秋也 (차성위급존망지추야) 이는 실로 존망이 위급한 때입니다.

誠(정성 성)

① 정성, 정성스럽다
> ▶ 誠者, 天之道也. 誠之者, 人之道也(성자 천지도야 성지자 인지도야) 정성은 하늘의 도이다. 정성스럽게 하는 것은 사람의 도이다. (『중용 中庸』)

② 진실로
> ▶ 誠有功則雖疏賤必賞(성유공즉수소천필상) 진실로 공이 있다면 비록 나와 소원하고 천한 신분이라도 반드시 상을 내려야 한다. (『한비자 韓非子』)

秋(가을 추)

원래 '가을'을 뜻하는 명사이지만 가을에 결실과 수확이 있기 때문에 '때, 시간'의 의미로 해석된다. '나이'를 의미하는 春秋(춘추)라는 말도 이런 배경에서 생겼다.
> ▶ 一日不見, 如三秋兮(일일불견 여삼추혜) 하루를 못 봐도 아홉 달 지난 것 같다. (『시경 詩經』)

2 夫以銅爲鏡 (부이동위경) 대저 구리로 거울을 만들면

夫(지아비 부)

원래는 남편을 뜻하는 명사이지만 여기서는 발어사로 말을 시작할 때 사용하는 용법이다. '대저, 무릇'으로 해석해도 되고 해석하지 않아도 된다.
> ▶ 夫何憂何懼(부하우하구) 무엇을 근심하고 무엇을 두려워하겠는가? (『논어 論語』)

以A爲B(써 이, 할 위)

A를 B로 삼다.

▶ 王者以民爲天, 民以食爲天(왕자이민위천 민이식위천) 왕은 백성을 하늘로 삼고 백성은 음식
을 하늘로 삼는다. (『한서 漢書』)

3 **可以正衣冠**(가이정의관) 의관을 바로잡을 수 있다.

可以(가할 가, 써 이)

조동사로 '~할 수 있다'라는 의미이다. 조동사이므로 뒤에 동사가 온다. 같은 용법으
로 可(가), 足(족), 足以(족이) 등이 있다.

▶ 滄浪之水淸兮, 可以濯吾纓(창랑지수청혜 가이탁오영) 창랑의 물이 맑으면 내 갓끈을 씻을
수 있다. (『사기 史記』)

4 **無故加之而不怒**(무고가지이불노) 이유 없이 가해도 노하지 않는다.

無故(없을 무, 옛 고)

故(고)에는 '까닭, 이유'라는 의미가 있다. 그래서 無故(무고)는 '이유 없이, 까닭 없이'로 해
석된다.

▶ 陛下無故召臣(폐하무고소신) 폐하께서 이유 없이 신을 부르셨습니다. (『사기 史記』)

5 **此其所挾持者甚大**(차기소협지자심대) 이는 그가 지닌 바가 심히 크고

此(이 차)

지시 대명사로 '이, 이것, 이 사람' 등을 의미한다. 같은 용법으로 是(시), 斯(사), 玆(자) 등
이 있다.

▶ 賢者亦樂此乎(현자역락차호) 현자도 이것을 즐거워합니까? (『맹자 孟子』)

其(그 기)

지시 대명사로 '그, 그것, 그 사람' 등을 의미한다.

▶ 秦王恐其破璧(진왕공기파벽) 진나라 왕은 그가 구슬을 부술까 봐 두려워했다. (『사기 史記』)

所(바 소)

① 장소

▶ 令鼓人各復其所(영고인각복기소) 북 치는 사람들에게 원래 자리로 돌아가게 했다.
(『사기 史記』)

② 동사 앞에 위치하여 '~하는 바(것)'라는 명사구를 만든다.

▶ 幼而不學, 老無所知(유이불학 노무소지) 어려서 배우지 않으면 늙어 아는 것이 없다.
(『명심보감 明心寶鑑』)

兎死狗烹
토 사 구 팽

교활한 토끼가 죽으면
사냥개를 삶는다.

『사기』에서 나온 말로 쓸모가 없어지면 버림을 당한다는 의미이다. 월나라는 와신상담의 복수로 오나라를 무너뜨렸다. 구천을 보좌하여 큰 공을 이룬 범려는 미련 없이 관직을 버리고 떠났다. 구천이 "환난은 함께 할 수 있어도 즐거움은 함께할 수 없는(可與共患難, 不可與共樂. 가여공환난 불가여공락)" 사람이라고 판단했기 때문이다. 범려는 만류하는 재상 문종에게 "교활한 토끼가 죽으면 사냥개를 삶고, 나는 새가 사라지면 좋은 활은 치워둔다(狡兎盡, 走狗烹. 飛鳥盡, 良弓藏. 교토진 주구팽 비조진 양궁장)."라고 편지를 썼다. 한나라 때 한신도 유방을 위해 큰 공을 세웠지만 결국 죽임을 당했다. 한신이 최후의 순간에 남긴 말도 토사구팽이었다.

• 兎(토끼 토, 兔로도 쓴다) ▎死(죽을 사) ▎狗(개 구) ▎烹(삶을 팽)

狗猛酒酸
구 맹 주 산

개가 사나워 술맛이 시어진다.

『한비자』에서 나온 말로 군주의 주변에 간신이 있으면 유능한 인재들이 오지 않음을 비유했다. 송나라에 뛰어난 술도가가 있었다. 술의 맛은 훌륭했고 가격은 합리적이었으며 손님에게도 정성을 다했다. 하지만 손님이 오지 않아 술에 신맛이 나도록 팔리지 않았다. 이유를 알 수 없어 마을의 노인에게 묻자 노인은 말했다. "술집의 개가 사납지 않은가? 술심부름은 주로 아이들이 하는 법. 그런데 개가 사나우니 아이들이 다른 집을 가는 것이네." 술도가는 어진 군주이고 사나운 개는 간신을 비유한다.

• 狗(개 구) ▎猛(사나울 맹) ▎酒(술 주) ▎酸(초 산)

水能載舟,
수 능 재 주

亦能覆舟
역 능 복 주

물은 배를 띄울 수도 있고
또 배를 엎을 수도 있다.

『순자』에서 나온 말로 물은 백성을 비유하고 배는 군주를 비유한다. 배는 물 위에 뜬다. 물 없이 배가 뜰 수는 없다. 백성이 있어야 군주도 존재한다. 하지만 물은 또 언제든지 군주를 뒤엎을 수 있다. 군주는 항상 민심을 살피고 인정을 베풀어야 한다. 이 말은 君舟民水(군주민수)라고도 하는데 2016년 올해의 사자성어로 선정되었다.

• 水(물 수) ┃ 能(능할 능) ┃ 載(실을 재) ┃ 舟(배 주) ┃ 亦(또 역)
覆(엎을 복)

天下大勢,
천 하 대 세

分久必合,
분 구 필 합

合久必分
합 구 필 분

천하의 대세는 나누어진 지 오래면 반드시 합해지고, 합해진 지 오래면 반드시 나누어진다.

『삼국연의』의 첫 구절이다. 저자 나관중은 원말 명초 시대의 사람으로 자신이 그간 살펴본 역사의 흐름은 나뉨과 통합의 연속이었다는 것이다. 춘추전국이나 위진남북조 같은 분열의 시대가 지나면 진나라, 당나라 같은 통일 왕조가 등장했다. 또 송·명 같은 한족 왕조와 원·청 같은 이민족 왕조가 엇갈리며 교차되었다. 이 말은 역사가 반복되고 순환한다는 동양의 세계관을 표현한다.

• 天(하늘 천) ┃ 下(아래 하) ┃ 大(큰 대) ┃ 勢(기세 세) ┃ 分(나눌 분)
久(오랠 구) ┃ 必(반드시 필) ┃ 合(합할 합)

與民同樂
여 민 동 락

백성들과
즐거움을 함께하다.

『맹자』에서 나온 말로 통치자가 자신의 즐거움을 백성들과 나누는 애민 정신을 말한다. 맹자가 제 선왕과 대화하다가 왕이 음악과 사냥을 즐기는 것은 훌륭한 일이라고 칭찬했다. 다만 이 즐거움을 백성들과 함께 누린다면 백성들은 왕이 즐기는 것을 보고 "우리 임금께서 질병이 없으셔서 음악과 사냥을 잘하신다."라고 좋아할 것이라 권면했다.

• 與(줄 여) ┃ 民(백성 민) ┃ 同(한가지 동) ┃ 樂(즐거울 락)

苛政猛於虎
가 정 맹 어 호

가혹한 정치는
호랑이보다 사납다.

『예기』에서 나온 말로 가혹한 정치의 폐해를 비판하는 내용이다. 공자가 태산을 지나다 한 여인이 통곡하는 것을 보았다. 사연을 물었더니 여인이 답했다. "전에 시아버지가 호랑이에게 변을 당하고, 남편도 당했습니다. 그런데 지금 또 아들이 호랑이에게 잡혀 죽었습니다." 공자가 왜 진작 이사하지 않았냐고 물었더니 여인은 이 마을에는 가혹한 정치가 없다고 답했다. 가혹한 정치는 세금을 말한다. 사나운 호랑이의 폐해는 한두 사람의 죽음에 그치지만 가혹한 정치는 온 백성을 죽인다는 것을 말한다.

• 苛(매울 가) ┃ 政(정사 정) ┃ 猛(사나울 맹) ┃ 於(어조사 어) ┃ 虎(범 호)

衣食足則知榮辱
의 식 족 즉 지 영 욕

의식이 풍족해야
영예와 수치를 안다.

『관자』에서 춘추 시대 제나라의 재상 관중(管仲)이 한 말이다. 관포지교(管鮑之交)의 그 관중이다. 젊어 고생을 많이 한 사람이라 먹고사는 문제와 철학의 이치를 잘 안다. 의식주가 해결되어야 예의나 영욕 같은 정신적 가치를 느낄 수 있으므로 백성들의 먹고사는 문제를 해결하는 것이 정치의 기본이라는 것이다. 앞 구절 "창고가 차야 예절을 안다(倉廩實則知禮節 창름실즉지예절)."에 이어지는 말이다.

• 衣(옷 의) ┃ 食(먹을 식) ┃ 足(넉넉할 족) ┃ 則(법칙 칙, 곧 즉)
  知(알 지) ┃ 榮(영예 영) ┃ 辱(욕될 욕)

天下興亡
천 하 흥 망
匹夫有責
필 부 유 책

천하의 흥망은
필부에게도 책임이 있다.

고염무(顧炎武)의 『일지록(日知錄)』에서 나온 말로 천하가 흥하고 망하는 것은 모두가 힘써야 하는 문제라는 의미이다. 필부는 평범한 사람을 뜻한다. 고염무는 명말 청초의 사상가로서 명나라가 멸망하자 벼슬을 거부하고 일생을 떠돌았다. 나라의 흥망에는 권력자들의 이해관계가 크게 작용하지만 도덕과 인륜이 무너져 천하가 쇠락한다면 이는 신분과 지위의 고하를 막론하고 모두의 책임이라는 것이다.

• 天(하늘 천) ┃ 下(아래 하) ┃ 興(흥할 흥) ┃ 亡(망할 망) ┃ 匹(짝 필)
  夫(지아비 부) ┃ 有(있을 유) ┃ 責(꾸짖을 책)

4. 명문 감상

도연명의 「도화원기」

　　진나라 태원(太元) 연간의 일이다. 무릉(武陵)군에 고기 잡는 일을 하는 사람이 있었다. 그는 시내를 따라 가다가 길의 멀고 가까움을 잃어버렸다. 문득 복숭아꽃이 활짝 핀 숲에 도달했는데 좁은 물가에 수백 보 길이로 다른 나무는 하나도 없이 신선한 향초들이 아름답게 피어 있고 꽃잎이 분분히 떨어졌다. 어부는 심히 이상하게 여겨 다시 앞으로 나아가 그 숲의 끝까지 가려 했다. 숲은 물이 솟아나는 곳에서 끝났는데 산이 하나 있었고 산에는 작은 동굴이 있었다. 동굴 속에는 마치 환한 빛이 있는 것 같았다. 어부는 배에서 내려 입구를 따라 들어갔다. 처음엔 매우 좁아 겨우 사람이 들어갈 정도였는데 몇 걸음 더 걸어가니 갑자기 환하게 길이 열렸다. 땅은 평탄하고 넓었으며 집들은 반듯하게 늘어서 있고 좋은 전답, 아름다운 연못, 뽕나무와 대나무 등이 있었다. 논밭의 두렁이 서로 이어지고 개와 닭의 울음소리를 서로 들을 수 있었다. 그 가운데로 왕래하며 경작하는 사람들을 보니 남자나 여자나 입은 옷이 다른 세상 사람 같았다. 누런 머리 노인이나 더벅머리 아이나 모두 기쁘고 즐거워했다. 어부를 보더니 크게 놀라 어디서 왔느냐고 묻기에 그들에게 대답했다. 자신들의 집으로 오라고 청하여 술을 준비하고 닭을 잡아 식사를 대접했다. 마을에 이런 사람이 있다는 소식을 듣고 모두들 와서 이것저것 물어보았는데, 한 사람이 말하기를 "조상들이 진나라 때 난을 피해 처자식과 마을 사람들을 데리고 이곳에 왔다가 다시 나가지 않았더니 바깥세상과 멀어졌습니다."라고 했다. 지금은 어느 시대냐고 묻는데 한나라도 알지 못하고 위나라, 진나라는 말할 것도 없었다. 어부가 하나하나 들은 바를 다 말해주었더니 모두 탄식하며 아쉬워했다. 다른 사람들도 다시 각각 자기네 집으로 초청하였는데 모두

술과 음식을 내놓았다. 며칠을 머물다가 가겠다고 말하자 그중의 한 사람이 말하길 "바깥 사람들에게는 말하면 안 됩니다."라고 했다. 어부는 동굴을 나가서 자기의 배를 찾아 원래 왔던 길을 따라 나오며 장소마다 기록을 했다. 군에 도착하자, 어부는 태수를 찾아가 이와 같은 사정을 이야기했다. 태수는 곧 사람을 보내 어부를 따라 가도록 했는데 나오면서 기록했던 대로 찾았지만 헤매기만 할 뿐 끝내 다시는 길을 찾지 못했다. 남양의 유자기라는 사람은 절개가 높은 사람인데 그 이야기를 듣고 기뻐하며 찾아가려고 했으나 찾지 못하자 결국 병을 얻어 죽었다. 그 후에는 이곳을 찾는 사람이 없었다.

晉太元中, 武陵人捕魚爲業, 緣溪行, 忘路之遠近. 忽逢桃花林, 夾岸數百步, 中無雜樹, 芳草鮮美, 落英繽紛. 漁人甚異之, 復前行, 欲窮其林. 林盡水源, 便得一山, 山有小口, 髣髴若有光. 便捨船從口入. 初極狹, 纔通人, 復行數十步, 豁然開朗. 土地平曠, 屋舍儼然, 有良田美池桑竹之屬, 阡陌交通, 鷄犬相聞. 其中往來種作, 男女衣著, 悉如外人, 黃髮垂髫, 竝怡然自樂. 見漁人, 乃大驚, 問所從來, 具答之. 便要還家, 設酒殺鷄作食. 村中聞有此人, 咸來問訊. 自云, "先世避秦時亂, 率妻子邑人, 來此絶境, 不復出焉, 遂與外人間隔." 問, "今是何世?" 乃不知有漢, 無論魏晉. 此人一一爲具言所聞, 皆歎惋. 餘人各復延至其家, 皆出酒食. 停數日辭去. 此中人語云, "不足爲外人道也." 旣出, 得其船, 便扶向路, 處處志之. 及郡下, 詣太守, 說如此. 太守卽遣人隨其往, 尋向所志, 遂迷不復得路. 南陽劉子驥, 高尙士也. 聞之, 欣然規往, 未果, 尋病終. 後遂無問津者.

(도연명 陶淵明 「**도화원기 桃花源記**」)

「도화원기」는 동진 시대의 문인 도연명의 산문이다. 뒤에 32구 분량의 오언시가 있고 이 글은 시의 서문이다. 『도연명집』에 수록된 원제목은 「도화원기병시(桃花源記幷詩)」이다. 워낙 천고의 명문으로 알려진 글이라 본문의 무릉도원, 도화원이란 말은 동양의 유토피아를 뜻하는 보통 명사가 되었다.

도연명은 혼란한 정국을 피해 입신양명의 꿈을 접고 귀향하여 전원생활을 한 사람이다. 처음 관직을 시작한 것은 동진의 군벌 환현의 막부였는데 후에 유유, 유경선의 참군을 거쳐 팽택령이 되었다가 사직하고 귀향했다. 사직할 때 "쌀 다섯 말에 허리를 굽혀 향리의 소인을 섬길 수 없다(吾不能爲五斗米折腰 오불능위오두미절요)."라고 한 말은 유명하다. 귀향의 심경을 쓴「귀거래혜사(歸去來兮辭)」, 안빈낙도와 무욕의 삶을 읊은「오류선생전(五柳先生傳)」등은 모두 불후의 명작이다.

그가 섬겼던 환현은 후에 반란을 일으켰다가 유유에게 피살되었다. 유경선은 환현의 일파였으나 유유에게 투항한 유뢰지의 아들이었다. 유유는 후에 동진을 멸망시키고 송나라를 건국했다. 정국이 너무 위태롭고 혼란했기 때문에 목숨을 보전하는 것도 쉽지 않은 세월이었다. 어린 시절 꿈꾸던 입신양명의 포부도 접어야 했다. 도연명이 사회생활을 포기한 것은 본인의 성향과도 관계가 있지만 현실 정치에 대한 혐오감도 크게 작용했다. 정치에 대한 그의 이상이 「도화원기」에 표현되었다.

어부가 발견한 마을은 세상과 단절된 곳이었다. 그들은 입고 있는 옷도 옛날 복장이었고 바깥세상이 어떤지 전혀 알지 못했다. 한나라도 몰랐고 위나라, 진나라도 몰랐다. 시에는 "가을에 곡식이 익어도 세금이 없더라(秋熟靡王稅 추숙미왕세)."라는 구절도 있다. 이 마을은 정치도 없고 신분의 귀천도 없는 곳이었다. 모두 함께 일하고 함께 수확을 나누는 곳이었다. 외지에서 온 손님을 집집마다 돌아가며 대접했다. 순박하고 선한 인간의 본성이 살아 있는 곳이었다.

「도화원기」가 묘사한 세상은 『노자』 정치사상의 영향을 많이 받았다. 도화원 사회는 소국과민(小國寡民, 영토가 작고 인구가 적은 사회) 사상이 구현되었다. 닭이 울고 개 짖는 소리가 서로 들릴 정도의 소규모 사회이다. 분에 넘치는 생산을 바라지 않으니 편리한 기계와 도구도 필요 없다. 서로의 이익을 뺏으려 하지 않으니 무기도 전쟁도 없는 사회이다. 또 도화원 사회는 정치 지도자가 없다. 『노자』는 훌륭한 정치 지도자의 덕목을 다음과 같이 말했다. "최고는 그가 있다는 것도 모르는 것이다(太上不知有之 태상부지유지)." 지도자가 있다는 것 자체를 백성들이 모른다. 법과 제도가 없어도 생업에 종사하며 사는 데 전혀 지장이 없는 것이다. 무위자연의 정치이다. 도화원 사람들은 누가 시키지 않아도 때가 되면 계절에 맞는 작물을 심고 서로 도와 농사를 지으며 해가 지면 편하게 쉬었다. 역법(曆法)과 지식이 없어도 먹고사는 데에 아무 지장이 없다. 한국 영화「웰컴 투 동막골」(2005년)에서도 군인이 평화로운 마을을 이끄는 노인장에게 비결을 묻는 장면이 있다. 노인장은 이렇게 대답했다. "많이 먹여야지, 뭐."

도연명은 인간의 순박한 본성에 대한 갈망이 있다. 「여자엄등소(與子儼等疏)」에 도연명의 성격과 취향을 알 수 있는 구절이 있다. "어려서 거문고와 글을 배워 이따금 한적함을 즐겼는데,

책을 펴서 읽다가 얻는 바가 있으면 즐거워 밥 먹는 것을 잊고는 하였다. 나무에 녹음이 우거지고 철새 소리가 바뀔 때도, 또 다시 매우 기뻐하였다. 나는 늘 말하기를, 오뉴월에 북창 아래에 누워 서늘한 바람이 간혹 스쳐 지나갈 때면, 스스로 태곳적 사람이라고 생각했다." 이 구절은 명예나 이익을 추구하지 않는 도연명의 무욕(無慾)에 대한 이상, 순박한 본성에 대한 바람을 표현한다. 그는 이런 인생관이 태고 시대의 인생관이라고 생각했다. 현실 세계에서는 얻기 어렵고 옛날로 돌아가야 가능한 것이다.

옛날 사람들은 본성이 순박했는데 왜 지금 사람들은 순박하지 않을까? 도연명은 정치 때문이라고 보았다. 정치 때문에 순박함을 잃었는데 정치와 단절되자 순박함을 회복했다. 이 마을 사람들은 세상이 한나라인지 진나라인지도 모른다. 도화원 사람들의 생활은 꿈속 같은 옛날에 머물러 있다. 세상 밖으로 나가려는 의지도 없다. 성공과 발전의 욕망도 없다. 이것은 가능한 일일까?

「도화원기」에는 두 가지 세계가 있다. 하나는 속이는 세계이고 하나는 순박한 세계이다. 이 순박한 세계에 가려면 마음이 착해야 한다. 어부는 '잃어버림'과 '문득'의 과정이 있었다. 처음에는 무심의 마음이었기 때문에 마을을 찾았지만, 나중에 관리들과 함께 오니 찾지 못했다. 이때는 벌써 탐욕이 생긴 것이다. 태수에게 상을 받으려는 욕심, 이익을 얻으려는 욕심 때문에 찾지 못한 것이다. 도화원은 강 건너에 있었다. 세속과 지척의 거리에 있지만 인간의 탐욕 때문에 갈 수 없다. 바깥세상이 이질적이라는 것을 알고 도화원 세계는 스스로 문을 닫았다.

남양의 유자기라는 사람은 실존 인물이다. 그가 정말로 도화원 때문에 화병으로 죽었는지는 알 수 없지만 그 후로 수많은 시인 묵객들이 이 도화원 이야기를 사랑하고 흠모했다. 조선에서

• 몽유도원도 •
(일본 천리대학(天理大學) 중앙도서관)

가장 도화원을 그리워했던 사람은 세종의 삼남 안평대군(1418~1453)일 것이다. 그는 꿈에 도화원을 보고 안견에게 그리게 하여 「몽유도원도(夢遊桃源圖)」를 완성했다. 안평대군은 자기 별채의 이름을 무계정사(武溪精舍, 현 서울 종로구 부암동)라고 짓기도 했다. 안평대군이 그리워한 것은 무엇이었을까? 당시 서른의 나이. 세상에 대한 포부와 자신감이 넘칠 때였다. 학문과 시서화에 모두 뛰어나고 글씨는 원나라 조맹부(趙孟頫)를 능가한다는 평을 들었다. 그러나 안평대군은 1453년 수양대군의 계유정란으로 강화도에 유배되었다가 사망했다. 「몽유도원도」에 찬문을 썼던 그의 동지들 성삼문, 신숙주 등은 새로운 정권에서 서로 다른 인생의 길을 선택했다. 안견도 그림을 그린 이후 안평대군과 교류를 멀리하여 화를 피할 수 있었다. 안평대군이 꿈꾼 도원처럼 적막하고 쓸쓸한 후일담이다.

제6장

전쟁과 정복

1. 단문 읽기

해는 지고 길은 멀다

吾日暮途遠. 吾故倒行而逆施之.
오 일 모 도 원　　오 고 도 행 이 역 시 지

『史記』
사 기

어휘 풀이

┃日(일): 해 ┃暮(모) : 저물다, 저녁 ┃途(도) : 길 ┃遠(원) : 멀다 ┃故(고) : 고로, 그런 이유로
┃倒(도) : 거꾸로 ┃行(행) : 행하다, 행동하다 ┃逆(역) : 거스르다 ┃施(시) : 베풀다

우리말 해석

나에게 해는 지고 길은 멀다. 나는 그러므로 거꾸로 행하고 순리를 거슬러 행동한다.

이 구절은 춘추 시대 초나라 출신 오자서(伍子胥, ?~B.C. 485)가 한 말이다. 그는 초나라 출신이지만 오나라에서 재상이 되었고 초나라를 공격해 수도를 함락시켰다. 복수의 화신이다. 한평생 복수의 일념으로 살았다.

오자서의 부친 오사는 초 평왕 때 태부(태자의 스승)였다. 당시 진나라 공주가 태자비로 거론되고 있었는데, 소부였던 비무기(費無忌)는 진나라 공주가 뛰어난 미인이라는 것을 알고 평왕에게 후궁으로 삼으라고 건의했다. 이 일로 평왕의 측근이 되어 총애를 받았다. 비무기는 태자가 자신에게 반감을 가졌을 것이라 생각하여 태자를 모함했다. 결국 태자는 반란의 누명을 쓰고 폐위되었다. 이 사건으로 태자의 측근이던 오사와 장남 오상이 죽임을 당했다. 오자서는 복수를 맹세하고 태자와 함께 정(鄭)나라로 탈출했다. 세력이 필요했던 태자는 정나라의 권력을 탈취하려고 진(晉)나라와 손을 잡았다. 하지만 계획은 실패로 돌아가고 도리어 정 정공에게 살해되었다. 오자서는 다시 쫓기는 몸이 되어 태자의 아들과 함께 오나라로 도망쳤다. 국경의 관소 소관(昭關)을 넘던 밤, 극도의 긴장과 두려움으로 하룻밤 사이에 백발이 되었다고 한다.

우여곡절 끝에 오나라로 간 오자서는 오나라의 공자 광(光)을 섬겼다. 그가 권력에 야심이 있다는 것을 알고 암암리에 광을 옹립하려고 준비했다. 공자 광은 결국 오나라 왕을 암살하고 왕이 되었다. 그가 합려이다. (제11장 '어복장검' 참고) 오자서는 합려의 재상이 되었고 손무(孫武)를 영입하여 군사력을 강화했다. 손무는 『손자병법』으로 유명한 전략가이다.

B.C. 506년, 합려는 오자서와 손무를 앞세우고 전군을 동원하여 초나라를 공격했다. 전투는 오나라의 대승으로 끝났다. 오나라는 초나라의 수도 영(郢)을 함락하고, 초나라 소왕은 수(隨) 땅으로 달아났다. 영에 입성한 오자서가 가장 먼저 한 일은 아버지와 형의 원수를 갚는 일이었다. 분노에 찬 오자서는 비무기와 평왕의 무덤을 파 그들의 시체를 꺼내고 삼백 번씩 채찍질을 했다. 초나라 시절의 친구 신포서(申包胥)가 오자서를 비난했다. 한때 평왕의 신하였던 입장에서 복수가 지나치며 시신까지 훼손하는 것은 천리(天理)를 어기는 일이라고 말이다. 본문의 구절은 이때 오자서가 신포서에게 한 말이다. 日暮途遠(일모도원), 倒行逆施(도행역시) 두 말은 모두 명언이 되었다. 뜻한 바를 이루기에는 남은 시간이 없고, 그러기에 무리한 행동을 한다는 뜻이다.

10년 후, 오나라는 월(越)나라를 침공했다가 대패했다. 합려가 죽고 아들 부차가 즉위했다. 부차는 절치부심 장작더미 위에서 잠을 자며 복수를 다짐했다. 부차는 결국 월나라를 무너뜨리고 구천을 인질로 잡았다. 자신감에 찬 부차는 이후 오자서를 멀리했다. 오자서를 제거하려는 구천의 집요한 로비도 한몫했다. 결국 오자서는 반란의 죄목으로 자결을 명받았다. 복수의 화신답게 그의 마지막 유언은 다음과 같았다.

> 나의 눈을 뽑아 동문에 걸어다오. 월나라가 오나라를 멸망시키는 것을 직접 보겠다.

구천의 와신상담

越王勾踐返國, 乃苦身焦思, 置膽於坐, 坐臥卽仰膽, 飮食
월 왕 구 천 반 국　　내 고 신 초 사　　치 담 어 좌　　좌 와 즉 앙 담　　음 식

亦嘗膽也. 曰, "汝忘會稽之恥邪?"
역 상 담 야　　왈　　여 망 회 계 지 치 야

『史記』
사 기

어휘 풀이

┃越王勾踐(월왕구천): 월나라 왕 구천 ┃返(반): 돌아오다 ┃乃(내): 이에 ┃苦身焦思(고신초사):
몸을 힘들게 하고 마음을 태우다 ┃置膽(치담): 쓸개를 두다 ┃坐(좌): 좌석, 앉다 ┃臥(와): 눕다
┃卽(즉): 곧 ┃仰(앙): 올려다보다 ┃飮食(음식): 마시고 먹다 ┃嘗(상): 맛보다 ┃汝(여): 너, 그
대 ┃會稽之恥(회계지치): 회계산의 치욕. 구천은 회계산에서 항복하고 오나라의 인질이 되었다
┃邪(야): (의문 종결 어미) 문미에 위치하여 의문문을 만든다

우리말 해석

　월왕 구천이 조국으로 돌아가 몸을 힘들게 하고 마음을 태웠다. 자리에 쓸개를 두어 앉고 누
울 때에 쓸개를 쳐다보았고 마시고 먹을 때에 쓸개를 맛보았다. "너는 회계의 치욕을 잊었는가?"
라고 말했다.

B.C. 496년, 구천(勾踐)이 월나라 왕으로 즉위하자, 오나라 왕 합려는 월나라를 침공했다. 구천은 자살 특공대를 조직하여 전의를 높이고 효과적인 기습 공격으로 오나라를 패퇴시켰다. 합려는 이때 입은 부상이 악화되어 결국 죽었다. 새로 오나라 왕이 된 부차는 2년 후 월나라와의 전쟁에서 승리하여 부친의 복수에 성공했다. 월나라 왕 구천은 회계산에서 항복했다. 그리고 부차의 측근 백비(伯嚭)에게 후한 예물을 바치며 화친을 부탁했다. 오자서는 구천을 죽여야 한다고 건의했지만, 백비는 구천을 데려가 인질로 삼자고 부차를 설득했다. 결국 구천은 목숨을 건졌다. 하지만 참모 범려(范蠡)와 함께 오나라에 가서 노예와 다름없는 생활을 해야 했다. 석실에 감금되어 생활했고 부차의 마구간을 청소하며 세월을 보냈다. 부차가 병이 났을 때는 충성심을 보이기 위해 그의 변을 맛보기도 했다. 3년이 지난 후, 부차는 오자서의 반대를 무릅쓰고 구천과 범려를 본국으로 송환했다.

본문의 구절은 귀국한 구천이 복수를 다짐하며 스스로를 독려하는 대목이다. 나태함에 빠질까 봐 스스로를 괴롭혔다. 쓴 쓸개를 맛보며 맛있는 음식을 멀리했고, 회계산의 치욕을 떠올리며 복수심을 불태웠다. 범려의 추천으로 문종을 재상에 임명하고, 두 사람과 협력하여 군사, 외교, 경제 등 다방면으로 국력을 키웠다. 부차에게 미녀 서시(西施)를 바치며 철저히 저자세를 취했고 암암리에 오자서를 제거하기 위해 백비에게 뇌물 공세를 계속했다. 결국 때가 되었다고 판단한 구천은 B.C. 482년 오나라를 공격했다. 부차가 고소산(姑蘇山)에서 자결하면서 오나라가 멸망했다. 회계산에서 항복한 자신의 상황이 재현되었지만 구천은 부차의 항복을 받아주지 않았다.

오나라와 월나라는 국경을 접하고 있어 끊임없이 싸운 원수였다. 그래서 오월동주(吳越同舟)라는 말이 나왔다. 평소엔 원수지만 같은 배를 타고 가다 풍랑을 만나면 운명 공동체가 된다는 말이다. 와신상담(臥薪嘗膽, 장작 위에 눕고 쓸개를 맛본다.)이란 말은 복수를 다짐하는 구천의 집념에서 나왔다. 하지만 『사기』의 구천 전기에는 상담(嘗膽)만 있고 와신(臥薪)은 없다. 오히려 부차가 부친의 복수를 다짐하는 내용에 와신의 내용이 등장한다. 와신상담이라는 성어는 두 사람의 이야기가 합쳐져 만들어진 것으로 보인다.

이순신의 장계

今臣戰船尙有十二, 出死力拒戰則猶可爲也. 今若全廢舟師,
금신전선상유십이　출사력거전즉유가위야　금약전폐주사

是賊之所以爲幸, 而由湖右達於漢水, 此臣之所恐也. 戰船
시적지소이위행　이유호우달어한수　차신지소공야　전선

雖寡, 微臣不死則不敢侮我矣.
수과　미신불사즉불감모아의

宣祖 30年 (1597) 9月 李舜臣의 狀啓
선조　년　　　　월 이순신　장계

어휘 풀이

|戰船(전선): 전투용 배 |尙(상): 아직 |拒戰(거전): 적을 막아 싸우다 |猶(유): 오히려 |可爲 (가위): 할 수 있다 |若(약): 만약 |全(전): 전부, 모두 |廢(폐): 폐하다 |舟師(주사): 수군, 해군 |是(시): 이, 이것 |所(소): ~하는 바(것) |以爲(이위): ~라고 여기다 |由(유): 말미암다, 경유하 다 |湖右(호우): 충청 지역, 일설에 전라 지역이라고도 한다 |達於漢水(달어한수): 한강에 도달 하다 |所恐(소공): 두려워하는 바 |雖(수): 비록 |寡(과): 적다 |微臣(미신): 미천한 신하 |不敢 (불감): 감히 ~하지 못하다 |侮(모): 업신여기다, 깔보다

우리말 해석

지금 신에겐 전선이 아직 열두 척 있습니다. 나아가 사력을 다해 적을 막아 싸운다면 오히려 할 수 있습니다. 지금 만약 수군을 모두 폐한다면 이는 적이 다행으로 생각하는 바이니 충청도 를 거쳐 한강에 도달한다면 이는 신이 두려워하는 바입니다. 전선이 비록 적으나 미천한 신이 죽 지 않는다면 감히 우리를 깔보지 못할 것입니다.

본문은 1597년 정유재란이 시작될 때 조정에서 수군 폐지를 명하자 이순신이 장계를 올려 수군 폐지에 반대하는 내용이다. 장계는 지방의 관원이 임금에게 올리는 공문서이다.

임진왜란은 1592년 4월 14일 오후 5시경, 일본의 병선 700여 척이 부산포에 착륙하면서 시작되었다. 5월 4일 한양이 함락되었고 선조는 평양을 거쳐 의주로 피난했다. 일본의 계획은 곡창 지대인 전라도를 점령하고 서해를 통해 군량을 보급받아 단기간에 조선을 장악하는 것이었다. 하지만 계획에 차질에 생겼다. 이순신이 지휘하는 수군의 활약 때문이었다. 5월 7일 옥포, 합포 해전을 시작으로 적진포, 사천포, 당포, 한산도에서 일본 수군을 연파하며 서해를 경유하는 경로를 차단한 것이다. 『선조실록』 7월 29일 자 기사에 선조가 좌의정 윤두수와 문답하는 내용이 있다. 선조가 적이 평양을 점령하고서 나오지 않는 이유를 모르겠다고 하니, 윤두수가 두려움 때문에 감히 나오지 못하는 것이라고 대답했다. 윤두수는 원균의 후원자로 알려진 인물이다.

이듬해 명나라의 참전과 의병의 활약으로 전세가 역전되고 4년간 강화 교섭이 진행되다가 1597년 일본군의 재침이 시작되었다. 정유재란이 발발한 것이다. 삼도수군통제사였던 이순신은 무고를 받아 파직 후 하옥되었다가 후임자 원균이 칠천량 해전에서 대패하면서 다시 복직했다. 조정에서는 수군의 남은 전력이 너무 약하다는 이유로 수군을 폐지하려 했다. 본문의 장계는 이 때 작성되었다. 전선 12척으로 수군을 재건하겠다는 것이다. 이순신은 일본의 수군이 서해를 통해 한강으로 진입하는 경로를 막아야 한다고 판단했다. 본문의 호우(湖右)는 충청(지금의 호서 湖西) 또는 전라(지금의 호남 湖南) 지역으로 설이 나뉜다. 호우의 湖(호수 호)를 제천 의림지로 보기도 하고 김제 벽골제로 보기도 하기 때문이다. 결국 수군 폐지 계획은 철회되었고 이순신은 10월 25일 명량에서 대승을 거두었다. 13척으로 130여 척을 격퇴한 전투였다. 조선 수군은 전투 직전에 1척이 합류하여 13척이 되었고, 일본 수군의 규모는 300여 척이라는 설도 있다.

•영화 「명량」•

임진왜란은 동아시아 3국에 큰 영향을 준 국제전이었다. 엄청난 피해를 입은 조선은 물론 말할 것도 없고 명나라 역시 대규모 파병의 후유증으로 재정적·군사적 손실이 컸다. 쇠락기에 접어든 명나라는 결국 46년 후 멸망했고 만주 지역의 신흥 세력인 청(淸) 왕조가 건립되었다. 반면 일본은 조선에서 약탈한 성리학, 도자기, 인쇄술 등 관련 기술과 인력으로 문화적 수준이 급성장했으며 에도(江戶) 시대라는 정치적 안정기가 시작되었다.

인조의 삼배구고두

龍胡入報, 出傳汗言曰, "前日之事, 欲言則長矣. 今能勇決而
용호입보　출전한언왈　　전일지사　욕언즉장의　　금능용결이

來, 深用喜幸." 上答曰, "天恩罔極." 龍胡等引入, 設席於壇
래　심용희행　　상답왈　　천은망극　　용호등인입　　설석어단

下北面, 請上就席, 使淸人臚唱. 上行三拜九叩頭禮.
하북면　청상취석　사청인여창　상행삼배구고두례

『仁祖實錄』
인조실록

어휘 풀이

┃龍胡(용호): 청나라 장수 용골대 ┃入報(입보): 들어가 보고하다 ┃出傳(출전): 나와 전하다
┃汗(한): 칸, 여기서는 청의 황제 홍타이지(皇太極, 태종)를 말한다 ┃前日之事(전일지사): 지난날
의 일 ┃欲言(욕언): 말하려 하다 ┃勇決(용결): 용감히 결단을 내리다 ┃深用喜幸(심용희행): 심
히 기쁘고 다행이다 ┃上(상): 임금. 여기서는 인조를 말한다 ┃引入(인입): 데리고 들어가다 ┃設
席(설석): 자리를 만들다 ┃北面(북면): 북쪽을 바라보다. 예법에 군주는 남면(南面)하고 신하는
북면(北面)한다 ┃就席(취석): 자리에 나아감 ┃使(사): ~에게 ~하도록 시키다 ┃臚唱(여창): 의
식을 행할 때 순서가 적힌 글을 크게 읽다 ┃三拜九叩頭(삼배구고두): 세 번 절하고 아홉 번 머리
를 땅에 조아리는 예식

우리말 해석

　　용골대가 들어가 보고하고 밖으로 나와 칸의 말을 전하여 말했다. "지난날의 일은 말하려 하
면 길다. 지금 용감히 결단을 내려 찾아왔으니 심히 기쁘고 다행이다." 임금이 답하여 말했다.
"천은이 망극합니다." 용골대 등이 데리고 들어가 단 아래에 자리를 만들어 북면하게 하고 임
금을 자리에 나아가게 하여 청나라 사람에게 순서를 크게 읽게 했다. 임금은 삼배구고두의 예
를 행했다.

원문의 내용은 1636년 병자호란 때, 남한산성에 있던 인조가 삼전도에서 청의 황제 태종에게 항복 의식을 행하는 장면이다. 삼전도는 지금의 서울 잠실에 있다. 이 사건을 삼전도의 굴욕이라 부른다. 당시 청의 요구로 제작된 삼전도비(碑)가 현장에 있다. 이때의 상황과 청 황제를 칭송하는 내용을 만주 문자, 몽골 문자, 한문의 3개 문자로 새겼다.

• 삼전도비 •
(서울 송파구)

임진왜란이 끝나고 20여 년 후, 조선은 만주의 여진족 세력 후금(後金)의 위협에 시달렸다. 1618년 후금이 명나라에 선전 포고를 하자 명나라는 조선에 지원을 요청했다. 광해군은 강홍립이 지휘하는 1만 3천의 병력을 출정시키며 형세를 보아 행동하라는 지침을 주었다. 적극적으로 가담하지 말라는 것이다. 강홍립은 심하 전투에서 패하자 명의 재촉으로 참전했음을 밝히며 후금에 투항했다. 이른바 광해군의 중립 외교이다. 명나라와 후금, 양 세력 모두와 적절한 관계를 유지하며 손실을 최소화하는 전략이다. 중립 외교는 광해군 재위 기간 동안 계속되었고 후금은 심양과 요양을 점령하며 중원을 향해 세력을 확장하고 있었다.

인조반정 후, 새로운 정권이 들어선 조선은 중립 외교를 중지하고 숭명반청(崇明反淸) 정책을 취했다. 1627년 1월, 후금은 명나라 정벌의 전초 과정으로 조선을 침략했다. 정묘호란이다. 인조는 강화도로 피신했고 3월 3일 화약을 맺었다. 명나라와 계속 관계를 유지해도 좋다는 조건이었다. 백마와 흑우를 잡아 피를 마시며 형제의 맹세를 했고 이후 막대한 물자를 보내야 했다. 1636년 4월, 후금의 홍타이지는 국호를 청(淸)으로 하여 황제에 등극했다. 청 태종이다. 조선은 청을 인정하지 않았고 척화의 뜻을 밝히며 청과 대립했다. 그리고 그해 12월, 청의 10만 군사가 침략했다. 병자호란이다. 청의 진격 속도가 예상보다 빨라 강화도로 피신하려던 인조는 남한산성으로 들어갔다. 인조는 고립된 남한산성에서 버티다 1월 30일, 삼전도에서 삼배구고두의 예를 행하고 항복했다.

삼배구고두는 세 번 절하고 아홉 번 머리를 조아리는 예법이다. 한 번 절할 때마다 세 번씩 머리를 땅에 대는데 신하가 임금을 섬기는 예법이다. 원래 청과 형제 관계였다가 병자호란을 거치며 군신 관계로 바뀐 것이다.

삼배구고두의 예는 그 뒤 1793년 다시 세계사의 한 장면에 등장했다. 영국 정부가 청나라에 통상을 요구하여 조지 매카트니를 특사로 파견한 것이다. 매카트니는 열하(熱河)의 피서산장에서 건륭제를 접견했다. 청 정부는 삼배구고두의 예를 요구했다. 하지만 매카트니는 자신이 영국 국왕의 특사 신분이라는 이유로 거절했다. 결국 절충하여 한쪽 무릎만 굽히는 예법으로 합의했다고 전한다. 매카트니는 대등한 관계의 통상을 제안하는 조지 3세의 친서를 전달했는데 건륭제는 이를 거부했다. 청은 물자가 풍부하여 없는 게 없으므로 통상은 필요하지 않으며 조공을 하겠다면 받아주겠다고 답했다. 그 후 양국 관계는 악화되었고 1840년 아편전쟁으로 이어졌다.

2. 문법 해설

1 坐臥卽仰瞻(좌와즉앙담) 앉고 누울 때에 쓸개를 쳐다보다.

卽(곧 즉)

卽과 같은 글자이다.

① 곧. 주어를 강조한다.

▶ 色卽是空, 空卽是色(색즉시공 공즉시색) 색이 곧 공이요 공이 곧 색이다.

　(「반야심경 般若心經」)

② 즉시, 바로

▶ 太守卽遣人隨其往(태수즉견인수기왕) 태수는 곧 사람을 보내 그를 따라 가도록 했다.

　(「도화원기 桃花源記」)

③ 나아가다

▶ 新羅始祖赫居世卽位十九年(신라시조혁거세즉위십구년) 신라 시조 박혁거세가 왕위에

　오른 지 19년이 되었다. (『삼국유사 三國遺事』)

2 今臣戰船尙有十二 (금신전선상유십이) 지금 신에겐 전선이 아직 열두 척 있습니다.

尙(오히려 상)

① 아직, 오히려

▶ 虎尙俟伏(호상사복) 호랑이가 아직 엎드려 기다리고 있었다. (『명심보감 明心寶鑑』)

② 숭상하다, 높이다

▶ 夫尙賢者, 政之本也(부상현자 정지본야) 현자를 숭상하는 것은 정치의 기본이다.

　(『묵자 墨子』)

3 出死力拒戰則猶可爲也 (출사력거전즉유가위야) 나아가 사력을 다해 적을 막아 싸운다면 오히려 할 수 있다.

猶(오히려 유)

① 오히려, 아직
▶ 落日心猶壯(낙일심유장) 해는 져도 마음은 아직 꿋꿋하다. (「강한 江漢」)

② ~와 같다
▶ 過猶不及(과유불급) 지나친 것은 부족한 것과 같다. (『논어 論語』)

4 今若全廢舟師 (금약전폐주사) 지금 만약 수군을 모두 폐한다면

若(같을 약)

① 만약
▶ 春若不耕, 秋無所望(춘약불경 추무소망) 봄에 경작을 하지 않는다면 가을에 바랄 바가 없다. (『명심보감 明心寶鑑』)

② ~와 같다
▶ 上善若水(상선약수) 최상의 선은 물과 같다. (『노자 老子』)

③ (2인칭 대명사) 너, 그대
▶ 與若芧, 朝三而暮四, 足乎(여약서 조삼이모사 족호) 너에게 도토리를 주는데 아침에 세 개, 저녁에 네 개면 족하겠는가? (『장자 莊子』)

5 是賊之所以爲幸 (시적지소이위행) 이는 적이 다행으로 생각하는 바이다.

以爲(써 이, 할 위)

(동사) ~라고 생각하다.
▶ 虎不知獸畏己而走也, 以爲畏狐也(호부지수외기이주야 이위외호야) 범은 짐승들이 자신을 무서워해서 달아나는 것을 모르고 여우를 무서워하는 것이라고 생각했다. (『전국책 戰國策』)

6 而由湖右達於漢水 (이유호우달어한수) 충청도를 거쳐 한강에 도달하다.

由 (말미암을 유)

① ~에서 말미암다, ~에서 비롯되다
 ▶ 至今天下言脈者, 由扁鵲也 (지금천하언맥자 유편작야) 지금 천하에 맥을 말하는 것은 편작으로부터 비롯되었다. (『사기 史記』)

② 따르다, 좇다
 ▶ 舍其路而不由 (사기로이불유) 그 길을 버리고 따르지 않다. (『맹자 孟子』)

③ ~를 경유하다, ~를 지나다
 ▶ 誰能出不由戶 (수능출불유호) 누가 이 문을 거치지 않고 나갈 수 있는가? (『논어 論語』)

7 天恩罔極 (천은망극) 천은이 망극합니다.

罔 (그물 망)

① 그물, 그물질하다. 網(망)과 같은 글자이다.
 ▶ 是罔民也 (시망민야) 이는 백성을 그물질하는 일입니다. (『맹자 孟子』)

② 없다
 ▶ 君罔謂汝何之 (군망위여하지) 임금께서는 너 어디 가느냐고 묻지 않으시네.
 (『구장 九章 · 석송 惜誦』)

8 使淸人臚唱 (사청인여창) 청나라 사람에게 순서를 크게 읽게 했다.

使 (시킬 사)

① 사용하다, 부리다
 ▶ 尙賢使能 (상현사능) 현명한 자를 숭상하고 능력 있는 자를 등용하다. (『순자 荀子』)

② (사역) ~에게 ~하도록 시키다. 使+대상+행위의 어순으로 구성된다. 비슷한 용법으로 令(하여금 령), 敎(하여금 교) 등이 있다.
 ▶ 其母後使女問父 (기모후사녀문부) 그 모친이 후에 딸을 시켜 아버지에게 물어보게 했다. (『수신기 搜神記』)

3. 명언명구

吳越同舟
오 월 동 주

오나라 사람과 월나라 사람이
같은 배에 탔다.

『손자』에서 나온 말로 평소에는 사이가 나쁘지만 위기가
닥쳤을 때는 서로 협력해야 하는 운명임을 말한다. 오나
라와 월나라는 역사적으로 원수지간이었다. 그런데 두
나라 사람이 같은 배를 타고 가다가 풍랑을 만나니 왼손
과 오른손처럼 서로 도왔다는 일화가 있다.

• 吳(나라 이름 오) **│** 越(넘을 월, 나라 이름 월) **│** 同(한가지 동) **│**
舟(배 주)

效顰
효 빈

얼굴 찡그리는 것을
흉내 내다.

『장자』에서 나온 말로 맹목적으로 다른 사람을 따라 하
는 것을 말한다. 서시는 월나라의 미녀로 복수를 위해 오
나라에 바쳐진 여인이다. 서시가 심장에 병이 있어 자주
찡그렸다. 그 모습이 너무 아름다워 동네의 못생긴 여자
들이 따라 했더니 사람들이 싫어했다는 이야기이다. 내
면의 본질은 생각하지 않고 외형적인 형식만 따라 하는
세태를 풍자하는 말이다.

『장자』에서는 효빈의 비유를 통해 유가를 비판했다. 주
나라 초기의 예악과 신분 질서를 회복하려는 공자의 정
치 이상을 맹목적인 모방이자 복고라고 풍자한 것이다.

• 效(본받을 효) **│** 顰(찡그릴 빈)

傾國之色
경 국 지 색

나라를 기울게 하는 미색.

뛰어난 미모로 군주의 마음을 사로잡아 나라를 망치는 절세 미녀를 말한다. 한 무제 때 이연년(李延年)이 지은 시 "한 번 돌아보면 성이 기울고 두 번 돌아보면 나라가 기운다(一顧傾人城, 再顧傾人國 일고경인성, 재고경인국)."라는 구절에서 나왔다. 절세 미녀에 대한 갈망으로 한 무제를 애타게 한 이연년은 자신의 누이동생을 바쳤다. 이연년의 누이동생 이부인(李夫人)은 평생 한 무제의 총애를 받았고 친정 일가도 부귀를 누렸다.

• 傾(기울 경) | 國(나라 국) | 之(갈 지) | 色(빛 색)

天高馬肥
천 고 마 비

하늘은 높고 말은 살찐다.

가을을 가리키는 말로 날이 쾌청하고 모든 것이 풍요롭다는 뜻이다. 원래는 수확철이 왔으니 변방 흉노들의 약탈을 경계하라는 말이다. 말이 살찐 것은 침략을 준비하면서 잘 먹인 까닭이다. 만리장성을 등우선(等雨線, 강우량이 같은 지점을 이은 선)으로 보는 관점이 있다. 강우량이 많은 곳에서는 농사를 지어 농경민이 되었고, 강우량이 적은 곳에서는 목축을 하여 유목민이 되었다는 학설이다. 만리장성이 농경 문화와 유목 문화를 나누는 문화적 경계인 것이다.

• 天(하늘 천) | 高(높을 고) | 馬(말 마) | 肥(살찔 비)

必死則生,
필 사 즉 생
必生則死
필 생 즉 사

반드시 죽으려고 한다면 살고,
반드시 살려고 한다면 죽는다.

명량해전에 임하며 이순신이 장병들에게 한 말로 『난중일기』에 기록되어 전한다. 『오자병법』에 "必死則生, 幸生則死(필사즉생 행생즉사)"라는 구절이 있는데 여기서는 '幸生(행생, 살기를 바란다면)'이라는 구절이 다르다.

• 必(반드시 필) | 死(죽을 사) | 則(법칙 칙, 곧 즉) | 生(날 생)

四面楚歌
사 면 초 가

사면에서 초나라
노래가 울리다.

『사기』에서 나온 말로 고립된 상태에서 궁지에 몰린 상황을 가리킨다. 유방의 한나라가 항우의 초나라를 포위하고 노래로 패퇴시킨 일화에서 나왔다. 후퇴하던 항우의 군대가 해하(垓下)에 진을 쳤을 때 한밤중에 구슬픈 초나라 노랫소리가 크게 들려왔다. 한나라 진영에서 포로로 잡힌 초나라 병사들에게 노래를 부르게 한 것이다. 처량하고 쓸쓸한 고향 노래에 병사들은 마음이 약해져 걷잡을 수 없이 탈영했고 진영은 와해되었다. 사면초가의 심리전은 항우를 궁지로 몰아넣는 최후의 일격이었다.

• 四(넉 사) | 面(얼굴 면) | 楚(가시나무 초, 나라 이름 초) | 歌(노래 가)

結草報恩
결 초 보 은

풀을 묶어 은혜에 보답하다.

『좌전』에서 나온 말로 죽은 후에도 잊지 않고 은혜를 갚는다는 의미이다. 위무자에게 애첩이 있었다. 위무자는 아들 위과에게 자신이 죽으면 그녀를 재가시키라고 당부했다. 그런데 병이 깊어지자 그녀를 순장시키라고 말을 바꾸었다. 위과는 아버지의 사후 그녀를 재가시켰다. 위과는 후에 전쟁에 나갔는데 적군의 맹장 두회를 손쉽게 생포했다. 누군가가 풀을 묶어놓아 두회의 말이 걸려 넘어진 것이었다. 그날 밤 위과의 꿈에 한 노인이 나타나 당신이 재가시킨 여자의 아버지라고 말하며 은혜에 대한 보답이라고 했다.

• 結(맺을 결) | 草(풀 초) | 報(보답할 보) | 恩(은혜 은)

項莊舞劍,
항 장 무 검
意在沛公
의 재 패 공

항장의 칼춤은
그 의도가 패공에게 있다.

『사기』에 기록된, 항우가 홍문에서 연회를 열어 유방을 제거하려 했던 일화에서 나왔다. 패공은 유방을 말한다. 이 사건을 홍문연(鴻門宴)이라고 부른다. 항우의 참모 범증은 항우에게 유방을 반드시 죽여야 한다고 건의했다. 항우가 망설이자 항장에게 칼춤을 추다가 적절한 상황에 유방을 찔러 죽이라고 명했다. 위태로운 분위기가 연출되자 유방의 참모 장량이 항백에게 막아달라고 부탁했다. 항백은 함께 칼춤을 추는 척하면서 유방을 보호했다. 연회를 빠져나온 장량은 맹장 번쾌를 불러 주군을 구출하도록 했다. "항장무검, 의재패공"은 이때 장량이 한 말이다. 겉으로 보이는 상황과 실제 의도가 다름을 가리킨다. 2017년 사드로 인해 한중 관계가 냉각된 상황에서 중국 외교부장 왕이(王毅)가 이 말을 했다. 사드 배치가 실제로는 중국을 겨냥하는 미국의 의도가 아니냐는 의미였다.

• 項(목 항) | 莊(성할 장) | 舞(춤출 무) | 劍(칼 검)
意(뜻 의) | 在(있을 재) | 沛(늪 패) | 公(공변될 공)

4. 명문 감상

 오삼계와 진원원

　　오삼계의 첩 진원원은 세상에 보기 드문 미색으로 이자성도 알고 있었다. 진원원을 찾으려고 오삼계의 부친 오양을 탐문하다가 그의 집까지 샅샅이 뒤졌다. 그리고 편지를 써 아들 오삼계를 불러오게 했다. 오양은 그 명을 따랐고 이자성은 은(銀) 사만 냥을 오삼계 진영에 하사했다. 오삼계는 크게 기뻐하며 기꺼이 명을 받들고 산해관(山海關)에 들어가 돈을 거두었다.

　　오삼계가 산해관에 들어간 후였다. 오양의 첩 아무개는 평소 집안의 아무개와 사통하던 사이였는데 이자성의 병사들이 집안을 뒤지던 날 이 사람은 오양의 첩을 데리고 도망쳐버렸다. 창졸간에 성곽을 나가 며칠을 떠돌다 결국 동서남북을 분간하지 못하는 지경이 되었다. 두 사람은 갑자기 오삼계를 만났는데 마땅한 계책이 떠오르지 않아 거짓으로 집에 변고가 났다고 고했다. 오삼계가 물었다. "우리 집에는 별 탈이 없는가?" 두 사람은 "이자성의 군사들이 온 집을 샅샅이 뒤졌습니다."라고 대답했다. 또 "나의 부친께선 탈이 없으신가?"라고 물었더니 "이자성의 군사들이 집을 뒤질 때에 잡아 가두었습니다."라고 대답했다. 오삼계가 오랫동안 깊이 신음하다가 거친 목소리로 물었다. "나의 그 사람은 탈이 없는가?" 진원원을 가리키는 것이다. "그놈들이 빼앗아 갔습니다."라고 대답했다. 이에 오삼계는 크게 노하여 눈을 부릅뜨고 소리치며 "대장부가 여자 하나를 지키지 못한다면 무슨 낯이 있겠는가?"라고 했다. 곧 말을 타고 산해관을 나가 목숨을 걸고 적과 싸우겠노라고 결의를 다졌다. 그리고 군의 관리들과 참모, 사졸들을 모두 불러 모아 황제와 부친을 위해 복수하겠다고 맹세했다.

오삼계는 의기가 참으로 비장하여 이자성의 무리들을 불구대천(不俱戴天)의 원수로 여겼다. 모든 병사들이 "우리 군사께서는 충효(忠孝)의 위인"이라고 찬탄했다. 변경에 흩어진 병사들이 있었는데 오삼계가 불러 모으니 모두 감격하여 귀순하며 "오군사께서는 충효의 위인"이라며 그를 신뢰했다. 병사 일만 팔천 명을 거느리게 되니 다시는 감히 건드리지 못했다.

장수 호수량(胡守亮)은 평소 만주어에 능통했는데 병사를 빌리는 계책을 오삼계에게 올렸다. 호수량이 만주 군사들의 진영에 들어가 청나라의 구왕(九王, 훗날 섭정왕이 된 도르곤)을 뵙자 하니 왕이 허락하여 호위병을 물리치고 만나기로 했다. 오삼계는 왕을 만나 큰 소리로 눈물 흘리며 구구절절 긴 사연을 말했다. 왕은 그를 의롭다고 생각하여 오삼계를 왕이라 칭하며 말했다. "오왕은 진정 명조의 큰 충효의 위인이오." 오삼계는 즉각 머리를 깎아 변발을 하고 며칠을 지내더니 군사를 정비하여 남쪽으로 갔다. 이자성이 그 소식을 듣고 대군을 이끌고 와 싸움을 걸어왔는데 사람과 말의 행렬이 장장 팔십 리에 이어져 끝이 없었다. 이자성이 공격하자 오삼계는 청나라 왕에게 병력을 청했다. 왕은 "그대가 주인이고 나는 객이니 주인이 먼저 하면 내가 뒤따르겠소."라고 했다. 오삼계는 친히 북채를 잡고 북을 치며 병사들의 사기를 돋우었다. 오삼계의 조카 오국귀가 칼을 휘두르며 말 달려 적진으로 치달으니 사졸들이 모두 분기탱천하여 일당백의 기세였다. 묘시(卯時)부터 진시(辰時)까지 죽인 적이 이루 셀 수 없을 정도였다. 이자성은 병사의 많음을 믿고 크게 싸우면서 물러서지 않았다. 오삼계는 급히 왕에게 재차 병력을 청했다. 왕은 2개 고산(固山, 청나라 팔기 제도의 편제 단위로 1개 고산이 7,500명)에 기병 양익(兩翼)을 출전시키라고 명했다. 이자성은 화살이 빗발치듯 날아오는 것을 보고 크게 놀라 "해화상(海和尙, 민간에 전하는 바다에 사는 괴수)이 온 것인가!"라고 말했다. 이자성의 진영은 결국 무너졌다. 이자성은 오삼계의 부친 오양을 죽여 머리를 깃대 위에 효시하고 말을 달려 북경으로 돌아갔다. 도착하자마자 오삼계의 모친과 일가를 죽이고 달아났다.

三桂妾圓圓絶世所希, 自成知之, 索於勤, 且籍其家, 而命其作書以招子也, 勤從命, 闔旋以銀四萬兩犒三桂軍. 三桂大喜, 忻然受命, 入山海關而納款焉. 行已入關矣, 吳勤妾某氏素通家人某, 闖籍其家, 家人卽挈妾逃. 倉皇出郭, 行數日, 竟不暇計南北也. 二人猝遇三桂, 計無出, 詐曰, 告變. 三桂問曰: "吾家無恙乎?" 曰: "闖籍之矣." "吾父無恙乎?"

曰：“閭籍之家, 並拘執矣”. 三桂沈吟久之, 屬聲問曰：“我那人亦無恙?” 指圓圓也. 曰：“賊奪之”. 於是, 三桂大怒, 瞋目而呼 曰：“大丈不能保一女子, 有何顏面?” 勒馬出關, 決意致死於賊. 遂召軍吏策士卒, 誓衆, 以報君父仇爲辭. 三桂意氣悲壯, 居然有與賊不共戴天之讎. 一軍皆嘆曰：“吾帥忠孝人也!” 塞外有散卒, 三桂招之, 皆感激來歸, 信之曰：“吳帥忠孝人也!” 共收兵一萬八千人, 復不敢動. 將胡守亮素通滿語, 乃獻借兵之策. 守亮卽入滿營, 見九王, 王許之, 下令去兵相見. 三桂見王, 聲與淚俱下, 侃侃千百言. 王義之, 卽以王呼三桂曰：“吳王眞明朝大忠孝人也!” 三桂卽剃髮, 閱數日, 整師南行. 闖聞之, 率衆來戰. 人馬廣八十里, 其長無際也. 闖攻, 三桂請王兵. 王曰：“君主余客, 主先, 繼之可也”. 三桂親執桴擊鼓, 以興師. 其侄國貴提刀躍馬, 身先陷陣. 士卒人人自奮, 一以當百. 自卯歷辰, 殺賊無算. 闖恃甚衆, 亦大戰不退. 三桂急復請王兵, 王乃命二固山以騎兵兩翼出. 闖見流矢, 大驚曰：“海和尚至!” 遂潰. 闖殺三桂父勳, 懸首於纛, 自乘千里馬逃歸京師. 殺三桂母及眷屬, 遂遁. 『갑신전신록 甲申傳信錄』

이 글은 명청 교체기 전지(錢邦), 전사형 錢士馨이라고도 함, 생졸년 미상)가 쓴 역사 기록 『갑신전신록』의 일부이다. 전지는 절강성 당호(當湖, 현재의 평호 平湖) 사람인데 1643년 북경에 갔다가 이자성의 난 당시의 과정을 모두 지켜보았다. 『갑신전신록』은 이때 자신이 경험한 일과 훗날 이와 관련된 각종 기록을 수집하여 종합, 정리한 책이다.

만주 지역의 '오랑캐' 후금이 성장하여 청나라를 세우고 결국 중원을 점령한 사건은 동북아시아를 뒤흔든 강력하고 충격적인 사건이었다. 이 과정에서 조선도 병자호란을 겪었고 명나라의 멸망을 지켜보며 새로운 힘의 질서를 체감하기도 했다.

그런데 이 역사적인 격변기의 결정적인 순간에 러브 스토리가 있었다. 산해관을 지키던 명나라 장수 오삼계(吳三桂)와 기녀 진원원(陳圓圓)의 사랑이다. 미인을 경국지색이라고 호칭한다. 뛰어난 미색으로 군주의 마음을 흔들어 나라의 운명을 기울게 만드는 여인이라는 의미다. 서시(西施)가 그러했고 초선(貂蟬)이 그러했고 양귀비(楊貴妃)가 그러했다. 『갑신전신록』의 내용에 따르면 진원원에 대한 오삼계의 마음이 역사의 방향을 바꾸었다.

명나라 말기, 섬서성 출신 이자성이 난을 일으켜 명나라 조정을 공격했다. 이자성의 세력은 점점 커져 1644년 2월 서안(西安)에서 왕조를 세우고 3월 파죽지세로 북경을 점령했다. 반란군의 침입을 받자 마지막 황제 숭정제는 자금성 후문을 나가 경산(景山)에서 목을 매 자살했다. 숭정제가 목을 맨 나무는 지금도 있다. 명나라는 277년의 역사를 뒤로 하고 이렇게 멸망했다.

　당시는 만주 지역의 신흥 세력 청나라가 중원 진출을 노리는 상황이었고 그 길목인 산해관을 명나라의 용장 오삼계가 방어하고 있었다. 이자성의 세력이 북경을 공격할 때 오삼계는 황제를 호위하려고 북경으로 오고 있었다. 그런데 명나라가 멸망하고 새로운 정권이 들어서자 혼란이 왔다. 충성을 바쳐야 할 대상이 사라진 것이다. 이자성은 부친 오양을 통해 오삼계를 포섭했고 오삼계도 이에 응하려고 결심했다. 하지만 곧 계획이 바뀌었다. 애첩 진원원 때문이었다.

　진원원은 원래 소주 출신의 기녀였는데 북경에 와 황실의 외척 전홍우(田弘遇)에 의탁하고 있던 중 오삼계를 알게 되었다. 전홍우는 오삼계가 진원원의 미모에 빠졌음을 알고 진원원을 바쳤다. 오삼계는 당장 산해관으로 가야 하는 처지라 부친의 집에 잠시 진원원을 머물게 했는데 이자성이 북경을 점령하면서 사달이 난 것이었다. 진원원을 납치해 간 사람은 이자성의 부장 유종민이다. 진원원의 일이 이렇게 큰 여파를 가져오리라고는 유종민도 이자성도 예측하지 못했을 것이다. 북경에서 온 전갈을 받고 오삼계는 불같이 분노했다. 자신의 집이 쑥대밭이 되었다는 것도, 아버지가 구금되었다는 것도 참았지만 진원원을 빼앗겼다는 소식에는 참지 못했다. "대장부가 여자 하나를 지키지 못한다면 무슨 낯이 있겠는가?"

　결국 오삼계는 이자성이 산해관을 공격하자 5만 병력을 이끌고 청에 투항했다. 부친과 숭정제의 원수를 갚는다는 명분이었다. 청의 입장에서는 뜻하지 않게 반가운 상황이었다. 오삼계가 지키던 산해관은 천혜의 요새로 이곳을 뚫지 못하면 강력한 청의 군사력으로도 중원으로 진출할 수 없었다. 그런 차에 산해관의 관문이 저절로 열린 것이다. 본문에 나오는 청나라의 구왕은 청 태종 사후, 태종의 아홉 번째 아들을 황제로 세우고 자신은 섭정왕이 된 실권자 도르곤이다.

　청은 중원을 점령한 후 오삼계에게 황하 이남의 통치권을 주겠다고 약속했다. 오삼계는 진원원을 다시 찾았고 반청 봉기를 앞장서 진압해 청나라의 일등 건국 공신이 되었다. 명나라 황실의 후손인 남명(南明)의 영력제(永曆帝) 주유랑(朱由榔)을 미얀마에서 죽이는 등 청나라 정권의 안정에 크게 기여했다. 그 대가로 오삼계는 운남, 귀주 일대의 번왕이 되어 군사와 세금을 독자적으로 운영하는 독립 세력이 되었다. 말년에는 스스로 황제가 되어 청나라와 대립했는데 이를 삼번의 난이라 한다. 명, 청 두 왕조에 모두 반역자가 된 것이다. 그는 66세로 운남에서 병사했고 삼번의 난은 손자 대에서 진압되었다. 진원원은 계속 오삼계를 따라 운남에서 살다가 노년에 총애를 잃은 후 출가했다는 설이 전한다.

　명의 입장에서 본다면 오삼계는 민족의 배신자이다. 하지만 청은 이를 부친과 숭정제의 복수라는 명분으로 포장했다. 청에 대한 한족들의 증오심이 오삼계를 향하도록 청나라 정권이 조장한 면도 있다. 이런 이유로 오삼계의 투항 사건에 진원원의 존재가 크게 작용하지 않았다는 학설도 있다. 여자 때문에 투항한 것은 너무 흥미 위주로 알려진 이야기라는 것이다. 『갑신전신록』의 이 대목에 대한 기술도 의문이 남는다. 부친의 첩이 사통하는 남자와 도망치다 오삼계를 만나 변명이 궁하자 거짓말을 한 것으로 되어 있다. 그렇다면 오삼계는 그 첩이 했던 거짓말을 듣고 청에게 투항했다는 것일까? 하지만 그렇지는 않을 것이다. 당연히 오삼계에게도 북경과 이자성의 세력의 동향을 보고하는 정보원이 있었다. 부친의 첩의 말이 아니었더라도 북경의 상황을 알고 있었으리라. 이런 기록에는 망국의 원인을 오삼계의 치정극으로 몰고 가는 당시 한족들의 심리가 반영되어 있다.

　하지만 역사에서 이런 일은 충분히 일어날 수 있는 일이다. 당시 오삼계는 32세였고 경쟁심과 소유욕이 왕성한 나이였다. 명의 멸망으로 충성의 대상은 없어졌다. 이자성의 세력은 농민들의 반란이고 청나라 세력은 오랑캐의 침략이다. 한쪽은 계급 투쟁이고 한쪽은 민족 투쟁이다. 여기서 오삼계는 자신을 가장 자극한 사건, 즉 집안과 사랑의 파멸에 대한 복수를 선택한 것으로 볼 수도 있다. 동 시대의 시인 오위업(吳偉業)은 서사시 「원원곡(圓圓曲)」을 지어 이때 오삼계의 역사적 선택을 "머리끝까지 치솟은 분노는 오로지 홍안의 그녀 때문이었네(沖冠一怒爲紅顔 충관일노위홍안)."라고 평가했다.

• 산해관 •
(중국 하북성 진황도시)

　오삼계라는 인물은 조선의 군신에게도 첨예한 관심의 대상이었다. 연행사들이 북경을 방문할 때마다 찬탄하던 산해관의 위상, 동아시아의 공통적 가치관이었던 중화주의가 사라진 것에 대한 상실감, 그리고 병자호란 이후 청에 대한 증오심 등의 복잡한 감정이 오삼계 사건을 진지하게 바라보게 했다. 조선의 선비들은 모두 오삼계의 배신과 이적 행위에 대해 분노했다. 충정과 절의의 관점으로 이 사건을 본 것이다. 그러다가 오삼계가 삼번의 난을 일으켜 청나라 정권에 대항한다는 소식이 전해지며 오삼계에 대한 기대감과 재평가가 이루어졌다. 오삼계에 호응하여 북벌을 추진해야 한다는 의견도 있었다. 결국 삼번의 난도 실패하고 오삼계의 사망 후 진원원과의 러브 스토리가 조선에 알려지면서 오삼계에 대한 평가는 다시 바닥으로 떨어졌다. 연행사들은 산해관을 지날 때마다 오삼계를 떠올리며 그의 비열한 인격을 비난했다.

그리고 병자호란 후 청나라에 인질로 갔던 조선의 소현세자는 청나라가 북경으로 천도할 때 섭정왕 도르곤과 함께 동행했다. 두 사람은 나이도 동갑이었고 의기가 잘 맞았다고 한다. 소현세자는 동북아의 질서가 새롭게 재편되는 과정을 가장 가까운 현장에서 지켜보았다. 하지만 그는 귀국 후 갑작스럽게 사망하여 조선의 새로운 지도자가 되지 못했다.

제 7 장

절기와 풍속

1. 단문 읽기

견우와 직녀

天帝憐其獨處, 許嫁河西牽牛郎, 嫁後遂廢織紝. 天帝怒,
천 제 련 기 독 처   허 가 하 서 견 우 랑   가 후 수 폐 직 인   천 제 노

責令歸河東. 唯每年七月七日夜, 渡河一會.
책 령 귀 하 동   유 매 년 칠 월 칠 일 야   도 하 일 회

『荊楚歲時記』
형 초 세 시 기

어휘 풀이

┃天帝(천제): 옥황상제 ┃憐(련): 불쌍히 여기다 ┃獨處(독처): 홀로 살다 ┃許(허): 허락하다 ┃嫁
(가): 시집가다 ┃河西(하서): 은하수의 서쪽 ┃牽牛郎(견우랑): 견우 ┃遂(수): 마침내, 결국 ┃廢
(폐): 폐하다, 그만두다 ┃織紝(직인): 베짜기 ┃責(책): 꾸짖다 ┃令(령): ~하게 하다 ┃唯(유): 오
직 ┃渡(도): 물을 건너다 ┃會(회): 만나다

우리말 해석

천제는 그녀가 홀로 사는 것을 가엾게 여겨 은하수 서쪽의 견우에게 시집가는 것을 허락했다.
시집간 후에 베 짜는 일을 그만두었다. 천제는 노하여 꾸짖고 은하수 동쪽으로 돌아가라고 명
했다. 오직 매년 칠월 칠일 밤에 한 번만 강을 건너 만날 수 있었다.

『형초세시기(荊楚歲時記)』는 위진남북조 시대의 책인데 칠석(七夕)의 유래로 견우직녀 이야기를 소개했다. 하지만 춘추 시대의 구전 가요집인 『시경』에도 은하수, 직녀, 견우 등의 소재가 등장한 것을 보면 이 이야기는 훨씬 오래전부터 있었던 것 같다.

직녀는 천제의 딸이다. 은하수 동쪽에 살았는데, 천제가 견우에게 시집을 보냈다. 직녀는 항상 베를 짰는데 결혼을 한 후 베를 짜지 않았다. 분노한 천제는 두 사람을 헤어지게 하고 일 년에 한 번만 만나게 했다. 이것이 칠석의 유래다. 그 후 이야기에 살이 붙어 견우와 직녀가 일은 안 하고 놀기만 했다거나, 직녀의 눈물로 지상에서는 홍수가 났다거나, 두 사람이 만날 수 있도록 까마귀와 까치가 하늘에 올라가 다리를 놓았고 그래서 까치의 머리가 벗겨졌다는 등의 상세한 줄거리가 만들어졌다. 한국에 알려진 이야기도 거의 같다.

이 이야기의 핵심적인 인물은 직녀다. 직녀는 아버지의 뜻에 따라 결혼했다. 직녀의 아버지는 천제이고 견우는 소를 몰던 평민이다. 신분의 차이가 크다. 직녀는 아버지에게 순종하던 수동적 여성이었지만 결혼 후에는 견우와의 생활에 충실했다. 자기 주도적 삶으로 바뀌었다고나 할까? 직녀에게는 자아가 성장하고 확립되는 인생의 과정이었다. 직녀의 결혼 생활이 불행을 맞은 것도 아버지의 개입 때문이었으니 가정 파탄의 주요인은 아버지와 남편의 갈등이다. 장인과 사위의 갈등. 직녀는 이별의 고통을 이겨낼 수 있을까? 방법은 있다. 잊으면 된다. 하지만 직녀는 그러지 않았다. 운명을 받아들이고 칠석날만 기다리며 살아간다. 얼마나 남편이 보고 싶었으면 홍수가 나도록 울까. 애달프다. 중국이나 한국에서 이 스토리가 사랑받았던 가장 큰 이유는 동아시아 여성들의 인생이 직녀의 캐릭터에 반영되었기 때문일 것이다. 그래서 칠석날의 풍속도 견우보다는 주로 직녀와 연관되어 형성되었다.

전통적으로 유행하던 칠석 풍속으로는 걸교(乞巧), 폭의(曝衣)와 폭서(曝書) 등이 있다. 한중 양국에 모두 전하던 풍속이다. 걸교는 乞(빌 걸), 巧(공교할 교)이다. 여성들이 뛰어난 바느질 솜씨를 갖게 해달라고 하늘의 직녀성에게 비는 것이다. 직녀가 베를 짜는 여성이었기 때문이다. 폭의, 폭서는 옷과 책을 햇볕에 말리는 일이다. 음력 칠월 칠일이니 장마가 끝난 이후라 이런 풍습이 생겼을 것이다. 물론 장마가 끝난 것은 까마귀와 까치의 오작교 덕분이다. 그리고 견우직녀의 이야기의 가장 큰 의미는 사랑의 맹세일 것이다. 당나라 백거이의 「장한가(長恨歌)」에서 당현종이 양귀비에게 "하늘에서는 비익조가 되길 원하고 땅에서는 연리지가 되길 원하네(在天願作比翼鳥, 在地願爲連理枝. 재천원작비익조 재지원위연리지)."라고 맹세했던 것도 칠석날 밤 궁궐의 장생전 앞이었다.

사금갑 설화

> “二人者庶民也, 一人者王也.” 王然之開見. 書中云, “射琴
> 이인자서민야 일인자왕야 왕연지개견 서중운 사금
>
> 匣.” 王入宮見琴匣射之. 乃內殿焚修僧, 與宮主潛通而所
> 갑 왕입궁견금갑사지 내내전분수승 여궁주잠통이소
>
> 奸也. 二人伏誅.
> 간야 이인복주
>
> 『三國遺事』
> 삼국유사

어휘 풀이

ǀ者(자) : ~라는 것 ǀ庶民(서민) : 일반 백성 ǀ然(연) : 그렇다, 그렇다고 여기다 ǀ開見(개견) : 열
어서 보다 ǀ射(사) : 활을 쏘다 ǀ琴匣(금갑) : 거문고를 넣어두는 상자 ǀ入宮(입궁) : 궁으로 들어오
다 ǀ乃(내) : 바로 ~이다 ǀ內殿(내전) : 궁궐 안 임금의 처소 ǀ焚修僧(분수승) : 향을 태우며 의식
을 거행하는 승려 ǀ與(여) : ~와, ~과 ǀ宮主(궁주) : 왕의 후궁. 일설에는 왕비라고도 한다 ǀ潛通
(잠통) : 남몰래 사통하다 ǀ奸(간) : 간음하다 ǀ伏誅(복주) : 처형되다

우리말 해석

“두 사람은 백성이고 한 사람은 왕입니다.” 왕이 그 말을 옳다고 여기고 열어 보았다. 편지에는
말했다. “금갑을 활로 쏘라.” 왕은 입궁하여 금갑을 보고 활로 쏘았다. 알고 보니 내전의 분수승
이었는데, 궁주와 몰래 사통하여 간음했던 것이다. 두 사람은 처형되었다.

『삼국유사』 제1권인 「기이」편에 실린 내용으로 정월 보름 풍습에 관련된 이야기다. 전체의 내용은 다음과 같다. 신라 비처왕이 천천정(天泉亭)에 행차했는데 쥐가 사람의 말을 하며 까마귀를 따라가라고 했다. 병사가 말을 타고 따라갔는데 까마귀는 사라지고 돼지 두 마리가 싸우고 있었다. 그때 어떤 노인이 연못에서 나와 편지를 주었다. 편지의 겉봉에는 "열어 보면 두 사람이 죽고 열지 않으면 한 사람이 죽는다(開見二人死, 不開一人死. 개견이인사 불개일인사)."라고 적혀 있었다. 왕은 두 사람보다는 한 사람이 죽는 게 낫다고 생각하고 열어 보지 않으려 했다. 그런데 일관(日官, 점을 치는 사람)이 아뢰었다. 두 사람은 백성을 가리키는 것이고 한 사람은 왕을 가리키는 것이라고. 이후의 이

•서출지 •
(경상북도 경주시)

야기는 본문의 내용과 같다. 왕이 돌아가 금갑을 활로 쏘니 궁주와 내통하던 승려가 있었던 것이다. 두 사람은 왕을 죽이려는 계획을 갖고 있었다. 왕은 두 사람을 처형했다. 이후로 신라에서는 정월의 첫 해일(亥日), 첫 자일(子日), 첫 오일(午日)에는 행동을 조심하는 풍습이 생겼고 정월 보름은 찰밥을 지어 제사를 지냈다고 한다. 정월 대보름은 까마귀의 제삿날[오기지일 烏忌之日]이라고 부르고, 노인이 나온 연못은 서출지(書出池)라고 부르게 되었다. 서출지는 '편지가 나온 연못'이라는 뜻이다. 지금 경주시 남산동에 있다.

이 설화는 실제 정치적 사건의 상징으로도 보이고 신라 사회의 토속 신앙이 반영된 요소도 있다. 비처왕은 신라 21대 소지왕이다. 내통한 분수승과 궁주는 불교 세력과 궁내 세력인데 두 세력이 결탁하여 소지왕을 제거하려 한 것이다. 그리고 쥐, 까마귀, 말, 돼지, 노인 등의 초자연적인 힘이 왕에게 예지를 주었고 일관이 이를 해독하여 왕의 암살을 막았다. 일관(日官)은 점을 치는 사람이다. 명칭에서 보이듯 태양의 신령한 힘을 상징한다. 까마귀는 태양 속에 사는 새다.

고구려 벽화에는 다리가 세 개인 삼족오(三足烏)로 등장한다. 쥐, 말, 돼지는 십이지에 속하는 동물들이다. 각각 子(자), 午(오), 亥(해)에 해당한다. 그래서 정월의 첫 해일(亥日), 첫 자일(子日), 첫 오일(午日)에는 행동을 조심하는 풍습으로 이어졌다.

설화에서는 불교와 토속 신앙이 대립하고 있다. 불교가 소지왕을 해치려 했지만 토속 신앙이 막았다. 신라에서 불교가 공인된 것은 23대 법흥왕 때인데 21대 소지왕 때 이미 궁내에 승려가 상주하고 있었다. 토속 신앙의 입장에서는 부정한 세력이다. 고구려를 통해 전래된 불교는 신라 사회에서 토착 세력인 토속 신앙과 무수하게 대립하고 충돌했다. 그래서 이차돈의 순교와 같은 극적인 사건이 필요했던 것이다. 이차돈의 처형 당시 목에서 흰 피가 나왔기 때문에 영험함이 증명되었고 불교가 공인될 수 있었다. 그만큼 토속 신앙의 저항이 컸음을 보여준다. 정월 보름에 신라 사람들이 지어 먹었다는 찰밥은 부정을 씻는 의미라 할 수 있다.

동지와 팥죽

是日潑豆粥於門板, 以辟惡. 按宗懍『荊楚歲時記』, "共工
시 일 발 두 죽 어 문 판　 이 벽 악　안 종 름　형 초 세 시 기　　공 공

氏有不才子, 以冬至死爲疫鬼, 畏赤小豆, 故冬至日, 作赤
씨 유 부 재 자　이 동 지 사 위 역 귀　외 적 소 두　고 동 지 일　작 적

豆粥, 以禳之."
두 죽　　이 양 지

『京都雜志』
경 도 잡 지

어휘 풀이

┃是日(시일): 이날 ┃潑(발): 뿌리다 ┃豆粥(두죽): 팥죽 ┃門板(문판): 대문의 문짝 ┃辟(벽): 물리치다 ┃惡(악): 악귀, 나쁜 기운 ┃按(안): 생각하다. ~에 따르면 ┃宗懍(종름): 남조 양나라 때의 학자 ┃荊楚歲時記(형초세시기): 고대 중국 남방 지역의 세시 풍속을 기록한 책 ┃共工氏(공공씨): 신화에 나오는 물의 신 ┃不才子(부재자): 부족한 아들, 사고뭉치 아들 ┃冬至(동지): 일 년 중 밤이 가장 긴 날 ┃疫鬼(역귀): 돌림병을 옮기는 귀신 ┃畏(외): 두려워하다 ┃赤小豆(적소두): 작은 붉은 콩, 즉 팥을 말한다 ┃作(작): 만들다 ┃赤豆粥(적두죽): 팥죽 ┃禳(양): 제사 지내다, 푸닥거리하다

우리말 해석

이날에 팥죽을 문짝에 뿌려 나쁜 기운을 물리친다. 종름의 『형초세시기』에 따르면 "공공씨(共工氏)에게 사고뭉치 아들이 있었는데 동짓날 죽어 역질 귀신이 되었다. 그 아들이 생전에 팥을 두려워했으므로 동짓날 팥죽을 쑤어 역질 귀신을 물리친다."라고 했다.

조선 후기 유득공(柳得恭)의 『경도잡지(京都雜志)』에 소개된 동지(冬至) 풍습이다. 이 책은 조선 후기 서울의 역사, 인물, 사건, 풍습 등 잡다한 이야기를 기록했다.

한양에서 동짓날이 되면 팥죽을 쑤어 대문에 뿌리는 풍습이 있었는데 유득공은 이 풍습이 중국에서 왔다고 설명했다. 공공씨(共工氏)는 중국 신화에 나오는 물의 신이다. 여와(女媧)의 이야기에도 등장한다. 공공씨는 불의 신 축융(祝融)과 자주 싸웠는데, 싸움에서 지자 화가 나 부주산(不周山)을 들이받았다. 부주산은 하늘을 받치던 산이었는데 공공씨 때문에 무너져 하늘에서 물이 쏟아졌다. 세상이 홍수로 난리가 나자 여와가 급히 날아 올라가 하늘을 보수했다. (제1장 '여와, 사람을 만들다' 참고) 그 공공씨의 아들이 죽어 역신이 된 것이다.

동지는 북반구에서 낮이 가장 짧고 밤이 가장 긴 날이다. 대략 양력 12월 21일에서 23일 사이이다. 음양으로 따지면 음(陰)의 기운이 가장 성한 날이라 양(陽)의 기운이 강한 음식을 먹어야 한다. 팥은 붉은색이기 때문에 태양과 불의 상징이다. 양에 속한다. 우리 태극기에도 양의 기운인 붉은색이 위에 있고 음의 기운인 파란색이 아래에 있다.

고대에는 붉은색에 벽사(辟邪)의 기능이 있다고 믿었다. 그래서 부적에는 반드시 붉은색을 사용했다. 질병이나 불행은 귀신이 가져오는 것이기 때문에 붉은색으로 귀신을 막는 것이다. 중국에서는 오래전부터 설날에 덕담을 쓴 붉은 종이를 벽에 붙이고 붉은 초롱을 걸었다. 결혼식이나 본명년(本命年, 자신의 띠가 돌아오는 해)에 붉은 옷을 주로 입는다. 한국의 전통혼례에는 신부의 얼굴에 연지 곤지를 찍는 문화가 있다. 아들을 낳으면 문밖에 붉은 고추를 달고 돌이 되면 수수팥떡을 상에 올린다. 동짓날 팥죽처럼 나쁜 기운을 물리치려는 문화이다.

그런데 왜 팥죽을 하필이면 대문에 뿌렸을까? 문은 안과 밖을 나누는 표시이기 때문이다. 대문이 있어서 집 안과 집 밖이 구분된다. 그래서 문은 우리 가정을 지켜주는 수호신의 역할을 하기도 한다. 신라 사람들은 처용의 초상화를 대문에 붙여 사악한 기운을 쫓았고, 유태인들은 유월절에 양의 피를 문설주에 발랐다. 외부인은 문을 통해서만 집 안으로 들어오기 때문에 이는 문의 기운을 강하게 해주는 의식인 것이다. 결혼 풍습 중에 신랑이 신부를 안고 집으로 들어가는 문화를 가진 민족도 많은데 이런 행동은 문지방 신을 속이는 것으로 해석되기도 한다. 문지방 신은 외부인의 출입을 감시하는데 신랑이 안고 들어가니, 신부를 확인하지 못했다. 그래서 신부가 나올 때 집안사람이라고 착각한다는 것이다.

인왕산 치마바위

王母種瑤桃, 千年一花開.
왕 모 종 요 도   천 년 일 화 개

花開忽風吹, 零落隨飛埃.
화 개 홀 풍 취   영 락 수 비 애

娟娟三五夜, 滄海出明月.
연 연 삼 오 야   창 해 출 명 월

月出不上天, 墮作塵中物.
월 출 불 상 천   타 작 진 중 물

「喂馬行」
위 마 행

어휘 풀이

┃王母(왕모) : 신화 속의 여신 서왕모를 말한다 ┃種(종) : 심다 ┃瑤桃(요도) : 천상 요지(瑤池)에 있는 복숭아나무. 삼천 년에 한 번 열매를 맺는다 ┃忽(홀) : 갑자기, 홀연히 ┃吹(취) : 불다 ┃零落(영락) : 시들어 떨어짐. 보잘것없는 신세가 됨 ┃隨(수) : 따르다 ┃飛埃(비애) : 날리는 먼지 ┃娟娟(연연) : 매우 아름다운 모양 ┃三五夜(삼오야) : 보름날 밤 ┃滄海(창해) : 푸른 바다 ┃墮(타) : 떨어지다 ┃作(작) : 되다 ┃塵(진) : 먼지, 티끌

우리말 해석

서왕모가 천상의 복숭아를 심어, 천 년 만에 꽃이 한 번 피었는데
꽃 피자 홀연히 바람 불어와, 어지럽게 시들어 먼지 따라 흩날리네
아름답고 아름다운 보름날 밤, 푸른 바다 위로 밝은 달 뜨는데
달은 떠서 하늘에 오르지 못하고, 떨어져 티끌 속에 묻혔네

조선 말기 이건창(1852~1898)이 지은 「위마행」의 한 구절이다. 중종반정을 배경으로 지은 5언 138구, 680자의 장편 서사시인데, 시적 화자는 중종의 아내였던 폐비 신씨이다.

중종반정은 연산군 12년(1506) 9월 1일 성희안(成希顔), 박원종(朴元宗) 등 훈구 세력이 당시 연산군의 측근 임사홍(任士洪), 신수근(愼守勤) 등을 제거하고 연산군을 폐위시킨 사건이다. 반정 세력은 진성대군을 추대하여 왕으로 세웠는데, 바로 조선의 11대 왕 중종이다. 진성대군은 사전에 아무런 언질을 받지 못했기 때문에 군사들이 자신의 집에 들어와 마당에서 대기하자 크게 두려워했다. 감히 나오지도 못하고 방에서 아내와 숨죽이고 있었다. 그런데 신씨가 남편을 위로하며 "말의 머리가 집을 향하고 있으면 우리를 해치러 온 것이고, 바깥을 향하고 있으면 우리를 호위하는 것입니다. 그런데 바깥을 향하고 있습니다."라고 말했다. 아내 신씨는 담력과 지혜가 좋았던 여성이었다.

중종의 즉위 후, 반정 세력들은 신씨의 폐위를 주장했다. 역적 신수근의 딸이었기 때문이다. 중종은 폐위를 막지 못했고 결국 7일 만에 신씨는 궁에서 쫓겨났다. 신씨는 13세에 결혼하여 21세에 독수공방 신세가 되었다. 59세에 중종의 부음을 들었고 본인은 71세에 죽었다. 영조 때에 복위되어 단경왕후의 칭호를 받았다.

「위마행」의 위마(餵馬)는 말에게 먹이를 먹인다는 뜻이다. 중종은 행차를 하기 전에 자신의 말을 신씨의 사가에 보내 돌보도록 했다. 그래서 이 시는 신씨가 말에게 죽을 먹이면서 군왕께서는 잘 계시냐고 물어보는 말로 시작한다. 본문의 구절은 자신이 왕비가 되었다가 7일 만에 폐위된 일의 문학적 비유이다. 천 년 만에 겨우 꽃이 피었는데, 갑자기 바람이 불어와 다 떨어져버린 것이다. 보름날 바다에 떠오른 달도 하늘에 오르지 못하고 떨어졌다. 자신의 인생도 그랬다. 생사의 기로에서 마음 졸이다가 어느 날 국모(國母)가 되었다. 천 년 만에 꽃이 핀 것이다. 그런데 기쁨도 잠시 아버지는 살해되고 친정은 쑥대밭이 되었다. 아버지를 죽인 사람들이 자신도 내쫓았다. 먼지 따라 흩날리는 티끌 같은 신세가 된 것이다. 신씨는 자식이 없었으며 죽을 때까지 혼자 살았다. 날씨가 좋은 날이면 인왕산에 올라가 큰 바위에 자신의 분홍 치마를 펼쳐두었다. 경복궁에서 보이는 바위다. 중종 역시 자주 인왕산을 바라보며 신씨를 그리워했다고 한다. 이후 두 사람이 다시 만났다는 기록은 없다. 지금 이 바위를 인왕산 치마바위라고 부른다.

2. 문법 해설

1 天帝憐其獨處(천제련기독처) 천제는 그녀가 홀로 사는 것을 가엾게 여겼다.

處(처할 처)

① 처하다, 위치하다
> ▶ 處江湖之遠, 則憂其君(처강호지원 즉우기군) 강호의 먼 곳에 처하면 그 임금을 걱정한다. (「악양루기 岳陽樓記」)

② 장소, 곳
> ▶ 恩義廣施, 人生何處不相逢(은의광시 인생하처불상봉) 은혜와 도의를 널리 베풀라. 사람이 살아가면서 어느 곳에서 만나지 않겠는가? (『명심보감 明心寶鑑』)

2 責令歸河東(책령귀하동) 꾸짖으며 은하수 동쪽으로 돌아가라고 명했다.

令(하여금 령)

① ~에게 ~시키다. 사역의 용법으로 '令+대상+행위'의 어순으로 구성된다. 비슷한 용법으로 使(하여금 사), 敎(하여금 교)가 있다.
> ▶ 令賊知也(영적지야) 도적에게 알게 하다. (「대철추전 大鐵椎傳」)

② 명령
> ▶ 其身正, 不令而行(기신정 불령이행) 그 자신이 바르면 명령하지 않아도 행해진다.
> (『논어 論語』)

3 王然之開見 (왕연지개견) 왕이 그 말을 옳다고 여기고 열어 보았다.

然 (그럴 연)

① 그렇다

▶ 文人相輕, 自古而然 (문인상경 자고이연) 문인들이 서로 경시하는 것은 예로부터 그러했다. (『전론 典論』)

② 맞다, 옳다, 옳다고 여기다

▶ 心之所同然者, 何也 (심지소동연자 하야) 마음이 함께 옳다고 여기는 바는 무엇인가? (『맹자 孟子』)

4 乃內殿焚修僧 (내내전분수승) 알고 보니 내전의 분수승이었다.

乃 (이에 내)

① 바로 ~이다

▶ 此乃常山趙子龍也 (차내상산조자룡야) 이 사람이 바로 상산 조자룡입니다. (『삼국연의 三國演義』)

② 이에, 그래서

▶ 臣乃今日請處囊中耳 (신내금일청처낭중이) 신은 이에 오늘 주머니 속에 있게 해달라고 청할 뿐입니다. (『사기 史記』)

③ (2인칭 대명사) 너, 자네

▶ 家祭無忘告乃翁 (가제무망고내옹) 집안 제사에 잊지 말고 너의 아비에게 알려다오. (「시아 示兒」)

5 以辟惡 (이벽악) (그렇게 하여) 악귀를 물리치다

辟(피할 피, 임금 벽, 비유할 비, 그칠 미)

'피하다, 비유하다, 열다, 치우치다, 물리치다' 등 다양한 의미를 갖고 있는데 후에 '피하다'는 避(피할 피)로, '비유하다'는 譬(비유할 비)로, '열다'는 闢(열 벽)으로, '치우치다'는 僻(편벽될 벽)으로 파생되었다. 그래서 辟는 避(피), 譬(비), 闢(벽), 僻(벽)과 모두 이체자이다. 여기서는 '물리치다'의 뜻으로 사용되어 악귀를 물리치다로 해석된다.

▶ 國人門帖處容之形, 以僻邪進慶(국인문첩처용지형 이벽사진경) 온 나라 사람들이 처용의 형상을 문에 붙여 사악한 기운을 물리치고 기쁜 일을 맞이했다. (『삼국유사 三國遺事』)

6 零落隨飛埃(영락수비애) 어지럽게 시들어 먼지 따라 흩날리네.

零落(떨어질 령, 떨어질 락)

원래는 초목이 시들어 떨어지는 것을 가리키는 말로 "草木零落(초목영락)"이라는 구절이 『예기』에 나온다. 후에 의미가 확장되어 신세(또는 세력)가 몰락하여 보잘것없어진다는 뜻으로 사용된다.

▶ 功名未遂, 家事日漸零落(공명미수 가사일점영락) 공명은 이루지 못했건만 가세는 날로 쇠락해졌다. (『성세항언 醒世恒言』)

7 娟娟三五夜 (연연삼오야) 아름답고 아름다운 보름날 밤.

三五夜(석 삼, 다섯 오, 밤 야)

숫자 3과 5는 곱하여 15가 되므로 한문에서 숫자 15를 자주 三五(삼오)로 표현했다. 그래서 三五夜(삼오야)는 15일 밤, 즉 보름날 밤이다. 비슷한 용법으로 꽃다운 나이를 二八靑春(이팔청춘)이라 말하는 것도 숫자 16을 二八(이팔)로 표현한 것이다.

▶ 年始三五間(연시삼오간) 나이 비로소 열다섯 될 무렵 (「잡시 雜詩」)

3. 명언명구

桑田碧海
상 전 벽 해

뽕나무밭이 푸른 바다가 되다.

당나라 시인 노조린(盧照隣)의 시 「장안고의(長安古意)」에 나오는 말로 오랜 세월이 흘러 세상의 변화가 큼을 말한다. 비슷한 말로 격세지감(隔世之感)이 있다. 뽕나무는 누에를 쳐 실을 뽑는 일에 쓰이므로, 뽕나무를 기르는 일은 국가에서 장려하는 사업이었고 뽕나무밭은 많은 사람이 북적이는 대규모의 사업장이었다. 그래서 특히 뽕나무밭을 말한 것이다. 시 「장안고의」의 장안은 당나라의 수도였던 곳으로 지금의 지명은 섬서성 서안(西安)이다. 오래전 번화하고 화려하던 장안의 모습을 회고하며 세월의 무상함을 느끼는 내용이다.

• 桑(뽕나무 상) ▎田(밭 전) ▎碧(푸를 벽) ▎海(바다 해)

割股充君腹
할 고 충 군 복

허벅지 살을 베어
군주의 배를 채우다.

춘추 시대 진(晉)나라의 중이(重耳)가 19년 동안 망명 생활을 할 때 식량이 떨어지자 개자추(介子推)가 허벅지 살을 베어 중이의 허기를 채워주었다. 훗날 중이는 귀국하고 즉위하여 문공(文公)이 되었다. 문공은 논공행상을 시행하며 개자추를 깜빡 잊어버렸는데 개자추는 섭섭한 마음에 산에 들어가 나오지 않았다. 여러 번 사람을 보내 불렀지만 고집을 꺾지 않았다. 문공은 개자추를 나오게 하려고 불을 질렀는데 개자추는 끝내 나오지 않고 불에 타 죽었다. 이 고사가 한식(寒食)의 기원이 되었다. 한식에는 불을 쓰지 않고 차가운 음식을 먹는 풍속이 있다.

• 割(나눌 할) ▎股(넓적다리 고) ▎充(채울 충) ▎君(임금 군) ▎腹(배 복)

人有悲歡離合,
인 유 비 환 이 합
月有陰晴圓缺
월 유 음 청 원 결

인생에는 슬픔과 기쁨,
이별과 만남이 있고,
달에는 흐림과 맑음,
참과 기울어짐이 있네.

소식의 사 「수조가두(水調歌頭) · 명월기시유(明月幾時有)」에서 나온 구절로 술을 마시며 달을 보다가 만남과 이별이 반복되는 인생의 애환을 느끼는 내용이다. 서문에는 "병진년 중추(中秋)에 새벽까지 즐겁게 마시다가 크게 취해 이 글을 쓰며 자유(子由)를 그리워한다."라고 쓰여 있다. 중추절은 추석이니 소식이 바라본 달은 일 년 중 가장 크고 둥근 보름달이었다. 그가 그리워한 자유는 몹시 사랑했던 아우 소철이다. 헤어진 아우를 생각하며 달을 보니 초승달과 보름달이 바뀌는 이치가 인생의 만남과 헤어짐을 닮았다고 생각한 것이다.

• 人(사람 인) | 有(있을 유) | 悲(슬플 비) | 歡(즐거울 환)
離(헤어질 리) | 合(합할 합) | 月(달 월) | 陰(그늘 음) | 晴(맑을 청)
圓(둥글 원) | 缺(이지러질 결)

冬扇夏爐
동 선 하 로

겨울의 부채와 여름의 화로.

제철이 지나 쓰임이 없어진 사물을 말한다. 사랑을 잃고 버림받은 여인의 비유로도 사용된다. 한나라 때 후궁인 반첩여(班婕妤)는 「원가행(怨歌行)」이라는 시에서 비단으로 예쁜 부채를 만들었는데 가을이 되어 버려질까 두렵다는 말로 자신의 처지를 원망했다.

•冬(겨울 동) | 扇(부채 선) | 夏(여름 하) | 爐(화로 로)

每逢佳節倍思親
매 봉 가 절 배 사 친

매번 명절을 맞을 때면
친지들 생각 더하네.

당나라 시인 왕유(王維)의 「구월구일억산동형제(九月九日憶山東兄弟)」의 한 구절이다. 음양론에서는 홀수가 양(陽)에 속하기 때문에 구월 구일은 양기가 가장 충만한 날이다. 양기가 거듭된다는 의미로 중양절(重陽節)이라 부른다. 중양절에는 친척들이 모두 모여 높은 곳에 오르는데 이 풍속을 등고(登高)라 했다. 이 시를 쓸 때 왕유는 객지의 나그네 신세였는데 중양절을 앞두고 고향의 친지와 형제들을 그리워하는 마음을 시에 담았다. 倍(배)는 곱절이 된다는 의미다. 이 글자를 씀으로써 평소에도 그립지만 명절에는 더 그립다는 의미가 표현되었다.

• 每(매양 매) | 逢(만날 봉) | 佳(아름다울 가) | 節(마디 절) | 倍(곱 배)
  思(생각 사) | 親(친할 친)

清明時節雨紛紛
청 명 시 절 우 분 분

청명 시절 비는 분분히 내리고

당나라 시인 두목(杜牧)의 「청명(清明)」의 한 구절이다. 청명은 춘분과 곡우 사이의 절기로 대략 양력 4월 5일 또는 6일이다. 한식과 같거나 비슷한 날짜이기 때문에 "한식에 죽으나 청명에 죽으나"라는 속담도 있다. 본격적으로 농사일을 시작하는 날이기도 하고 조상의 산소에 성묘하는 날이기도 하다. 두목의 시는 보슬비 내리는 청명절, 나그네가 주가(酒家)를 찾는데 목동이 아스라이 살구꽃 활짝 핀 마을을 가리키더라는 내용이다.

• 清(맑을 청) | 明(밝을 명) | 時(때 시) | 節(마디 절) | 雨(비 우)
  紛(어지러울 분)

春來不似春
춘 래 불 사 춘

봄이 와도 봄 같지 않네.

당나라 문인 동방규(東方虯)의 시 「소군원(昭君怨)」의 한 구절로 봄이 왔지만 상황이 암울하여 봄을 느끼지 못한다는 의미로 사용된다. 제목은 왕소군의 원망이라는 뜻이다. 왕소군은 한나라 때 황실의 후궁이었으나 흉노와의 화친을 위해 흉노의 선우에게 시집간 여성이다. 동방규는 왕소군의 불우한 인생과 우울한 심경을 시로 썼다. 왕소군이 흉노의 황량한 땅에 도착하여 봄을 맞는 마음을 "오랑캐 땅에는 화초가 없어 봄이 와도 봄 같지 않네(胡地無花草, 春來不似春. 호지무화초 춘래불사춘)."라고 노래했다.

• 春(봄 춘) | 來(올 래) | 不(아닐 불) | 似(닮을 사) | 春(봄 춘)

履霜堅氷至
이 상 견 빙 지

서리를 밟으면
곧 두꺼운 얼음이 얼 때가 온다.

『주역』에 나오는 말로 시련이 오기 전에 전조가 있음을 말한다. 맹혹한 추위는 한번에 오지 않는다. 서늘한 가을이 지나야 하고, 서리가 내리는 초겨울이 지나야 한다. 인생과 사회의 이치도 마찬가지다. 「문언전(文言傳)」에서는 이 구절을 "신하가 군주를 죽이고 자식이 아비를 죽이는 일은 하루아침, 하룻저녁에 생기지 않았다. 점차 쌓인 것이다."라고 해설했다. 엄중한 위기가 닥치기 전에는 반드시 미세한 조짐이 있다. 일의 진행 과정을 잘 살펴 위험을 경계해야 한다는 의미이다.

• 履(밟을 리) | 霜(서리 상) | 堅(굳을 견) | 氷(얼음 빙) | 至(이를 지)

4. 명문 감상

 굴원의 어부사

굴원은 추방된 후 강을 따라 노닐며 물가에서 노래를 읊조렸다. 안색은 초췌하고 수척한 모습이었다. 어부가 그를 보고 "그대는 삼려대부 아니십니까? 어떻게 여기까지 오셨습니까?"라고 물었다. 굴원이 대답했다. "세상이 모두 혼탁한데 나만 맑습니다. 모든 사람들이 취했는데 나만 깨어 있습니다. 그래서 추방당했습니다." 어부가 말했다. "성인은 세상일에 꽉 막혀 있지 않고 세상과 더불어 앞으로 나아간다고 합니다. 세상 사람들이 모두 혼탁하다면 왜 그 진흙을 같이 휘저으며 흙탕물을 튀기지 않습니까? 세상 사람들이 모두 취했다면 왜 그 술지게미를 배부르게 얻어먹고 박주(薄酒)를 함께 마시지 않습니까? 무슨 이유로 깊은 생각에 빠져 혼자 고고하게 행동하다가 스스로 추방을 자초했습니까?" 굴원이 말했다. "내가 듣기로, 막 머리를 감은 사람은 반드시 모자를 털고 막 몸을 씻은 사람은 옷을 턴다고 합니다. 어떻게 깨끗한 몸으로 더러운 것들을 받아들일 수 있겠습니까? 차라리 상(湘)강의 물에 뛰어들어 물고기의 배 속에서 장례를 치를지언정 어찌 고결한 내 몸에 세속의 티끌을 뒤집어쓰겠습니까?" 어부는 빙긋이 웃으며 노를 저어 떠나가며 노래 부르길, "창랑의 물이 맑으면 내 갓끈을 씻고, 창랑의 물이 흐리면 내 발을 씻지." 떠나가 다시는 더불어 말하지 않았다.

屈原旣放, 游於江潭, 行吟澤畔, 顔色憔悴, 形容枯槁. 漁父見而問之曰, "子非三閭大夫與. 何故至於斯?" 屈原曰, "擧世皆濁, 我獨淸. 衆人皆醉, 我獨醒. 是以見放." 漁父曰, "聖人不凝滯於物, 而能與世推移. 世人皆濁, 何不淈其泥而揚其波? 衆人皆醉, 何

不飽其糟而歠其醨? 何故深思高擧, 自令放爲?" 屈原曰, "吾聞之, 新沐者必彈冠, 新浴者必振衣. 安能以身之察察, 受物之汶汶者乎? 寧赴湘流, 葬於江魚之腹中. 安能以皓皓之白, 而蒙世俗之塵埃乎?" 漁父莞爾而笑, 鼓枻而去. 乃歌曰, "滄浪之水淸兮, 可以濯吾纓. 滄浪之水濁兮, 可以濯吾足." 遂去不復與言. (『초사 楚辭 · 어부사 漁父辭』)

굴원(屈原, B.C. 340경~B.C. 278)은 전국 시대 초나라의 정치가이자 문인이다. 충신의 대명사이며 초사(楚辭)라는 문학 장르를 개척한 시인으로 중국 문학사에서 중요한 위치를 차지하고 있다. 초나라는 양자강 이남 지역이다. 북방 황하 유역의 문화를 대표하는 문학이 『시경』이라면 남방 양자강 유역의 문화를 대표하는 문학은 『초사』다. 초사는 책의 이름이자 문학 장르의 이름이기도 하다. 위의 작품도 초사에 해당한다. 굴원이 지었다고 알려졌지만 대체로 후인의 위작(僞作)으로 본다.

이 글의 배경은 조정에서 좌천된 굴원이 강가를 노닐다 그를 알아본 어부와 대화하는 상황이다. 『사기』에 따르면 굴원은 20대에 좌도(左徒)가 되어 왕명으로 법령을 제정했다. 젊은 나이에 회왕의 신임을 받아 요직에 올랐고 능력을 마음껏 발휘했다. 굴원이 좌천된 이유는 그를 시기한 사람들의 질투와 참소도 있었지만 당시의 국제 정세와도 관련이 있다. 당시는 진(秦), 초(楚), 제(齊) 삼국이 가장 강대국이었고, 그중에서도 진나라가 가장 강력했다. 초나라는 진나라와 대적하며 제나라와는 동맹하는 전략을 취했다. 연, 한, 위, 진과 같은 약소국과도 동맹했다. 남북 방향의 동맹이라 이를 합종이라고 부른다. 굴원은 제나라를 자주 방문하며 합종을 이끌었기 때문에 반진(反秦)파였다. 초 회왕이 반진 전략을 추구하며 굴원을 중용하자, 자란(子蘭, 회왕의 아들)을 비롯한 귀족 집단은 위기의식을 느껴 친진(親秦)파를 형성하여 굴원과 대립했다.

외교에는 영원한 친구도 영원한 원수도 없는 법이니 양 진영의 주장을 적절히 취하면 좋았겠지만 문제는 회왕이 그다지 냉철한 판단력의 지도자가 아니라는 점이었다. 합종 전략을 깨기 위한 진나라의 전략은 연횡이었고 연횡을 추진한 인물은 진나라의 재상 장의(張儀)였다. 회왕은 장의의 외교술에 시종일관 끌려다녔다. 제나라와 동맹을 끊었고, 진나라와 전쟁을 치러 크게 패했으며 겨우 사로잡은 장의를 풀어주기도 했다. 이 과정에서 외교 정책은 반진과 친진을 수시로 오갔고 굴원도 등용과 좌천을 반복했다. 조정의 친진파들은 권력을 잃지 않기 위해 계속 회왕을 흔들었다. 결국 회왕은 진나라의 회담 제안에 응하여 진나라로 갔다가 사망했다. 그리고 초나라는 진나라의 공격을 받아 멸망했다.

국내외 정세가 이렇게 아슬아슬하고 혼란스러운 상황에서 굴원은 어떻게 처신해야 했을까? 굴원과 어부의 대화는 대립적인 두 가지의 인생관을 보여준다. 어부가 실제 인물인지는 모르겠다. 굴원을 알아보고, 또 삼려대부라는 직명까지 알고 있는 것을 보면 평범한 인물은 아니었을 것이다. 나라에서 큰일을 해야 할 사람이 왜 여기에 있는 거냐고 책망을 던지며 대화를 시작했다. 굴원의 입장은 분명하다. 세상이 부조리하고 부정부패한 세력이 권력을 장악했다. 정의로운 세력은 자기 혼자였다. 불의와 싸워 졌기 때문에 배척당했다는 것이다. 어부는 일견 타협주의자처럼 보인다. 세상이 혼탁하면 함께 혼탁해지고 세상이 취했으면 함께 취하면 된다고 했다. 세상살이 원래 그런 거니, 형님 동생하며 서로 어울리며 사는 거라고. 모난 돌이 정 맞는다는 말도 있으니 혼자 고고한 척하며 맞서지 말라고.

굴원은 대답했다. "막 머리를 감은 사람은 반드시 모자를 털고, 막 몸을 씻은 사람은 옷을 턴다고 합니다." 누가 새로 씻은 몸에 더러움을 묻히고 싶어 하는가. 막 씻어 깨끗한 사람은 모자를 쓰고 옷을 입기 전에 반드시 먼지를 턴다. 뛰어난 비유다. 차라리 죽음을 택할지라도 부정한 세력과는 타협할 수 없다고 했다. 굴원은 바위처럼 강직하고 칼날같이 엄격한 인생의 원칙이 있다. 어부가 떠나며 부르는 노래도 문학적인 운치가 있다. 창랑의 물이 맑으면 갓끈을 씻고 창랑의 물이 더러우면 발을 씻으라고 했다. 세상이 정의로우면 그때 정의롭게 살고, 부조리한 세상이면 또 그런대로 거기에 맞춰서 살라는 말이다. 어부의 말은 인생에 달관한 은자(隱者)의 처세술처럼 느껴진다. 어쩌면 어부는 더 높은 경지의 인생관을 요구했을 수도 있다. 정치란 원래 나와 다른 사람들과 함께 하는 것이니 흠이 많은 사람도 포용해야 하는 것 아니냐고. 세상을 바꾸려면 더럽고 비겁하고 불의한 모든 세력과도 손을 잡을 수 있어야 한다고 말이다.

동한의 최식(崔寔)은 「정론(政論)」을 쓰며 '여세추이(與世推移)'라는 말을 사용했다. 어부가 굴원에게 했던 말을 인용한 것이다. "세상일에 꽉 막혀 있지 않고 세상과 더불어 앞으로 나아간다."라는 뜻이니 항상 세상의 흐름과 함께해야지, 혼자 등 돌려서는 안 된다는 충고의 말이다. 최식도 이 말을 긍정적으로 사용했다. 현실을 파악하지 못하고 혼자 고민만 하는 사람은 나라를 그르친다. 시대의 변화가 빠르고 세상의 현실도 복잡하므로 시대의 흐름에 융통성 있게 대처해야 한다는 것이다.

한편, 『맹자』에도 어부의 "창랑의 물이 맑으면 내 갓끈을 씻고, 창랑의 물이 흐리면 내 발을 씻는다."의 구절이 등장한다. 맹자와 굴원은 동시대 사람이니 아마도 이 구절은 당시에 유행하는 노래였던 것 같다. 맹자는 전혀 새로운 시각으로 이 구절을 사용했다. 맹자는 "자기 자신이 자초한 것이다(自取之也 자취지야)."라고 말했는데 물의 입장에서 말한 것이다. 어떤 이는 내게 와서 갓끈을 씻고 어떤 이는 내게 와서 발을 씻는다. 이는 나 자신의 맑고 더러움 때문이다. 스스로 맑음을 유지하면 맑은 대접을 받을 것이고, 더러우면 더러운 대접을 받는다. 맹자의 말은 다음과 같이 이어진다. "사람은 반드시 스스로 모욕한 후에 다른 사람이 모욕한다. 집안도 반드시 스스로 망친 후에 다른 사람이 망친다. 나라도 반드시 스스로 정벌한 후에 다른 사람들이 정벌한다." 타인이 나를 대하는 태도는 나에게 달렸으니 스스로를 돌아보고 늘 엄격하게 단속하라는 의미이다.

본문에 "강물에 뛰어들어 물고기의 배 속에서 장례를 치른다."라는 말이 나온다. 굴원은 실제로 초나라의 패망 소식을 듣고 멱라강(汨羅江)에 투신하여 죽었다. 그가 충정의 화신이 된 이유다. 현대 중국에서는 이날을 음력 5월 5일 단오절의 유래로 여긴다. 단오 풍습인 찹쌀로 만든 떡(쫑즈, 粽子), 용선(龍船) 경주 등도 굴원의 넋을 기리는 풍습이다. 한국에는 강릉의 단오제가 있어 2005년 유네스코 무형문화유산으로 지정되었다. 이에 대한 중국의 항의로 몇 년간 논란이 있었으나 2009년 중국의 단오절도 함께 지정되면서 일단락된 바 있다.

제8장

학문과 지식

큰 학문의 도

大學之道, 在明明德, 在親民, 在止於至善.
대 학 지 도　　재 명 명 덕　　재 친 민　　재 지 어 지 선

『大學』
대 학

어휘 풀이

| 大學(대학) : 큰 학문 | 在(재) : ~에 있다 | 明(명) : 밝다, 밝히다 | 明德(명덕) : 밝은 덕 | 親(친) : 친하다, 가깝다 | 止(지) : 그치다, 머무르다 | 至善(지선) : 지극한 선

우리말 해석

　큰 학문의 도는 밝은 덕을 밝히는 데에 있고 백성과 하나됨에 있고 지극한 선에 그치는 데에 있다.

『논어』,『맹자』,『대학』,『중용』이 네 권의 책을 사서(四書)라고 부른다.『시경』,『서경』,『역경』의 삼경(三經)과 함께 사서삼경이라 한다. 유교의 경전이자 동아시아 학술사의 대표적인 문헌이다.『논어』,『맹자』는 춘추전국 시대 공자, 맹자의 언행록이고『대학』,『중용』은『예기(禮記)』의 편장이 독립되어 책이 된 것이다. 남송의 주희(朱熹, 1130~1200)가『대학』의 내용을 정리하고 주석을 붙여『대학장구』라는 단행본으로 개정했다. 송대 이후『대학』을 비롯한 사서는 과거를 위한 필독서가 되어 널리 읽혔다. 조선에서도 마찬가지였다.

본문의 내용은『대학』의 첫 구절이다. 그냥 학문이 아니라 대학이다. 세계와 인생의 참된 이치를 밝히는 큰 학문이라는 말이다. 그 큰 학문의 핵심적인 목적을 설명하면서『대학』이 시작된다. ① 밝은 덕을 밝히는 것, ② 백성과 하나되는 것, ③ 지극한 선에 그치는 것. 이 세 가지다. 덕(德)은 사람이 천부적으로 지니는 마음의 품성이다. 여기서 명덕(明德)이라고 한 것은 인간의 덕이 원래는 밝았는데 점점 어두워졌기 때문이다. 그래서 다시 밝게 해야 한다. 이것이 학문을 하는 첫 번째 목표다. ②의 親民(친할 친, 백성 민)은 크게 두 가지 해석으로 나뉜다. 주희는 新民(신민)으로 고쳐 풀면서 '백성을 새롭게 하는 것'이라고 해석했고, 왕양명(王陽明)은 그대로 親民(친민)으로 써야 한다고 주장하며 '백성과 친해지는 것, 백성과 하나가 되는 것'으로 해석했다. 주자학과 양명학의 차이다. 주희의 해석은 정치적인 적극성이 강조되었다. 백성을 계도하고 교화시킨다는 것이다. 왕양명은 주희의 학설이 사대부를 백성보다 우월한 존재로 본다고 비판했다. 백성과 친근해지고 하나된다는 왕양명의 학설은 사대부와 백성을 동등하고 수평적인 관계로 보고 있다. ③의 至善(지선, 지극한 선)은 ①과 ②를 통해 완성되는 이상적인 경지를 말한다. 명명덕은 자기 수양의 측면이고, 친민은 사회적 실천의 측면이다. 자기 수양과 사회적 실천을 통해 이상적인 세상에 도달하는 것, 이것이 학문을 하는 궁극적 목표라는 것이다. 그런데 至善(지선)에 도달하는 동사를 왜 及(미칠 급)이나 至(이를 지)로 쓰지 않고 止(그칠 지)로 썼을까? 주희는 그 이유가 "그곳에 그쳐 다시는 옮기지 않기 때문"이라고 해석했다. 이 세 가지 내용을 삼강령(三綱領)이라 한다.

뒷부분에는 격물(格物, 사물에 이르는 것), 치지(致知, 지혜를 이루는 것), 성의(誠意, 뜻을 정성스럽게 하는 것), 정심(正心, 마음을 바르게 하는 것), 수신(修身, 몸을 닦는 것), 제가(齊家, 집안을 바르게 하는 것), 치국(治國, 나라를 다스리는 것), 평천하(平天下, 천하를 평안하게 하는 것)의 여덟 가지 내용이 이어진다. 이를『대학』의 팔조목(八條目)이라 한다. 삼강령과 팔조목이 큰 학문의 궁극적 지향점인 것이다.

소년은 늙기 쉽고

少年易老學難成, 一寸光陰不可輕.
소 년 이 로 학 난 성　　일 촌 광 음 불 가 경

未覺池塘春草夢, 階前梧葉已秋聲.
미 각 지 당 춘 초 몽　　계 전 오 엽 이 추 성

「偶成」
우 성

어휘 풀이

▎一寸光陰(일촌광음) : 한 마디의 짧은 시간. 光陰은 빛과 그림자, 곧 시간의 비유이다 ▎輕(경) :
가볍다, 가볍게 여기다 ▎覺(미각) : 깨닫다, (잠에서) 깨다 ▎池塘(지당) : 연못 ▎階前(계전) : 계단 앞
▎梧葉(오엽) : 오동잎 ▎已(이) : 이미

우리말 해석

소년은 늙기 쉽고 배움은 이루기 어려우니, 한 마디의 짧은 시간도 가벼이 여기지 말라.
연못의 풀은 아직 봄잠에서 깨지 못했는데, 계단 앞 오동잎은 이미 가을 소리를 낸다.

남송의 대학자 주희(朱熹, 1130~1200)가 쓴 권학시(勸學詩)이다. 학문을 권면한다는 뜻인데 제목의 우성(偶成)은 손 가는 대로 쓴다는 말이다. 근엄한 성리학자의 교훈적인 시지만 비유가 산뜻하고 문학적이다. 봄풀의 꿈(春草夢 춘초몽)이란 비유가 좋다. 청춘의 아지랑이 같은 미망(迷妄)의 느낌을 준다. 젊었을 땐 경험하는 모든 일이 새롭고 꿈속 같으니.

주희는 성리학을 집대성한 학자로 주자라 불린다. 유학은 현실 사회의 가치관을 제시하는 학문이기 때문에 노장 사상이나 불교에 비해 형이상학적인 철학성이 부족했다. 주희는 이에 대한 대안으로 우주론, 성품론 등에 천착하여 태극(太極), 이기(理氣) 등의 개념을 제시하며 유학을 정비했다. 그래서 주희의 유학을 신유학, 성리학이라고도 한다. 성리학은 고려 말 우리나라에 수입되어 조선의 건국 이념이 되었다. 조선에서 주희의 학문은 공맹과 더불어 학문의 절대적인 표준이 되었다.

한시는 정형시이기 때문에 일단 형식이 맞아야 한다. 이 시는 칠언절구이다. 한 구가 5글자면 5언이라 하고, 7글자면 7언이라 한다. 한 구씩 기-승-전-결이 전개되어 총 4구면 절구(絶句)라 하고, 두 구씩 전개되어 총 8구면 율시(律詩)라 한다. 절구와 율시는 격률의 까다로운 규칙이 있다. 이런 형식은 당나라 때 완성되었다. 그래서 4행, 8행이라도 당나라 이전의 시는 절구, 율시라고 부르지 않는다. 규칙은 또 있다. 압운(押韻)을 해야 한다. 이 시에서는 成(성), 輕(경), 聲(성)의 3글자로 운을 맞췄는데 모두 [-ㅓㅇ] 계열이다. 압운은 이 시처럼 제1구, 제2구, 제4구의 마지막 글자를 맞추기도 하고 제2구, 제4구의 마지막 글자를 맞추기도 한다. 단어의 구조도 상대를 이뤄야 한다. 이를 대구(對句)라고 한다. 이 시는 池塘(지당)과 梧葉(오엽)이 대구를 이루었고, 春草夢(춘초몽)과 已秋聲(이추성)이 대구를 이루었다.

봄날의 풀과 가을의 낙엽으로 시간이 짧음을 비유했다. 청춘이여. 인생은 금세 노년이 찾아온다. 목표를 위해 부지런히 노력해야 한다. 주희에게는 오로지 학문이 인생의 전부였다. 찰나 같은 짧은 시간도 가볍게 여겨서는 안 된다. 연못가에는 아직도 봄에 핀 풀들이 피어 있다. 이 풀들은 지금 여전히 봄날인 줄 알고 봄잠에 빠져 있다. 하지만 그것은 풀들의 착각. 정원의 계단 앞에는 이미 오동나무 잎이 떨어져 굴러다니고 있다. 슬그렁 슬그렁, 가을의 소리를 내면서 말이다. 아, 곧 차가운 겨울이 오겠구나. 학문은 이루기 어렵다는 말이 무겁다. 주희 같은 대학자가 어렵다고 하니 더욱 그렇다.

높이 올라 손짓하면

吾嘗終日而思矣, 不如須臾之所學也. 吾嘗跂而望矣, 不如
오 상 종 일 이 사 의   불 여 수 유 지 소 학 야   오 상 기 이 망 의   불 여

登高之博見也. 登高而招, 臂非加長也, 而見者遠. 順風而
등 고 지 박 견 야   등 고 이 초   비 비 가 장 야   이 견 자 원   순 풍 이

呼, 聲非加疾也, 而聞者彰.
호   성 비 가 질 야   이 문 자 창

『荀子』
순 자

어휘 풀이

| 嘗(상) : 일찍이 ~한 적 있다 | 思(사) : 생각하다, 사색하다 | 不如(불여) : ~만 못하다 | 須臾
(수유) : 잠깐 사이 | 跂(기) : 발돋움하다 | 望(망) : 바라보다 | 登高(등고) : 높은 곳에 오르다 | 博見
(박견) : 널리 보다 | 招(초) : 손짓하여 부르다 | 臂(비) : 팔 | 加長(가장) : 길이를 더하다, 더 길어지
다 | 順風(순풍) : 바람을 타다 | 呼(호) : 부르다 | 聲(성) : 소리 | 加疾(가질) : 빠르기를 더하다, 더
빨라지다 | 彰(창) : 밝다, 분명하다

우리말 해석

　나는 일찍이 종일 생각만 한 적이 있는데 잠깐 공부한 것만 못했다. 나는 일찍이 발돋움하여
멀리 바라본 적이 있는데 높이 올라 멀리 본 것만 못했다. 높은 곳에 올라 손짓하면 팔이 더 길
어지는 건 아니지만 보는 사람들은 멀리서도 보인다. 바람 부는 방향대로 크게 부르면 소리가
더 빨라지는 건 아니지만 듣는 사람은 분명하게 들린다.

『순자』의 첫 번째 편장인 「권학(勸學)」편의 내용이다. 「권학」편의 주요 내용은 학문의 필요성과 방법에 대한 설명인데 학문에 대한 순자의 진지한 태도와 성실성이 담겨 있다. 학문에 대한 수많은 명언이 탄생한 명문이다. (제2장 '성선설과 성악설' 참고)

「권학」편은 "학문은 그만둘 수 없다. 푸른색은 쪽에서 나왔지만 쪽보다 푸르고 얼음은 물로 만들지만 물보다 차다(學不可以已, 靑出於藍而靑於藍, 氷水爲之而寒於水. 학불가이이 청출어람이청어람 빙수위지이한어수)."라는 말로 시작된다. 학문이 인생을 한 단계 위의 경지로 이끈다는 말이다.

본문의 내용은 사색과 배움을 나란히 놓고 이야기한다. 어떤 것이 중요한가? 공자는 "배우기만 하고 사색하지 않으면 허망하고 사색만 하고 배우지 않으면 위태롭다(學而不思則罔, 思而不學則殆. 학이불사즉망 사이불학즉태)."라고 했다. 두 가지를 겸해야 한다는 것이다. 사색과 배움은 모두 세상의 이치를 깨닫기 위한 방편이다. 순자는 오랫동안 사색하는 것보다 잠깐 배우는 것이 낫다고 했다. 사색은 혼자 하는 것이고 배움은 스승에게 받는 것이다. 물론 책도 스승이다. 깨우침이라는 목적에 도달하기 위해 배움이 더 효율적이라는 것이다. 이어지는 내용은 비유다. 낮은 곳에서 멀리 보려고 까치발을 드는 것보다 높은 곳에 오르는 것이 낫다. 훨씬 멀리 보이기 때문이다. 높은 곳에 올라 손짓을 하면 멀리 있는 사람도 그를 볼 수 있다. 왜 그런가? 높이 오른다고 팔이 길어지는 것은 아니다. 넓은 시야를 확보할 수 있기 때문이다. 바람이 부는 방향으로 소리를 지르면 멀리까지 소리가 전달된다. 왜 그런가? 소리가 빨라지는 것은 아니다. 바람이 소리를 전해주기 때문이다. 등고(登高)와 바람이 내 시야와 외침을 도와주는 것처럼 학문이 나를 도와 한층 높은 경지로, 완전한 인격체로 인도할 것이다.

「권학」편에는 이런 내용도 있다. 남방에 몽구(蒙鳩)라는 새가 있는데 깃털로 둥지를 지어 갈대에 매달아 놓는다. 바람이 불면 갈대가 쓰러져 알이 깨진다. 그럴 수밖에 없다. 또 쑥대는 힘없는 풀이지만 삼대밭 속에서 자라면 쓰러지지 않고 꼿꼿하게 자란다. 학문하는 환경의 중요성을 비유한 것이다. 작은 흙이 쌓이면 산이 되는데, 산이 되면 비바람이 생겨난다. 적은 물이 모이면 깊은 연못이 되는데, 연못이 되면 교룡과 용이 생겨난다. 학문의 성과를 비유한 것이다. 옥이 산에 있으면 온 산의 풀과 나무들이 윤택해지고 연못에 진주가 있으면 연못가의 언덕이 마르지 않는다. 학문의 파급 효과를 비유한 것이다.

「권학」편의 학문론은 학문하는 사람의 한결같고 진실한 태도를 강조한다. 순자는 성악론자이지만 학문이 인간을 변화시키고 이상적인 사회를 만들 수 있다고 믿었기 때문이다.

책은 옛사람의 찌꺼기

斲輪, 徐則甘而不固, 疾則苦而不入. 不徐不疾, 得之於手
착 륜　서 즉 감 이 불 고　질 즉 고 이 불 입　불 서 부 질　득 지 어 수

而應於心, 口不能言, 有數存焉於間. 臣不能以喩臣之子,
이 응 어 심　구 불 능 언　유 수 존 언 어 간　신 불 능 이 유 신 지 자

臣之子亦不能受之於臣, 是以行年七十老而斲輪.
신 지 자 역 불 능 수 지 어 신　시 이 행 년 칠 십 로 이 착 륜

『莊子』
장 자

어휘 풀이

┃斲輪(착륜): 수레바퀴를 깎다 ┃徐(서): 서서히, 느리게 ┃甘(감): 미끄럽고 부드럽다 ┃固(고):
견고하다 ┃疾(질): 빠르게 ┃苦(고): 빡빡하고 힘들다 ┃得之於手(득지어수): 손에 요령을 터득
하다 ┃應於心(응어심): 마음에 받아들이다 ┃有數(유수): 기술, 기예 ┃存焉於間(존언어간): 그
사이에 있다 ┃不能以(불능이): ~할 수 없다 ┃喩(유): 깨우치다, 깨우쳐주다 ┃受(수): 받다 ┃是
以(시이): 이런 까닭에 ┃行年(행년): 나이

우리말 해석

　수레바퀴를 깎을 때에 천천히 깎으면 부드럽게 들어가지만 견고하지 못하고, 빨리 깎으면 빡
빡하여 들어가지 않습니다. 느리지도 빠르지도 않게 하는 것은 손으로 터득하고 마음으로 받아
들이는 것이지, 입으로는 말할 수 없으니 기술은 그 사이에 있습니다. 신은 신의 자식에게도 말
로 설명할 수 없고 신의 자식 역시 신에게 그것을 전수받을 수 없습니다. 이런 까닭으로 나이 칠
십이 되도록 늙어서도 수레바퀴를 깎고 있습니다.

「천도(天道)」편에 나오는 이야기로 윤편(輪扁)이란 사람이 심오한 이치는 말로 전할 수 없다는 논리를 펴는 구절이다. 학문과 지식에 대한 장자의 부정적인 관점을 볼 수 있다. 윤편은 이름이 아니라 수레바퀴 만드는 기술자라는 뜻이다. 이 이야기는 「윤편착륜(輪扁斲輪)」이라는 제목으로 전한다.

제나라 환공이 책을 읽고 있는데 윤편이 물었다. "무엇을 읽고 계십니까?" 환공이 옛 성인들의 가르침이라고 답하자 윤편은 또 물었다. "그분들은 지금 살아 계십니까?" 이미 돌아가셨다고 답하자 윤편이 말했다. "그럼 지금 읽고 계신 책은 옛사람들의 찌꺼기군요." 환공이 터무니없는 소리라고 화내자 윤편이 수레바퀴 깎는 일로 예를 들면서 본문의 내용을 말했다.

徐(천천할 서), 甘(달 감), 疾(빠를 질), 苦(쓸 고) 네 글자의 쓰임이 난삽하여 여러 가지 해석이 있는데 가장 일반적인 내용을 따랐다. 수레바퀴를 만들 때, 바큇살을 꽂기 위해 구멍을 깎는 상황에 대한 설명이다. 구멍을 많이 깎으면 바큇살이 잘 들어가지만 헐렁헐렁하여 자꾸 빠지고, 반대로 너무 조금 깎아서 구멍이 작으면 잘 들어가지 않는다는 말이다. 그렇다면 어느 정도의 속도로 깎아야 하는지는 윤편만 알고 있다. 이는 몸이 익숙해져 감각으로 아는 것이지, 머리로 알고 이해하는 것이 아니다. 머리로 아는 것이 아니니 말로 전할 수 없고 글로 남길 수도 없다. 윤편이 그 비결을 자식에게 전수해주지 못하고 나이 칠십이 되도록 직접 바퀴를 깎는 이유이다.

장자는 이 비유를 통해 진리는 말로 전할 수 없다는 사실을 논했다. 환공이 보고 있는 책은 옛사람들의 말을 적은 것이다. 말을 중요하게 생각하는 것은 말이 사람의 생각과 느낌을 전하기 때문이다. 그런데 깊은 깨달음과 참된 이치는 말로 전달할 수 없으니 책에 적힌 내용을 절대적인 진리로 신뢰할 수 없다. 그저 옛사람이 남긴 찌꺼기인 것이다. 윤편의 이야기 앞에 "아는 사람은 말하지 않고 말하는 사람은 알지 못한다(知者不言, 言者不知. 지자불언 언자부지)."라는 구절이 나온다. 노자의 말을 인용한 것이다. 장자는 노자의 사상을 계승하여 언어와 지식의 한계를 지적했다. 학문을 중시하는 공자, 맹자의 사상과는 대립적이다.

장자는 또 「외물(外物)」편에서 이렇게 말했다. "통발의 용도는 물고기에 있으니 물고기를 잡으면 통발은 잊는다. 올가미의 용도는 토끼에 있으니 토끼를 잡으면 올가미는 잊는다. 말의 용도는 뜻에 있으니 뜻을 얻으면 말은 잊는다." 이른바 득의망언(得意忘言)론이다. 언어〔言〕보다 생각〔意〕이 중요하다. 언어는 생각을 전하는 도구일 뿐, 생각 그 자체는 아니다. 언어를 통해 생각을 얻었다면 빨리 언어를 잊어야 한다. 계속 언어에 집착한다면 생각을 훼손할 수 있기 때문이다.

진리와 깨달음이 중요한 것이지, 학문과 지식 그 자체에 머물러 있으면 안 된다는 의미이다. 그렇다면 노자와 장자는 언어와 학문을 완전히 쓸데없는 존재라고 생각했을까? 그렇지는 않을 것이다. 자신들의 사상도 글로 남아 전하고 있으니. 다만 언어의 전달 능력을 확신하지 못했기 때문에 직접 진술이 아닌 이야기 방식, 즉 비유나 상징, 또는 우화와 같은 화법을 사용하여 메시지의 전달력을 확장했다고 할 수 있다.

2. 문법 해설

1 少年易老學難成 (소년이로학난성) 소년은 늙기 쉽고 배움은 이루기 어렵다.

易 (쉬울 이, 바꿀 역)

① (이) 쉽다

▶ 功者難成而易敗, 時者難得而易失 (공자난성이이패 시자난득이이실) 공이라는 것은 이루긴 어려워도 무너지긴 쉽고, 때라는 것은 얻기는 어려워도 잃기는 쉽다. (『사기 史記』)

② (역) 바꾸다

▶ 以大易小 (이대역소) 큰 것으로 작은 것을 바꾸다. (『전국책 戰國策』)

2 一寸光陰不可輕 (일촌광음불가경) 한 마디의 짧은 시간도 가벼이 여기지 말라.

寸 (마디 촌)

고대에 길이를 재는 도량형 단위로 10촌을 1尺(척)이라 했다. 대략 손가락 한 마디 정도의 길이를 말하지만 구체적인 치수에 대해서는 정확한 기준이 없다. 일반적으로 지금의 3.3cm라고 한다.

▶ 長七尺五寸, 垂臂下膝 (장칠척오촌 수비하슬) 키가 칠 척 오 촌이고 팔을 내리면 무릎까지 닿는다. (『삼국지 三國志』)

光陰 (빛 광, 응달 음)

직역하면 빛과 어둠, 빛과 그림자인데, 의미가 확대되어 시간, 세월을 비유하는 말로 사용된다.

▶ 光陰可惜, 譬諸流水 (광음가석 비저유수) 시간이 아까운 것은 흐르는 물에 비유할 수 있다. (『안씨가훈 顔氏家訓』)

3 吾嘗終日而思矣 (오상종일이사의) 나는 일찍이 종일 생각만 한 적이 있다.

嘗(맛볼 상)

① 맛보다

▶ 父有疾飮藥, 子先嘗之(부유질음약 자선상지) 부모가 병이 나 약을 먹게 되면 자식이 먼저 맛을 봐야 한다. (『예기 禮記』)

② 일찍이 ~한 적 있다.

▶ 吾嘗三仕三見逐於君(오상삼사삼견축어군) 나는 일찍이 세 번 벼슬길에 나가 세 번 임금에게 쫓겨난 적이 있다. (『사기 史記』)

4 不如須臾之所學也 (불여수유지소학야) 잠깐 공부한 것만 못했다.

不如(아닐 불, 같을 여)

① A는 B만 못하다 (A 不如 B의 형식)

▶ 知之者不如好之者(지지자불여호지자) 아는 사람은 좋아하는 사람만 못하다.

　(『논어 論語』)

② 차라리 ~하는 것이 낫다 (不如~의 형식)

▶ 不如不遇傾城色(불여불우경성색) 차라리 경국지색의 미인을 만나지 않는 편이 좋았다.

　(「이부인 李夫人」)

須臾(모름지기 수, 잠깐 유)

잠깐의 짧은 시간을 가리킨다. 須臾之間(수유지간)이라고도 쓴다.

▶ 桑田碧海須臾改(상전벽해수유개) 뽕나무밭이 푸른 바다로 잠깐 사이에 바뀐다.

　(「장안고의 長安古意」)

5 有數存焉於間(유수존언어간) 기술은 그 사이에 있습니다.

數(셈 수, 자주 삭)

① (수) 세다, 셈, 수

▶ 遽數之, 不能終其物(거수지 불능종기물) 갑자기 세자면 그 사물을 끝까지 셀 수 없습니다. (『예기 禮記』)

② (수) 기예, 술수

▶ 今夫弈之爲數, 小數也(금부혁지위수 소수야) 지금 바둑의 기술이 보잘것없는 기술이다. (『맹자 孟子』)

③ (삭) 자주

▶ 多言數窮(다언삭궁) 말이 많으면 자주 궁지에 몰린다. (『노자 老子』)

6 是以行年七十老而斲輪(시이행년칠십로이착륜) 이런 까닭으로 나이 칠십이 되도록 늙어서도 수레바퀴를 깎고 있습니다.

是以(이 시, 써 이)

'이런 까닭에', '이런 이유로', '그래서'로 해석된다. 비슷한 용법에 故(고), 是故(시고), 以故(이고) 등이 있다.

▶ 是以君子遠庖廚(시이군자원포주) 이런 까닭에 군자는 푸줏간을 멀리합니다. (『맹자 孟子』)

3. 명언명구

刮目相待
괄 목 상 대

눈을 비비고 대한다.

『삼국지』에서 나온 말로 놀랄 만큼 크게 발전했음을 말한다. 오나라 장수 여몽은 대단한 맹장이었지만 학식이 부족하여 손권이 그에게 학문을 권면했다. 노숙이 후에 다시 보니 상당한 수준에 도달해 있어 깜짝 놀랐다. 여몽은 그에게 "사람은 삼일을 만나지 않으면 눈을 비비고 다시 봐야 하는 것(士別三日, 卽更刮目相待, 사별삼일 즉갱 괄목상대)."이라고 말했다.

• 刮(비빌 괄) | 目(눈 목) | 相(서로 상) | 待(기다릴 대, 대접할 대)

啐啄同時
줄 탁 동 시

(알이 부화될 때)
안과 밖에서 쪼는 것이
함께 이루어져야 한다.

줄(啐)은 알 속의 새가 쪼아대는 것을 말하고, 탁(啄)은 어미 새가 밖에서 쪼는 것을 말한다. 불교 선종에서 사용되는 말로 새가 알을 깨고 나올 때 안팎의 노력이 어우러져야 하듯 스승의 계도와 제자의 노력이 잘 맞아야 한다는 의미이다.

• 啐(맛볼 쵀, 쫄 줄) | 啄(쫄 탁) | 同(한가지 동) | 時(때 시)

讀書亡羊
독 서 망 양

책을 읽다 양을 잃어버리다.

『장자』에서 나온 말로 다른 일에 정신이 팔려 본연의 임무에 소홀한 것을 말한다. 『장자』에 목동이 독서에 몰두하다 양을 잃어버린 일화가 있다. 독서는 칭찬할 일이지만 가장 중요한 일을 그르쳤다는 점에서는 놀다가 양을 잃어버린 것과 같음을 비유했다.

• 讀(읽을 독) | 書(글 서) | 亡(잃을 망) | 羊(양 양)

知者不言,
지 자 불 언
言者不知
언 자 부 지

아는 자는 말하지 않고
말하는 자는 알지 못한다.

『노자』에 나오는 말로 인간의 언어와 인식이 갖고 있는
한계를 경계하는 말이다. 진정한 道(도)는 언어의 범위를
초월하기 때문에 얕은 지식으로 함부로 말하는 것은 언
제나 오류를 범한다는 것이다.

• 知(알 지) | 者(놈 자) | 不(아닐 불) | 言(말씀 언)

山不在高,
산 부 재 고
有仙則名
유 선 즉 명

산은 높음에 달려 있지 않으니
신선이 있으면 명산이 된다.

유우석의 「누실명(陋室銘)」에 나오는 말로 진정한 가치는
크고 화려한 외양에 있는 것이 아니라 내면과 본질에 있
음을 가리킨다. 누실(陋室)은 누추한 집을 말한다. 유우
석은 자신의 누추한 거처를 향기로운 덕으로 채우겠다는
생각으로 이 글을 썼다.

• 山(산 산) | 不(아닐 불) | 在(있을 재) | 高(높을 고)
有(있을 유) | 仙(신선 선) | 則(법칙 칙, 곧 즉) | 名(이름 명)

博文約禮
박 문 약 례

널리 글을 배우고
예로 단속하여 행동한다.

『논어』에 나오는 말로 박문(博文)은 학습을 뜻하고 약
례(約禮)는 실행을 뜻한다. 폭넓은 독서로 견문을 넓히고
배운 바를 실천할 때는 예에 맞게 행한다는 의미이다. 約
(묶을 약)은 묶는다는 뜻이다. 묶는다는 것은 자기를 억
누르고 단속한다는 것이니 예와 법도에 맞추어 자신을
억제한다는 뜻이다. 원문은 "君子博學於文, 約之以禮(군
자박학어문 약지이례)"이다.

• 博(넓을 박) | 文(글월 문) | 約(묶을 약) | 禮(예도 례)

三人行,
삼 인 행
必有我師焉
필 유 아 사 언

세 사람이 길을 가면,
거기에 반드시
나의 스승이 있다.

『논어』에 나오는 말로 누구에게나 배울 점이 있음을 말했다. 이어지는 구절은 다음과 같다. "선한 것을 가려서 그것을 따라 하고 선하지 않은 것을 가려서 그것을 고친다(擇其善者而從之, 其不善者而改之. 택기선자이종지 기불선자이개지)." 그 사람의 좋은 행동은 배워서 본받고, 좋지 않은 행동은 반면교사로 삼아 나의 나쁜 점을 고치는 계기로 삼는 것이다.

• 三(석 삼) | 人(사람 인) | 行(갈 행) | 必(반드시 필) | 有(있을 유) 我(나 아) | 師(스승 사) | 焉(어조사 언)

曲學阿世
곡 학 아 세

학문을 왜곡하여
세상에 아부하다.

『사기』에 나오는 말로 한나라 초기 유학자 원고생(轅固生)은 학문이 높고 성품도 강직하여 조야의 신망을 받는 인물이었다. 그가 아흔이 넘어 황제의 부름을 받았을 때 야심만만한 젊은 학자 공손홍(公孫弘)이 그를 시기하여 경계했다. 원고생은 공손홍의 마음을 헤아리고 그에게 당부했다. "학문을 바르게 하여 곧은 말을 하고 학문을 왜곡하여 세상에 아부하지 않도록 힘써주시오(務正學以言, 無曲學以阿世. 무정학이언 무곡학이아세)."

•曲(굽을 곡) | 學(배울 학) | 阿(언덕 아, 아첨할 아) | 世(세상 세)

4. 명문 감상

『고문진보』와 권학문

『고문진보(古文眞寶)』는 전국 시대부터 송나라 때까지의 훌륭한 시와 문장을 수록한 책으로 원나라 때에 편찬되었다고 추정된다. 제목은 고문(古文)의 진짜 보배라는 뜻이다. 전집, 후집으로 나누어지는데 전집은 고시를, 후집은 고문을 수록했다. 중국에서 편찬된 책이지만 중국보다 우리나라와 일본에서 더 성행하여 시문을 익히는 교과서 역할을 했다.

우리나라에 『고문진보』가 들어온 것은 대략 고려 말로 보이는데 조선 시대에 만들어진 판본들은 중국의 책보다 작품 수가 많아졌다. 더 완전한 교과서로 사용하기 위해 내용을 크게 보충한 것이다. 일례로 『어우야담』에 아동들이 『십구사략(十九史略)』, 『고문진보』를 읽고 학문에 들어선다는 기록이 있다. 이 책은 역대 명작을 통해 한시와 한문을 익히는 용도로 편찬되었지만 수록 작품의 성격으로 볼 때, 사대부로서 갖춰야 할 인격과 소양을 제시하는 성격도 있다. 전집의 첫 작품이 역대 황제와 문인들의 권학문이라는 점도 그 사례이다.

권학문은 학문을 권면하는 글이라는 뜻이다. 『고문진보』에는 「진종황제권학(眞宗皇帝勸學)」부터 한유의 「부독서성남(符讀書城南)」까지 8편의 권학문이 수록되어 있다. 제목은 권학문이라고 되어 있지만 사실 대부분 시다. 널리 알려진 명구와 작품을 소개하자면 다음과 같다.

> 집을 부유하게 하려고 전답을 사지 말라.
> 책 속에 천종의 곡식이 있다.
> 살림 편안히 하려고 높은 집 짓지 말라.
> 책 속에 황금의 집이 있다.

문을 나섬에 따르는 이가 없다고 한탄하지 말라.

책 속에 거마가 조릿대처럼 많다.

아내를 얻으려 함에 좋은 매파 없다고 한탄하지 말라.

책 속에 여인이 있으니 용모가 옥과 같다.

남아로서 평생의 뜻 이루고자 한다면

육경을 펼쳐 창가에서 부지런히 읽어야 하리.

富家不用買良田, 書中自有千鍾粟.

安居不用架高堂, 書中自有黃金屋.

出門莫恨無人隨, 書中車馬多如簇.

娶妻莫恨無良媒, 書中有女顏如玉.

男兒欲遂平生志, 六經勤向窓前讀. (「진종황제권학 眞宗皇帝勸學」)

북송의 3대 황제 진종이 쓴 권학문이다. 책 속에는 곡식도 있고 대궐 같은 집도 있다. 고관대작이 타는 수레도 있고 옥처럼 아름다운 미녀도 있다. 남자로 태어나 성공하려면 부지런히 책을 읽으라는 내용이다. 여기서 말하는 평생의 뜻은 입신양명을 하여 부귀영화를 누리는 것이다. 『고문진보』에 수록된 권학문에는 이런 세속적 욕망을 자극하며 학문을 권면하는 표현이 많다. 그런데 진종은 왜 육경(六經)을 말하는가? 육경은 『시경』, 『서경』, 『역경』, 『예기』, 『춘추』의 오경에 『악경(樂經)』을 추가한 유교 경전으로 과거를 위한 필독서이다. 송나라에는 지방 군벌의 할거가 당나라 멸망의 원인이 되었다는 시각이 있었기 때문에 극단적인 문치(文治) 정책을 펼쳤고 그 중심에 과거 제도가 있었다. 그래서 황제까지 권학문을 지으며 학문에 힘써 과거에 급제하면 사회적 성공과 부귀영화를 얻을 수 있다는 메시지를 대중들에게 전파한 것이다. 중국 당송 시대에 흥성한 과거 제도는 학문과 지식이 신분 상승의 사다리라는 인식을 형성했고 동아시아 국가의 높은 교육열에도 많은 영향을 미쳤다.

권학문에는 자녀 교육을 강조하는 내용도 많이 등장한다.

자식을 양육하며 가르치지 않음은 부모의 허물이요.

훈도를 엄하게 하지 않음은 스승의 나태이다.
부모의 가르침과 스승이 엄함이 벗어나지 않았건만
학문을 이루지 못한 것은 자식의 죄로다.
養子不教父之過, 訓導不嚴師之惰.
父教師嚴兩無外, 學問無成子之罪. (「사마온공권학문 司馬溫公勸學文」)

부모가 자식을 양육하며 가르치지 않음은, 그 자식을 사랑하지 않는 것이요. 부모가 가
르쳤으나 배우지 않음은, 자식이 자신을 사랑하지 않는 것이다. 비록 배운다 해도 힘쓰지
않는다면, 이 역시 자신을 사랑하지 않는 것이다.
父母養其子而不教, 是不愛其子也. 父母教而不學, 是子不愛其身也. 雖學而不勤, 是亦
不愛其身也. (「유둔전권학문 柳屯田勸學文」)

　두 편 모두 전문의 앞부분 일부이다. 첫 번째 편의 저자 사마온공은 북송의 사마광(司馬光)
으로, 정치가이자 『자치통감(資治通鑑)』을 편찬한 학자이다. 두 번째 편의 저자 유둔전은 북송
의 유영(柳永)으로, 뛰어난 사(詞) 작품들을 창작한 문인이다. 두 편의 내용은 거의 동일한데 형
식이 다르다. 하나는 시이고 하나는 산문이다. 부모가 자식을 사랑하는 것은 본성의 발로이지
만 그 사랑은 교육으로 발현되어야 한다는 것이다. 키우기만 하고 가르치지 않는다면 이는 자식
을 사랑하는 것이 아니며 부모의 책무를 다하지 못한 것이다. 부모와 스승은 엄한 교육을 했지
만 자식이 학문에 힘쓰지 않았다면 그것은 그 자신의 문제이다. 동아시아의 문화에는 엄한 교
육을 자식 사랑과 동등하게 생각하는 인식이 있다. 맹모삼천(孟母三遷), 맹모단기(孟母斷機)를
비롯하여 한석봉 어머니의 고사까지 모두 엄한 부모의 교육열에 관한 감동적인 일화이다. 유영
의 권학문은 "배우면 서인의 자식이라도 공경이 되고, 배우지 못하면 공경의 자식이라도 서인이
된다(學則庶人之子, 爲公卿. 不學則公卿之子, 爲庶人 학즉서인지자 위공경 불학즉공경지자 위서인)."라
는 말로 끝난다. 배움의 목적을 명확하게 제시하고 있다. 신분 상승이다. 공경의 가문이 될 것
인가, 서인의 집안이 될 것인가. 자식이 학문에 매진해야 하는 이유는 가문의 운명이 걸린 일이
기도 하다는 것이다.
　다음은 한유(韓愈)의 권학시 「부독서성남(符讀書城南)」의 일부분이다.

> 때는 가을이라 장마 개고
>
> 서늘한 기운 들판과 마을에 퍼진다.
>
> 등불을 다소 가까이할 만하고
>
> 책을 펼칠 만하다.
>
>
> 時秋積雨霽, 新涼入郊墟.
>
> 燈火稍可親, 簡編可卷舒. (「**부독서성남** 符讀書城南」)

한유는 당나라의 학자이자 문인이다. 제목의 부(符)는 한유의 아들 이름이며 성남(城南)은 한유의 별장이 있는 곳이다. 그래서 "부가 성남에서 글을 읽다."라는 뜻으로 아들의 학문을 권면하기 위해 쓴 글이다. 이 시의 앞부분의 내용은 다른 권학문과 비슷하다. 배우면 성공하고 배우지 않으면 인생을 망친다. 두 집안에서 각기 아들이 태어났지만 하나는 용이 되어 높이 오르고 하나는 우둔한 돼지가 된다고 했다. 배운 것과 배우지 않은 차이라는 것이다. 그런데 여기서 인용한 뒷부분의 네 구는 멋진 문학적 표현이다. 서늘한 가을, 등불을 가까이하고 책을 펼치기 좋은 계절이다. 아들아, 너 자신을 위해 세월을 아껴 노력하라. 독서를 뜻하는 등화가친(燈火可親)은 널리 알려진 성어가 되었다. 이 시에는 "사랑과 의리는 서로 다툼이 있다(恩義有相奪 은의유상탈)."라는 구절이 있다. 사랑〔恩〕은 자애롭게 자식을 대하려는 마음을 말하고 의리〔義〕는 엄하게 대하여 학문에 정진하게 하려는 뜻을 말한다. 부모의 마음에서 이 두 가지가 충돌한다는 것이다. 자식의 발전을 위해 엄하게 대하자니 부모 자식 간의 정이 상할까 걱정이고, 자애롭게 아끼고 사랑하자니 자식이 나태해질까 걱정이다. 부모라면 대부분 느껴본 보편적인 마음일 것이다. 시인 한유의 감성과 표현력을 보여주는 명구이다.

다음은 주희의 권학문이다.

> 오늘 배우지 않고서 내일이 있다 말하지 말라. 올해 배우지 않고서 내년이 있다 말하지 말라. 해와 달은 흘러간다. 세월은 나를 기다리지 않는다. 오호 늙었구나. 이것은 누구의 잘못인가.

勿謂今日不學而有來日, 勿謂今年不學而有來年. 日月逝矣. 歲不我延. 嗚呼老矣. 是誰之愆. (「주문공권학문 朱文公勸學文」)

성리학을 집대성한 북송의 대학자 주희의 글로『고문진보』권학문 중 가장 널리 알려졌다. (제8장 '소년은 늙기 쉽고' 참고) 대부분의 권학문은 타인에게 학문을 권면하는 형식인데 이 글은 자신의 경험과 성찰을 담고 있어 더욱 깊은 감동과 여운을 준다. 학문은 미룰 수 없다. 지금 당장 해야 하고 오늘 해야 한다. 학문의 적은 빈곤이나 나태가 아니다. 시간이다. 학문을 완성하지 못했는데 죽음이 다가오는 두려움이다. 이 시는 학문과 시간을 대비시켰다. 주희에게 생명과 학문은 동등한 가치이다. 생명이 다하기 전까지 학문을 이뤄야 한다는 노학자의 경건한 책무감에 숙연해진다.

제9장

인정과 세태

1. 단문 읽기

천금 가진 집안의 자식은 저자에서 죽지 않는다

> 朱公居陶, 生少子. 少子及壯, 而朱公中男殺人, 囚於楚. 朱
> 주 공 거 도　생 소 자　소 자 급 장　이 주 공 중 남 살 인　수 어 초　주
>
> 公曰, "殺人而死, 職也. 然吾聞千金之子不死於市." 告其少
> 공 왈　살 인 이 사　직 야　연 오 문 천 금 지 자 불 사 어 시　고 기 소
>
> 子往視之.
> 자 왕 시 지
>
> 『史記』
> 사 기

어휘 풀이

| 朱公(주공): 인명. 춘추 시대 월나라 범려(范蠡)의 다른 이름 | 居(거): 거하다. 살다 | 陶(도): 지명 | 少子(소자): 막내아들 | 壯(장): 장성하다 | 中男(중남): 차남 | 囚(수): 가두다. 구속하다 | 職(직): 마땅히 정해진 일 | 市(시): 저자(시장), 길거리 | 告(고): 알리다, 말하다 | 往(왕): 가다 | 視(시): 보다

우리말 해석

주공이 도 땅에 살 때 막내아들을 낳았다. 막내아들이 장성했을 무렵 주공의 차남이 살인을 하고 초나라 땅에 갇혔다. 주공은 "살인을 하여 죽임을 당하는 것은 응분의 대가다. 그러나 내가 듣기로 천금을 가진 집안의 자식은 저자에서 죽지 않는다고 한다."라고 하며 막내아들에게 초나라에 가서 살펴보라고 말했다.

월나라 왕 구천을 도와 와신상담의 복수극을 완성한 범려(范蠡)의 이야기다. (제6장 '와신상담' 참고) 오나라를 멸망시킨 후 범려는 월나라를 떠났다. 월나라 왕이 "어려움은 함께할 수 있으나 즐거움은 함께할 수 없는(可與患難, 不與共樂. 가여환난 불여공락)" 사람이라고 판단한 것이다. 큰 공을 세웠으니 후한 보상을 기대하는 것이 인정이지만, 범려는 토사구팽(兎死狗烹)의 냉정한 이치를 예견했다. 과연 월나라에 남은 친구 문종은 후에 처형당했다. 이후 범려는 장사로 막대한 부를 얻어 인생 후반부는 거부로 살았다. 본문은 송나라 도(陶) 지역에 있을 때의 사건이다. 이때는 도주공(陶朱公)으로 불렸다.

차남이 초나라에서 살인을 하고 감옥에 갇혔다. 도주공은 돈의 힘을 믿었다. 로비로 해결하기로 했다. 그런데 막내아들을 보내 해결하려고 하자 장남이 반발했다. 장남은 아버지에 대한 인정의 욕구가 강했다. 장남의 자살 소동이 일어나자 아내가 거세게 항의했다. 산 자식까지 죽일 셈이냐고. 결국 장남이 떠나기로 했다. 도주공은 초나라의 지인 장생(莊生)에게 편지와 천금(千金)을 전하라고 했다.

장남이 초나라에 와서 보니 장생의 집은 몹시 가난했다. 장생은 편지를 읽고 말했다. "절대 이곳에 머물지 말고 집으로 돌아가라." 그리고 입궐하여 왕을 만나 하늘의 별자리가 좋지 않으니 덕을 베풀어야 한다고 건의했다. 장생은 청렴하여 덕망이 높고 왕의 존경을 받는 사람이었다. 왕은 이 건의를 받아들여 대사면을 준비했다. 도주공의 장남은 돌아가지 않고 초나라에 머물다가 이 소식을 들었다. 자기 나름대로 초나라 유력자들을 만나 교제했던 것이다. 장남은 일의 정황을 알지 못하고 천금을 낭비했다고 생각하여 장생을 찾아가 말했다. "동생의 일이 해결될 것 같습니다. 귀국 인사를 드리러 왔습니다." 장생은 대화를 나눠보고 그의 뜻이 천금에 있음을 알고 되돌려 주었다. 장남은 크게 만족했다.

장생은 장남에게 모욕감을 느꼈다. 그래서 다시 입궐하여 도주공의 아들 때문에 사면을 실시한다는 소문이 돈다고 진언했다. 왕은 노하여 사면을 취소했다. 결국 도주공의 차남은 처형되었고, 장남은 동생의 시신을 갖고 돌아갔다. 모친과 마을 사람들은 슬퍼했지만, 도주공은 이렇게 될 줄 알고 있었다고 말했다. "장남은 어려서부터 나와 함께 고생을 했다. 아까워 함부로 재물을 쓰지 못한다. 막내는 나면서부터 부유했기 때문에 재물을 아까워하지 않는다." 재물과 목숨을 바꿔야 하는 일이었는데 재물에 대한 애착심이 동생을 죽였다는 것이다.

전가통신(錢可通神)이라는 말이 있다. 돈이면 귀신과도 통한다는 뜻이다. 사회에서 통용되는 물질의 막강한 위력을 설명하는 말이다. 범려는 현실주의자다. 사람의 마음과 돈의 관계가 작동되는 원리를 섬세하게 안다. 도주공, 장남, 막내, 장생, 장남과 교제했던 유력자, 이들 모두 돈과 관련된 각각의 입장을 갖고 있다. 이 이야기는 능력 있는 부친과 장남, 그리고 장남을 아끼는 모친의 미묘한 관계까지 표현된 뛰어난 드라마다.

미색으로 남을 섬기는 이는

夫以色事人者, 色衰而愛弛, 愛弛則恩絕. 上所以孌孌顧念
부 이 색 사 인 자 색 쇠 이 애 이 애 이 즉 은 절 상 소 이 연 련 고 념

我者, 乃以平生容貌也. 今見我毀壞, 顔色非故, 必畏惡吐
아 자 내 이 평 생 용 모 야 금 견 아 훼 괴 안 색 비 고 필 외 오 토

棄我, 意尙肯復追思閔錄其兄弟哉.
기 아 의 상 긍 부 추 사 민 록 기 형 제 재

『漢書』
한 서

어휘 풀이

┃夫(부) : (발어사) 대저, 무릇 ┃事(사) : 섬기다, 모시다 ┃衰(쇠) : 쇠락하다, 쇠퇴하다 ┃弛(이) : 느슨하다 ┃恩(은) : 은혜, 은총 ┃所以(소이) : ~하는 이유 ┃孌孌(연련) : 애타게 그리워하다 ┃顧念(고념) : 돌보다 ┃乃(내) : 바로 ~이다 ┃以(이) : ~때문이다 ┃平生(평생) : 평소 ┃毀壞(훼괴) : 망가지고 무너지다 ┃顔色(안색) : 얼굴 ┃故(고) : 옛날 ┃畏惡(외오) : 두려워하고 미워하다 ┃吐棄(토기) : 뱉어 버리다 ┃意(의) : 뜻, 생각 ┃尙(상) : 아직도, 여전히 ┃肯(긍) : 기꺼이 ~하길 원하다 ┃追思(추사) : 회상하다, 돌이켜 생각하다 ┃閔錄(민록) : 잊지 않고 불쌍히 여기다. 閔(민)은 憫(근심할 민)과 같다

우리말 해석

　무릇 미색으로 남을 섬기는 이는 미색이 쇠하면 사랑이 없어지고 사랑이 없어지면 은총도 끊어집니다. 황제께서 저를 애틋하게 돌봐주시는 이유는 바로 평소의 용모 때문입니다. 지금 제가 병들어 안색이 예전과 다름을 보시면 필히 놀라고 꺼려 저를 버리실 터이니, 여전히 제 형제들을 잊지 않고 불쌍히 여기시겠습니까?

본문의 내용을 말한 사람은 한(漢) 무제(武帝)의 총애를 받았던 이부인(李夫人)다. 이부인은 중한 병에 걸려 일찍 세상을 떠났다. 병상에 있을 때 무제가 문안을 왔지만 이부인은 이불을 뒤집어쓰고 무제와 대면하지 않았다. 무제가 여러 번 얼굴을 보여달라고 요청했지만 끝내 거절했다. 무제가 화를 내며 돌아간 후, 가족들이 지나치다고 나무라자 이부인이 본문과 같이 대답한 것이다.

이부인에 대한 기록은 『사기』에는 「외척세가(外戚世家)」, 「영행열전(佞幸列傳)」에 기록되어 있고 『한서』에는 「외척전(外戚傳)」에 수록되어 있다. 영행(佞幸)은 아첨으로 총애를 얻는다는 뜻이다. 이부인이 남긴 행적의 성격을 보여준다. 이부인은 미모로 총애를 얻었고, 이부인의 일가는 아첨으로 권세를 누렸다.

이부인은 악사 이연년의 여동생이다. 오빠가 출세를 위해 여동생을 무제에게 바친 것이다. 이연년이 무제에게 노래를 지어 불렀다.

북방에 아름다운 사람 있으니 절세의 미모 홀로 서 있네.
한 번 돌아보면 성이 기울고 다시 돌아보면 나라가 기우네.
성과 나라 기우는 걸 어찌 모르랴만 미인은 다시 얻기 어렵다네.

北方有佳人, 絶世而獨立.
一顧傾人城, 再顧傾人國.
寧不知傾城與傾國, 佳人難再得.

무제가 "과연 그런 미인이 있을까?"라며 탄식하자 이연년은 여동생을 바쳤다. 이부인은 뛰어난 미모와 가무로 무제의 총애를 받았다. 경국지색(傾國之色), 절세가인(絶世佳人)이란 말이 여기서 나왔다.

이부인이 무제에게 끝까지 얼굴을 보여주지 않은 것은 예쁜 모습으로 기억되고 싶은 순정 때문이 아니었다. 현실적 이해득실을 계산한 행동이었다. 그녀는 무제가 왜 자신을 사랑했는지 알고 있었다. 오로지 미색 때문이었다. 미색으로 받은 사랑이니 미색이 다하면 사랑도 끝나는 법. 돈이나 권력으로 맺어진 인연도 마찬가지다. 무제가 자신의 초췌한 몰골을 보고 동정할 것이라는 순진한 기대는 하지도 않았다. 이부인은 유언으로 자신의 아들과 친정 일가를 부탁했고 무제는 승낙했다. 아들과 친정의 운명이 자신의 미색에 달려 있었기 때문에 죽으면서까지 외모에 집착한 것이다.

덕분에 이부인의 오빠들은 큰 권세를 누렸다. 이연년(李延年)은 협률도위(協律都尉)가 되었고 이광리(李廣利)는 이사장군(貳師將軍)을 거쳐 해서후(海西侯)에 봉해졌다. 이광리는 『사기』의 저자 사마천의 운명에도 영향을 미쳤다. 사마천이 흉노에게 투항한 이릉을 변호하다 궁형을 받은 것은 잘 알려진 사실이다. 당시 총사령관이 바로 이광리였다. 무제는 사마천이 이광리를 무고한다고 여겨 궁형을 내린 것이다. (제4장 '『사기』의 탄생과 사마천의 운명' 참고) 그런데 이들의 말로는 좋지 않았다. 이연년과 동생 이계는 후궁과 간음한 일로 일족이 처형되었고, 이광리는 이부인의 아들을 태자로 세우려다 발각되어 흉노에 투항했다. 이광리는 선우(單于, 흉노의 지도자)의 사위가 되어 일시의 영화를 누렸으나 이듬해 피살되었다.

총애를 잃은 미자하

彌子瑕色衰而愛弛, 得罪於君. 君曰, "是嘗轎駕吾車,
미 자 하 색 쇠 이 애 이　 득 죄 어 군　 군 왈　　 시 상 교 가 오 거

又嘗食我以餘桃者."
우 상 사 아 이 여 도 자

『韓非子』
한 비 자

어휘 풀이

▎彌子瑕(미자하) : 인명. 춘추 시대 위나라의 폐대부(嬖大夫) ▎色衰(색쇠) : 미색이 다하여 사라
지다 ▎弛(이) : 느슨하다, 없어지다 ▎得罪(득죄) : 죄를 얻다. 죄를 짓다 ▎嘗(상) : 일찍이 ▎轎駕(교
가) : (가마, 수레를) 타다 ▎車(거) : 수레 ▎餘桃(여도) : 먹다 남은 복숭아

우리말 해석

　미자하가 미색이 쇠하자 총애도 약해졌는데 임금에게 죄를 지었다. 임금은 "이놈은 일찍이 내
수레를 탔었고, 또 나에게 먹다 남은 복숭아를 먹게 한 자다."라고 말했다.

본문의 내용은 『한비자』에 기록된 춘추 시대 위나라 영공과 미자하의 일화이다. 미자하는 미색으로 영공의 총애를 받았다. 미자하가 궁에 있을 때 영공의 수레를 타고 나간 적이 있다. 모친이 병을 얻었다는 소식을 듣고 급한 마음에 왕의 명이라고 거짓말을 했었다. 당시 국법에 군주의 수레를 타는 자는 월형(刖刑, 발꿈치를 베는 형벌)에 처했다. 하지만 영공은 이 사실을 알고 미자하의 효성이 지극하다고 칭찬했다. 또 미자하가 과수원에서 복숭아를 먹다가 영공에게 준 일이 있다. 너무 맛있어서 자기도 모르게 먹던 것을 준 것이다. 영공은 또 미자하를 크게 칭찬했다. 군주를 위하는 마음이 너무 커서 자신이 먹고 싶은 마음도 참았다고 말이다. 하지만 세월이 흘러 미자하가 늙어 미색이 쇠락하자 군주의 사랑도 식었다. 미자하가 잘못을 저지르자 영공은 오래전의 일을 끄집어냈다. 군주의 수레를 몰래 타고, 자기가 먹던 복숭아를 군주에게 먹인 일을 무엄한 행동이라고 비난했다. 같은 일에 대한 평가가 달라졌다. 사건은 바뀌지 않았지만 영공의 마음이 바뀐 것이다. 미자하에 대한 애정이 식었기 때문이다.

한비자는 이 일화로 권력자의 마음을 읽는 것이 얼마나 어려운 일인지 논했다. 권력자의 마음에 따라 같은 일이 다르게 받아들여지기 때문이다. 그는 역린(逆鱗)의 비유를 들었다. 거꾸로 난 비늘이라는 뜻이다. 용은 목 아래에 거꾸로 난 비늘이 있다. 잘 길들이면 마음대로 부릴 수 있지만 이 역린을 건드리면 노하여 사람을 죽인다. 절대 군주의 역린을 건드려서는 안 된다는 것이 한비자의 논지이다. 하지만 한비자도 진나라의 감옥에서 죽었다. 자신을 진시황에게 추천한 이사(李斯)가 변심하여 자신을 참소했기 때문이다.

사람의 마음이 상황에 따라 달라지는 것은 권력자만이 아니다. 일상생활에서도 이런 일은 얼마든지 있다. 다음의 사례도 『한비자』에 나오는 이야기다. 송나라 어느 집에 폭우가 내려 담벼락이 무너졌다. 아들이 말했다. "다시 쌓지 않으면 도둑이 들 것입니다." 이웃집 노인도 담을 보고 똑같이 말했다. 그날 밤 도둑이 들었다. 집주인은 자신의 아들이 지혜롭다고 생각했다. 반면 이웃집 노인은 도둑일 것 같다고 의심했다. 같은 말이지만 아들의 말과 이웃집 노인의 말을 전혀 다르게 받아들였다. 이것은 왜인가? 친소(親疎) 관계가 사람의 인식과 판단에 작용했기 때문이다. 친한 사람의 말과 행동은 긍정적으로 받아들이지만, 친하지 않은 사람의 말과 행동은 의심한다. 듣고 싶은 말을 듣고 믿고 싶은 것을 믿는다. 대개는 그렇다. 처세의 관점으로 보자면 미자하와 이웃집 노인은 이런 이치를 몰랐다. 미자하는 영공의 총애를, 이웃집 노인은 자신의 선의를 과신했다. 이 일화는 관계를 중시하는 인생철학의 사례로 자주 인용된다.

아내를 죽인 오기

齊人攻魯, 魯欲將吳起, 吳起取齊女爲妻, 而魯疑之. 吳起
제 인 공 노   노 욕 장 오 기   오 기 취 제 녀 위 처   이 노 의 지   오 기

於是欲就名, 遂殺其妻, 以明不與齊也.
어 시 욕 취 명   수 살 기 처   이 명 불 여 제 야

『史記』
사 기

어휘 풀이

| 齊(제) : 제나라 | 攻(공) : 공격하다 | 魯(노) : 노나라 | 欲(욕) : ~하려고 하다 | 將(장) : 장수로 삼다 | 吳起(오기) : 인명. 전국 시대 명장이자 정치가 | 取(취) : 취하다 | 疑(의) : 의심하다 | 於是(어시) : 이에 | 就名(취명) : 명성을 얻다 | 遂(수) : 결국 | 明(명) : 밝히다, 분명하게 하다 | 與(여) : 참여하다, 함께하다

우리말 해석

제나라 사람들이 노나라를 공격하자 노나라는 오기를 장수로 세우고 싶어 했다. 그런데 오기가 제나라 여자를 취하여 아내로 삼았기 때문에 노나라는 그를 의심했다. 오기는 이에 명성을 얻고 싶었기 때문에 결국 아내를 죽여 제나라와 함께하려는 마음이 없음을 밝혔다.

오기는 위(衛)나라 출신으로 능력과 성취욕이 대단한 인물이었다. 고향을 떠나 노나라, 위나라를 돌며 크게 활약했고 결국 초나라에서 재상이 되었다. 성취욕이 강한 것은 발전과 향상의 원동력이니 칭찬할 일이다. 하지만 오기는 성공에 대한 집념이 지나쳐 후인들의 비난을 받았다. 본문의 내용도 그중의 한 가지 사례이다. 제나라가 노나라를 공격하자 오기가 노나라의 장수로 거론되었다. 성공의 기회가 왔다. 하지만 아내가 제나라 사람이라는 점이 걸림돌이 되었다. 오기는 성공을 위해 아내를 버릴 것인가? 버렸다. 버린 정도가 아니라 죽였다. 노나라는 오기를 장수로 세웠고, 오기는 제나라를 크게 무찔러 자신의 능력을 입증했다. 오기는 행복했을까?

오기는 젊었을 때 가산을 탕진하며 벼슬을 구했지만 실패했다. 고향을 떠날 때 자기 팔을 깨물며 어머니에게 맹세했다. "대부나 재상이 되지 못하면 돌아오지 않겠습니다." 실제로 얼마 후 어머니가 죽었지만 오기는 장례식에 가지 않았다.

노나라 군주는 오기에 대한 평판이 좋지 않자 오기를 내쳤다. 전쟁을 준비하던 위나라에서 오기를 데려가 장수로 삼았다. 오기는 또 능력을 발휘하여 전쟁에서 큰 승리를 거두었다. 오기는 병사들과 같은 음식을 먹고 같이 행군하며 동고동락했다. 한번은 병사가 종기가 나자 자신이 직접 고름을 빨아주었다. 그 소식을 듣고 병사의 어머니가 통곡했다. 사연을 묻자 이렇게 말했다.

오기 장군이 제 남편의 고름도 빨아주었습니다. 그래서 남편은 자신을 돌보지 않고 싸우다 전사했습니다. 그런데 지금 제 아들의 고름도 빨아주었으니 이 아이도 어디서 죽을지 모를 일입니다.

오기는 위나라 군주의 신뢰를 얻었지만 재상 공숙의 참소 때문에 초나라로 갔다. 재상에 임명되어 짧은 시간에 법령을 정비하고 재정을 튼튼하게 했다. 군사력은 전문 분야이니 말할 것도 없었다. 초나라는 강대국으로 성장했다. 하지만 오기는 귀족들의 반감을 사 초나라 왕의 장례식 때 일어난 반란 사건에서 활에 맞아 죽었다. 이때의 죽음도 오기다웠다. 오기는 달아나다 왕의 시신 위에 엎드렸다. 화살이 날아와 오기를 쏘고 왕의 시신에도 박혔다. 장례식이 끝난 후 태자가 즉위하여 왕의 시신에 화살 쏜 자들을 처벌했다. 약 70여 집안이 멸족되었다.

오기의 일생은 어떻게 평가해야 할까? 그는 냉정하고 잔인한 사람이었으며 동시에 능력 있는 전략가였다. 가족과 친구로서는 버려야 할 사람이지만 조직으로서는 훌륭한 인재였다. 그래서 오기는 모두의 비난을 받았지만 가는 곳마다 중용되었다. 양면성이 있는 인생이다. 스스로에게 엄격하고 청렴했으며 부하들을 자신의 몸처럼 아꼈던 점은 그의 미덕이다. 하지만 치명적인 전력이 평생 따라다녔다. 패륜이다. 성공을 위해 아내를 살해하고 어머니의 장례식에도 가지 않았다. 인지상정의 관점에서 볼 때 용납되기 어렵다. 물론 더한 사람도 있다. 역아(易牙)는 제나라 환공이 인육의 맛을 궁금해하자 자기 아들을 요리해 바쳤다. 비열한 출세 전략이다. 오기의 행동 역시 만만치 않다. 세상의 인정이라는 기준에 크게 미치지 못했다. 그는 위나라 군주에게 덕행을 베풀어야 한다고 건의한 적이 있다. 덕행은 오기 자신이 실천해야 할 덕목이었다.

2. 문법 해설

1 少子及壯(소자급장) 막내아들이 장성했을 무렵

及(미칠 급)

① 미치다, (~에) 닿다
   ▶ 不及黃泉, 無相見也(불급황천 무상견야) 황천에 가지 않으면 만나지 않겠다. (『좌전 左傳』)
② 및, ~와
   ▶ 予及女偕亡(여급녀해망) 내가 너와 함께 망하리라. (『서경 書經』)

2 夫以色事人者(부이색사인자) 무릇 미색으로 남을 섬기는 이는

事(일 사)

① 일, 직업, 직분
   ▶ 以屠狗爲事(이도구위사) 개를 도축하는 일을 업으로 삼았다. (『사기 史記』)
② 섬기다, 받들다
   ▶ 以小事大(이소사대) 작은 나라로 큰 나라를 섬기다. (『맹자 孟子』)

3 上所以孿孿顧念我者(상소이연련고념아자) 황제께서 저를 애틋하게 돌봐주시는 이유는

所以(바 소, 써 이)

① 이유, 까닭
   ▶ 君不此問而問舜冠, 所以不對(군불차문이문순관 소이부대) 군께서 이것을 묻지 않으시고 순임금의 관에 대해 물으신 것이 대답하지 않은 이유입니다. (『순자 荀子』)

② 방법, 도구

▶ 往古者, 所以知今也(왕고자 소이지금야) 지나간 일은 지금을 알 수 있는 도구이다.

『한시외전 韓詩外傳』

4 乃以平生容貌也(내이평생용모야) 바로 평소의 용모 때문입니다.

以(써 이)

① ~로써, ~을 사용하여

▶ 以衣溫我(이의온아) 옷으로 나를 따뜻하게 하셨다. (『사자소학 四字小學』)

② ~을 이유로, ~ 때문에

▶ 李生以病廢(이생이병폐) 이생이 병 때문에 쫓겨나다. (「송이생 送李生」)

③ (명사) 이유

▶ 必有以也(필유이야) 반드시 이유가 있다. (『시경 詩經』)

5 意尙肯復追思閔錄其兄弟哉(의상긍부추사민록기형제재) 여전히 제 형제들을 잊지 않고 불쌍히 여기시겠습니까?

尙(오히려 상)

① 아직, 오히려

▶ 視吾舌尙在否(시오설상재부) 내 혀가 아직 있는지 보시오. (『사기 史記』)

② 숭상하다, 높이다

▶ 臣欲使士大夫尊尙武勇(신욕사사대부존상무용) 신은 사대부들에게 무와 용맹을 숭상하게 하고자 합니다. (「교전수 敎戰守」)

錄(기록할 록)

① 쓰다, 기록하다

▶ 錄功而與官(녹공이여관) 공을 기록해두었다가 관직을 주다. (『한비자 韓非子』)

② (마음에) 명심하다, 잊지 않다

▶ 君既若見錄, 不久望君來(군기약견록 불구망군래) 그대 만약 나를 생각하신다면 빨리 오시길 바랍니다. (「공작동남비 孔雀東南飛」)

6 **是嘗轎駕吾車**(시상교가오거) 이놈은 일찍이 내 수레를 탄 적이 있다.

嘗(맛볼 상)

① 맛보다

▶ 君有疾飲藥, 臣先嘗之(군유질음약 신선상지) 임금이 병이 나 약을 먹게 되면 신하가 먼저 맛을 봐야 한다. (『예기 禮記』)

② 일찍이 ~적 있다

▶ 予嘗求古仁人之心(여상구고인인지심) 나는 일찍이 옛 어진 사람들의 마음을 짐작해본 적 있다. (「악양루기 岳陽樓記」)

7 **魯欲將吳起**(노욕장오기) 노나라는 오기를 장수로 세우고 싶어 했다.

將(장차 장)

① 장차, 곧 ~하려 하다

▶ 子將安之(자장안지) 그대는 장차 어디로 가려 하는가? (『설원 說苑』)

② 장수, 장수로 삼다

▶ 趙王因以括爲將, 代廉頗(조왕인이괄위장 대염파) 조나라 왕은 이에 조괄을 장수로 삼아 염파를 대신하게 하려 했다. (『사기 史記』)

③ 이끌다, 인솔하다

▶ 將胡駿馬而歸(장호준마이귀) 오랑캐 땅의 좋은 말을 데리고 돌아왔다. (『회남자 淮南子』)

④ 주다, 보내다

▶ 百兩將之(백량장지) 수레 백 량을 보내다. (『시경 詩經』)

8 吳起於是欲就名 (오기어시욕취명) 오기는 이에 명성을 얻고 싶었기 때문에

於是(어시)

於(어)는 어조사로 '~에'라는 의미가 있고 是(시)는 지시 대명사로 '이, 이것'이라는 의미가 있다. 그래서 於是는 '이에'로 해석된다. 일상적인 말로 하자면 접속사 '그러자' 또는 '그래서'에 해당된다.

▶ 於是, 三桂大怒(어시 삼계대노) 그러자 오삼계가 크게 노했다. (『갑신전신록 甲申傳信錄』)

9 遂殺其妻(수살기처) 결국 아내를 죽였다.

遂(이룰 수)

① 이루다, 완수하다

　　▶ 功遂身退, 天之道(공수신퇴 천지도) 공을 이루고 물러나는 것은 하늘의 도이다.

　　　(『노자 老子』)

② 결국, 마침내, 드디어

　　▶ 遂與外人間隔(수여외인간격) 결국 바깥세상과 멀어졌습니다. (「도화원기 桃花源記」)

③ 나아가다

　　▶ 不能退, 不能遂(불능퇴 불능수) 물러날 수도 없고 나아갈 수도 없다. (『주역 周易』)

門前雀羅
문 전 작 라

대문 앞에 오가는 사람이 없어 참새 그물을 칠 정도이다.

『사기』에서 유래한 말로 적공(翟公)이 높은 관직에 있을 때 빈객이 많았는데 권좌에서 물러나자 찾는 이가 없었다고 한다. 추사 김정희는 「세한도(歲寒圖)」의 발문에 이 이야기를 적었다. 반대말로 찾아오는 사람이 많아 문 앞이 시장 같다는 문전성시(門前成市)가 있다.

• 門(문 문) | 前(앞 전) | 雀(참새 작) | 羅(그물 라)

羊頭狗肉
양 두 구 육

양의 머리에 개의 고기.

『안자춘추(晏子春秋)』에서 나온 말로 겉으로는 그럴듯한 모습으로 현혹시키지만 실제 내용은 보잘것없음을 풍자하는 말이다. 전국 시대 제나라 영공(靈公)이 여성의 남장을 좋아하자 궁녀들에게 남장이 유행했다. 궁중에서 시작된 유행이 온 나라에 퍼졌다. 영공이 금지령을 내렸지만 여성의 남장 풍조는 사라지지 않았다. 안자가 영공에게 궁중에서 허용하면서 민간에만 금지하는 것은 "소의 머리를 걸어놓고 말고기를 파는(牛頭馬肉 우두마육)" 격이라고 진언했다. 영공이 이 말을 받아들여 궁중에서 남장을 금지하자 이 풍조가 사라졌다. 이 고사가 후대에 인용되는 과정에서 양두구육(羊頭狗肉)이란 말이 생겨났다.

• 羊(양 양) | 頭(머리 두) | 狗(개 구) | 肉(고기 육)

炎涼世態
염 량 세 태

더위와 서늘함이 반복되듯
변하는 세태.

남송 문천상(文天祥)의 시 「두가각(杜架閣)」에 나오는 구절로 이익에 따라 사람을 대하는 세태를 비판한 말이다. 시의 원문에서는 "지난날 위공자를 쫓더니, 이제는 곽장군을 섬기네. 세태는 더위와 서늘함이 심히 달라지나니, 사귐의 정리도 귀천을 나누네(昔趨魏公子, 今事霍將軍. 世態炎凉甚, 交情貴賤分. 석추위공자 금사곽장군 세태염량심 교정귀천분)."라고 말했다. 위공자는 전국 시대 위나라의 신릉군을 말한다. 위나라의 상장군으로 세력을 떨칠 때 식객이 수천 명에 이르렀다고 한다. 후에 왕의 의심으로 지위를 잃자 실의하여 술만 마시다 4년 만에 죽었다. 구름처럼 그를 따르던 식객들이 흩어진 것은 물론이다.

• 炎(불꽃 염) | 凉(서늘할 량) | 世(인간 세) | 態(모양 태)

以勢交者,
이 세 교 자
勢傾則絶
세 경 즉 절

세력으로 벗을 사귀는 자는
세력이 기울면
사귐이 끊어진다.

수나라 때 사상가 왕통(王通)의 『중설(中說)』에 나온 말로 세속적인 이해관계로 사귄 친구는 진실하지 않으니 언제든지 관계가 멀어질 수 있음을 말한다.

• 以(써 이) | 勢(기세 세) | 交(사귈 교) | 者(놈 자)
傾(기울 경) | 則(법칙 칙, 곧 즉) | 絶(끊을 절)

人必先疑也而後,
인 필 선 의 야 이 후
讒入之
참 입 지

사람은 반드시 먼저 의심이
생긴 후에 참소가 파고든다.

소식이 쓴 「범증론(范增論)」에 나오는 말로 모함을 듣고 누군가를 불신하는 것은 이미 마음속에 그 사람에 대한 의심이 있었기 때문이라는 의미이다. 범증은 항우를 섬기다 적과 내통한다는 의심을 받고 항우를 떠났다. 그는 고향으로 돌아가는 길에 분노와 억울함 속에 등창이 터져 사망했다. 소식은 당시의 참소 사건을 냉철한 시각으로 분석하며 항우를 떠난 것은 옳은 선택이었지만 시기가 너무 늦었음을 지적했다. 의심과 참소에 대한 이치를 소식은 부패와 벌레로 비유하여 이렇게 말했다. "사물은 반드시 먼저 썩은 후에야 벌레가 생긴다(物必先腐也而後, 蟲生之. 물필선부야이후 충생지)."

• 人(사람 인) | 必(반드시 필) | 先(먼저 선) | 疑(의심할 의) 也(어조사 야) | 而(말 이을 이) | 後(뒤 후) | 讒(참소할 참) 入(들 입) | 之(갈 지)

去者日以疎,
거 자 일 이 소
來者日以親
내 자 일 이 친

떠난 사람은
날로 소원해지고
새로 온 사람은
날로 친해진다.

한나라 말기 「고시십구수(古詩十九首)」의 제14수의 한 구절로 무덤을 바라보며 인생무상을 한탄하는 내용이다. 여기서 거자(去者)와 내자(來者)는 죽은 사람과 새로 태어난 사람을 말한다.

•去(갈 거) | 者(놈 자) | 日(날 일) | 以(써 이) | 疎(성글 소) 來(올 래) | 親(친할 친)

瓜田不納履,
과 전 불 납 리
李下不整冠
이 하 부 정 관

오이밭에서는
신발을 고쳐 신지 말고
오얏나무 아래에서는
갓을 고쳐 쓰지 말라.

한나라 악부 오언시 「군자행(君子行)」의 한 구절로 의심받을 만한 행동은 조심하여 미연에 방지하라는 내용이다. 오이밭에서 신발을 고쳐 신거나 오얏나무 아래에서 갓을 고쳐 쓰면 오이나 오얏을 몰래 따려 한다는 의심을 받을 수 있다는 비유를 통해 이런 내용을 말했다.

• 瓜(오이 과) ┃ 田(밭 전) ┃ 不(아닐 불) ┃ 納(바칠 납) ┃ 履(신 리)
李(오얏 리) ┃ 下(아래 하) ┃ 整(가지런할 정) ┃ 冠(갓 관)

淵深而魚生之,
연 심 이 어 생 지
山深而獸往之
산 심 이 수 왕 지

연못이 깊어야
고기가 그곳에 살고
산이 깊어야
짐승들이 그곳으로 간다.

『사기』에서 유래한 말로 사람의 본성은 이익을 추구하기 때문에 살림이 윤택한 곳에 백성들이 모여든다는 이치를 비유하고 있다.

• 淵(못 연) ┃ 深(깊을 심) ┃ 而(말이을 이) ┃ 魚(고기 어) ┃ 生(날 생)
之(갈 지) ┃ 山(산 산) ┃ 獸(짐승 수) ┃ 往(갈 왕)

4. 명문 감상

추사 김정희의 「세한도」 발문

　작년에 『만학집』, 『대운산방문고』 두 책을 보내주고서 금년에 또 하우경의 『황조경세문편』을 보냈구나. 세상에 항상 있는 책도 아니요, 천만리 먼 곳에서 사느라 여러 해 지나서야 얻을 수 있는 것이니 일시에 할 수 있는 일이 아니리라. 게다가 세상의 물결은 도도하게 출렁거리며 오직 권세와 이익만 추구하는 바인데 이 책을 위해 몸과 마음을 씀이 이와 같다니. 또 권세와 이익을 향해 그 노고를 쓰지 않고 바다 건너 이 처량하고 힘없는 사람에게 쓰면서도 세상 사람들이 권세와 이익을 추구하듯 하는구나. 태사공이 말하길 "권세와 이익으로 맺어진 사람들은 권세와 이익이 다하면 사귐도 소원해진다."라고 했다. 자네는 세상의 출렁이는 물결 속의 한 사람이면서도 출렁이는 권세와 이익의 바깥으로 초연히 벗어나 있으니 권세와 이익의 눈으로 날 보지 않은 것인가? 아니면 태사공의 말이 틀린 것인가? 공자는 "날이 차가워진 후에야 소나무와 측백나무가 늦게 시드는 것을 안다."라고 했다. 소나무와 측백나무는 사계절 내내 시들지 않는 나무이니, 날이 추워지기 전에도 소나무와 측백나무요, 날이 추워진 후에도 소나무와 측백나무이다. 성인은 날이 추워진 후라고 특별히 말하셨지. 지금 자네는 귀양 오기 이전에도 나에게 더한 것이 없고 귀양 온 이후에도 덜한 것이 없네. 그러니 이전의 그대는 딱히 뭐라 칭할 바가 없지만 이후의 그대는 성인에게 칭해질 만하지 않겠는가? 성인이 특별히 칭한 것은 단지 늦게 시드는 정조와 굳은 절개만이 아니요, 날이 추울 때에도 느껴 분발하는 바가 있기 때문이네.

　오호! 서한의 순박하고 후덕하던 시절에, 급암(汲黯)이나 정당시(鄭當時) 같은 현인들에게도 빈객들의 방문이 많고 적었던 때가 있었다. 하비(下邳)의 적공(翟公)이 방을 붙였던 일처럼 세상의 각박함이 극심했던 것이다. 슬프도다! 완당 노인 씀.

　去年以晚學大雲二書寄來,　今年又以藕耕文編寄來.　此皆非世之常有,　購之千萬里之遠,　積有年而得之,　非一時之事也.　且世之滔滔,　惟權利之是趨,　爲之費心費力如此,　而不以歸之權利,　乃歸之海外蕉萃枯稿之人,　如世之趨權利者.　太史公云,　以權利合者,　權利盡以交疎.　君亦世之滔滔中一人,　其有超然自拔於滔滔權利之外,　不以權利視我耶?　太史公之言非耶?　孔子曰,　歲寒然後,　知松柏之後凋.　松柏是貫四時而不凋者,　歲寒以前一松柏也,　歲寒以後一松柏也.　聖人特稱之於歲寒之後.　今君之於我,　由前而無加焉,　由後而無損焉.　然由前之君,　無可稱,　由後之君,　亦可見稱於聖人也耶?　聖人之特稱,　非徒爲後凋之貞操勁節而已,　亦有所感發於歲寒之時者也.

　烏乎!　西京淳厚之世,　以汲鄭之賢,　賓客與之盛衰,　如下邳榜門,　迫切之極矣.　悲夫!　阮堂老人書. (「세한도 歲寒圖 발문 跋文」)

　이 글은 조선 후기 추사 김정희(金正喜, 1786~1856)의 그림에 붙은 발문(跋文)이다. 발문은 책이나 그림의 말미에 설명이나 관련 사항을 짧게 적은 글을 말한다. 김정희는 1844년(헌종 10)에 역관 이상적(李尙迪)에게 「세한도」를 그려 보내며 편지도 함께 썼는데 그 편지가 바로 이 발문이다. 이상적은 김정희보다 17세 아래로 뛰어난 실력을 가진 역관(譯官)이었다. 중국에 다녀올 때마다 새로운 책과 중국 문인들의 편지를 김정희에게 전해주었다. 그 보답으로 「세한도」를 그리고 편지를 적은 것이니 이 그림은 오롯이 이상적을 위한 것이었다.

　김정희는 당대의 명문가에서 태어나 천재로 자랐다. 박제가를 스승으로 모시며 북학을 배웠고 당시 청나라 최고의 석학 옹방강(翁方綱), 완원(阮元) 등에게도 인정을 받았다. 고증학, 금석문을 비롯하여 시서화(詩書畵) 각 방면에서 모두 높은 수준에 올랐으며 문과에 급제하여 병조참판, 판의금부사도 역임했다. 그러나 1840년 윤상도의 옥사에 연루되어 제주도에서 8년간 유배되었다가 돌아와 다시 함경도 북청에 유배되어 2년간 있었다. 만년에는 경기도 과천에서 과지초당(瓜地草堂)을 짓고 여생을 보냈다. 제주도에서의 귀양 생활은 김정희의 인생에서 가장 괴롭고 곤궁한 시간이었다. 아버지가 사약을 받고 돌아가셨고 아내의 부음도 제주도에서 들었다. 책을 보내준 이상적에게 김정희가 감동했던 것은 그만큼 몰락한 자신에 대한 비애와 세상에 대한 절망이 컸기 때문일 것이다.

　김정희의 편지는 수차례 사마천의 글을 언급했다. 억울한 사연으로 궁형을 받고 운명에 대한 분노를 억누르며 『사기』를 완성한 사마천. 김정희는 사마천의 슬픔과 울분에 깊이 감정이입이 되었던 것 같다. 세상의 물결은 도도하게 출렁인다. 산처럼 그 자리에 있지 않다. 금방 이곳으로, 또 금방 저곳으로 쉬지 않고 출렁인다. 마치 권력과 이익을 좇는 세상의 인심처럼. "권세와 이익으로 맺어진 사람들은 권세와 이익이 다하면 사귐도 소원해진다."라는 말은 『사기 · 정세가(鄭世家)』에 나오는 말이다. 많은 사람들이 인용했던 유명한 말이다. 비슷한 의미의 다른 표현들도 많다. 재물로 맺어진 사람들은 재물이 사라지면 사귐도 멀어진다. 미색으로 은총을 받았던 사람은 미색이 다하면 은총도 다한다.

　김정희는 『논어』의 구절도 언급했다. "歲寒然後, 知松柏之後凋(세한연후 지송백지후조, 날이 차가워진 후에야 소나무와 측백나무가 늦게 시드는 것을 안다.)" 그림의 제목인 '세한도'는 이 말에서 나왔다. 한국에서는 이 구절의 송백을 오랫동안 소나무와 잣나무라고 번역했다. 송백(松柏)의 '백'이 잣나무, 측백나무의 뜻을 모두 갖고 있기 때문이다. 그런데 고대 중국에서 바늘잎은 송(松)으로, 비늘잎은 백(柏)으로 불렀다.(『우리 나무의 세계』, 박상진, 김영사, 2011. 참고) 소나무와 잣나무는 잎의 모양이 같다. 한 자리에 바늘잎 2개가 나면 소나무이고, 5개가 나면 잣나무다. 둘 다 송(松)이다. 그래서 공자가 말한 송백은 소나무와 측백나무라고 해야 할 것이다.

　원래 『논어』의 이 구절은 변치 않는 의지라는 뜻으로 자주 인용되었다. 세상이 나를 몰라봐서 내 인생이 잘 풀리지 않을 때, 그래도 절망하지 않는 의지와 정신력의 비유이다. 추위가 닥쳐야 어떤 나무가 늘푸른나무인지 알 수 있듯, 시련을 겪어봐야 누가 진정 강인한 생명력과 의지를 가진 사람인지 알 수 있다는 것이다. 그런데 김정희는 이 말을 인간에 대한 변치 않는 우정과 의리로 해석했다. 이상적은 자신을 이해관계로 대한 것이 아니라 사제라는 인간적인 관계로 대했기 때문에 지위가 몰락한 후에도 변하지 않았다. 자신이 높은 자리에 있을 때도 무얼 바라며 접근하지 않았고 제주도로 귀양 온 후에도 달라진 것이 없다. 세상에 버림받은 지금에야 이상적이 진정으로 자신을 생각했음을 깨달은 것이다. 마치 추운 겨울이 오니 뭇풀들은 시들어 사라지고 저 굳센 기상의 송백만 남은 것처럼.

　김정희는 권세와 이익을 좇아 의리와 인정을 저버리는 세태가 슬프다고 말했다. 그가 언급한 급암(汲黯), 정당시(鄭當時), 하비(下邳)의 적공(翟公)은 모두 권세를 누릴 때 빈객이 많기로 소문

난 사람들이었다. 그러나 권세를 잃어버리자 찾는 사람도 사라졌다. 특히 적공은 성어 문전작라(門前雀羅, 대문 앞에 오가는 사람이 없어 참새 그물을 칠 정도이다.)의 주인공인데 후에 다시 높은 자리에 올랐다. 그러자 빈객이 예전처럼 구름같이 몰려들었다. 염량세태를 절감한 그는 대문에 다음과 같이 방을 붙였다고 한다.

> 한번 죽고 한번 사니 사귐의 정을 알게 되고
> 한번 가난하고 한번 부유해지니 사귐의 태도를 알게 되며
> 한번 귀하고 한번 천해지니 사귐의 정을 보게 되네
>
> 一死一生, 乃知交情. 一貧一富, 乃知交態. 一貴一賤, 交情乃見.

만약 한양에서 권세를 누리던 시절 책을 받았다면 특별한 선물이 아니었을 것이다. 하지만 김정희는 곤궁한 귀양살이를 하며 이상적의 인품을 다시 보았고 크게 감동했다. 그림은 오른쪽에서 왼쪽으로 읽는다. 세한도라는 제목 다음에 "우선시상(藕船是賞, 우선은 이를 감상하시게) 완당(阮堂)"이라고 써 있다. 우선(藕船)은 이상적의 호이고 완당은 김정희의 호다. 낮게 웅크린 달창집이 보이고 나무 네 그루가 서 있다. 한 그루는 크고 비틀어진 노송이다. 김정희 자신의 모습일까? 뒤에 있는 세 그루는 젊고 꼿꼿하다. 하지만 노송도 구부러진 가지 끝에 잎을 피우고 있다. 마치 나 아직 살아 있다고 말하는 듯. 주변은 차가운 겨울, 모진 바람이 부는 유배지답게 황량하기 그지없다.

이상적은 스승의 「세한도」를 받고 눈물을 흘리며 크게 감동했다. 그리고 이후 북경을 방문하면서 가져가 청나라의 문사들에게 보여주고 16인의 송시와 찬문을 받아 왔다. 돌아온 후에 이 글들을 두루마리에 엮어 김정희에게 다시 보여주었다고 한다. 다음은 김정희가 죽었을 때 이상적이 쓴 시의 한 구절이다.

> 평생의 지기(知己)는 수묵 속에 있네
> 흰 꽃심의 난초, 또 추운 겨울의 소나무
>
> 知己平生存手墨, 素心蘭又歲寒松.

여기서 '흰 꽃심의 난초'는 난초 그림 「불이선란(不二禪蘭)」을 말하고 '추운 겨울의 소나무'는 「세한도」를 말한다. 모두 김정희의 대표작이자 조선 문인화의 명작이다. 화제에 적힌 내용을 보니 「불이선란」을 그린 후 김정희 자신도 놀랐다. 선종의 불이선(不二禪)의 경지가 느껴졌다. 초서와 예서의 기법으로 난을 그렸더니 세상에 없는 그림이 나온 것이다. "처음엔 달준이에게 주려고 붓을 놀렸는데 세상에 하나밖에 없는, 둘도 없는 그림이 되었다."라는 화제도 적었다. 달준이는 말년에 유배에서 돌아와 과천에 거주할 때 데리고 있던 하인이다. 하인이지만 말동무도 해 주고 정성스럽게 자기를 돌봐준 것이 고마웠던 것이다. 「세한도」의 창작 동기와 유사하다. 아랫사람이지만 자신을 따뜻하게 보살펴준 사람들을 위해 그림을 그렸다. 그래서 평생의 지기(知己, 친구)가 수묵에 있다고 말한 것이다. 이상적이나 달준이나 마음이 가는 대로 행동한 것인데 그 마음을 인정하여 그림에 담아준 스승에 대한 존경의 표현이다.

• 세한도 •
(국립중앙박물관)

제10장

사랑과 결혼

1. 단문 읽기

엎질러진 물

太公取一壺水傾於地, 令妻收入. 乃語之曰, "若言離更合,
태 공 취 일 호 수 경 어 지　영 처 수 입　내 어 지 왈　약 언 이 갱 합

覆水定難收."
복 수 정 난 수

『野客叢書』
야 객 총 서

어휘 풀이

┃太公(태공): 인명. 강태공(姜太公). 오랫동안 은거하며 낚시로 소일하다가 주나라 문왕의 부름을 받았다 ┃取(취): 취하다, 갖다 ┃一壺水(일호수): 한 주전자의 물 ┃傾於地(경어지): 땅에 기울여 쏟다 ┃令(령): (사역) ~에게 ~하게 하다 ┃收入(수입): 거두어들이다 ┃乃(내): 이에 ┃若(약): 너, 그대 ┃更(갱): 다시 ┃合(합): 합치다, 합하다 ┃覆水(복수): 엎어진 물 ┃定(정): 분명히

우리말 해석

　　강태공이 한 주전자의 물을 가져와 땅에 쏟고 아내에게 거두어들이게 했다. 그리고 말하길, "그대는 헤어지고 다시 합치자고 말하지만 엎어진 물은 분명 거두기가 어렵다."라고 했다.

송나라 때 왕무(王楙)의 필기 문헌 『야객총서(野客叢書)』에 소개된 내용이다. 우리에게 강태공(姜太公)으로 알려진 인물의 일화이다. 성이 강(姜)이고 씨가 여(呂)인데, (성과 씨에 대해서는 제3장 '불후의 가치' 참고) 이름은 상(尙), 또는 망(望)이고 자는 자아(子牙)이다. 그래서 강자아(姜子牙), 강상(姜尙), 여상(呂尙), 여망(呂望) 등으로 불렸는데 후에 태공망(太公望)이라는 이름도 생겼다. 모두 강태공의 호칭이다.

강태공은 상나라와 주나라의 왕조 교체기의 인물로, 주나라 무왕이 상나라 주왕을 멸하고 천자가 될 때 큰 공을 세웠다. (4장 '백이숙제의 운명' 참고) 72세에 주나라 문왕을 만나 세상에 나왔다. 낚시를 하다가 만났는데 그가 낚시하던 바늘은 곧은 바늘이었고 미끼도 없었다고 한다. 종일 천하의 형세를 구상했던 것이다. 덕분에 강태공이라는 이름은 낚시하는 사람의 대명사가 되었다.

그의 아내 마(馬)씨는 악처의 이미지로 전한다. 마씨는 강태공의 성공을 보지 못하고 집을 나갔다. 72세까지 생계를 운영하지 못했으니 참지 못한 것이다. 후에 강태공이 높은 지위에 올라 화려한 행차를 하다가 군중 속에서 전처인 마씨를 보았다. 불러 이야기를 나누니 마씨는 옛정을 생각하여 다시 합치자고 했다. 강태공은 물을 쏟으면서 "쏟아진 물은 다시 거두기 어렵다."라는 말로 거절했다. 복수난수(覆水難收)라는 성어가 되었고 우리 속담으로는 "이미 엎질러진 물"이다.

비슷한 유형의 일화로 주매신(朱買臣)과 아내 최(崔)씨의 이야기가 있다. 한나라 때 주매신은 매우 가난하여 아내와 땔감을 팔았다. 책을 좋아하여 산에서도 글을 읽고 사람들 앞에서 낭송을 자주 했다. 부신독서(負薪讀書, 장작을 짊어지고 책을 읽다)라는 성어가 여기서 나왔다. 그의 아내는 가난도 싫고 이런 남편이 부끄러워 이혼을 요구했다. 주매신이 이혼장을 써주니 최씨는 다른 남자에게 시집갔다. 주매신은 혼자 고생하다가 후에 학문으로 성공하여 고향의 태수로 부임했다. 그런데 하필 전처 부부가 길을 쓸고 있는 것을 보았다. 주매신은 두 사람을 불러 수레에 태우고 태수의 공관에 데려가 식사를 대접하며 환대를 베풀었다. 얼마 후, 전처는 자살했고 주매신은 그의 남편에게 하사금을 내려 장례를 치를 수 있게 했다.

강태공과 주매신은 아내에게 비슷한 대접을 받았지만 다시 만났을 때의 대처가 달랐다. 『노자』에는 "원한을 덕으로 갚으라(報怨以德 보원이덕)."라는 말이 있고 『논어』에는 "원한을 곧음으로 갚으라(以直報怨 이직보원)."라는 말이 있다. 강태공의 행동에는 감정이 없었다. 『논어』식이다.

하지만 주매신은 전처를 후하게 대접했다. 재혼한 남편까지 함께. 『노자』식으로 보인다. 하지만 그럴까? 아니다. 이 행동은 복수로 평가받는다. 주매신의 전처는 자존심이 강한 인물이었다. 주매신도 알았을 것이다. 덕을 베푼 것 같았지만 전처의 입장에서는 치욕스러운 앙갚음이었을 것이다. 주매신은 지나쳤다.

조강지처

後弘被引見, 帝令主坐屛風後, 因謂弘曰, "諺言, '貴易交,
후 홍 피 인 견 제 령 주 좌 병 풍 후 인 위 홍 왈 언 언 귀 역 교

富易妻', 人情乎?" 弘曰, "臣聞貧賤之交不可忘, 糟糠之
부 역 처 인 정 호 홍 왈 신 문 빈 천 지 교 불 가 망 조 강 지

妻不下堂." 帝顧謂主曰, "事不諧矣."
처 불 하 당 제 고 위 주 왈 사 불 해 의

『後漢書』
후 한 서

어휘 풀이

┃後(후): 후에 ┃弘(홍): 인명. 한나라 때의 송홍(宋弘) ┃被(피): (피동) ~되다 ┃引(인): 이끌다
┃帝(제): 황제. 후한의 첫 번째 황제인 광무제(光武帝)를 말한다 ┃令(령): (사역) ~에게 ~하게
하다 ┃主(주): 공주. 황제의 누나인 호양공주(湖陽公主)를 말한다 ┃屛風(병풍): 병풍 ┃因(인): 이
어서 ┃諺言(언언): 속담에 말하길 ┃易(역): 바꾸다 ┃交(교): 사귐, 친구 ┃人情(인정): 인지상
정 ┃貧賤(빈천): 가난하고 천하다 ┃糟糠(조강): 지게미(술을 만들고 남은 찌꺼기)와 쌀겨 ┃堂
(당): 집 ┃顧(고): 돌아보다 ┃諧(해): 화합하다, 이루다

우리말 해석

후에 송홍이 이끌려 와 만났는데 황제는 호양공주를 병풍 뒤에 앉게 하고 송홍에게 말했다.
"속담에 '신분이 귀해지면 친구를 바꾸고 부유해지면 아내를 바꾼다.'라고 합니다. 인지상정이
겠지요?" 송홍이 말했다. "신이 듣기로 빈천하던 시절의 친구는 잊을 수 없고 조강지처는 집에
서 내보내지 않는다고 합니다." 황제가 공주에게 돌아보며 말하길, "일이 성사되지 않겠습니다."

본문의 내용은 광무제와 그의 신하 송홍이 대화를 나누는 장면이다. 광무제에게는 호양공주라고 하는 누나가 한 명 있었는데 남편이 죽어 과부가 되었다. 광무제가 호양공주에게 조정의 신하들이 어떤지 물어보니, 공주가 송홍의 인품과 용모가 훌륭하다고 대답했다. 송홍은 정직과 청렴으로 광무제의 중임을 받는 인물이다. 그래서 광무제는 송홍의 의향을 알아보려고 병풍 뒤에 공주를 숨어 있게 하고 물었다. "사람들은 신분이 귀해지면 친구를 바꾸고, 부유해지면 아내를 바꾼다고 합니다. 인지상정이니 대부분 이렇게 하지요." 서로 체통이 있으니 직접적으로 묻지 않고 넌지시 떠본 것이다. 송홍은 답했다. "빈천지교불가망, 조강지처불하당(貧賤之交不可忘 糟糠之妻不下堂)" 명언이 이렇게 탄생했다.

빈천지교는 돈이 없고 신분이 천한 시절의 사귐이다. 춥고 배고픈 시절, 함께 고생한 친구는 성공한 이후에도 잊어버리지 않는다는 말이다. 조강지처의 조(糟)는 술지게미이고 강(糠)는 쌀겨이다. 술지게미는 밥에 누룩을 섞어 탁주를 만들고 남은 찌꺼기이다. 그래서 조강지처는 술 만들고 남은 지게미를 얻어 와 함께 배를 채우던 아내, 즉 가난과 고생을 함께 겪어온 아내이다. 찢어지게 가난할 때 데려온 사람이니 대체로 눈부신 미인이거나 많이 배운 사람이 아닐 것이다. 부잣집 고명딸은 더욱 아닐 것이다. 하지만 송홍은 성공하여 부귀를 얻더라도 조강지처는 버리면 안된다고 했다. 내가 힘들 때 날 버리지 않은 사람이기 때문이다. 이것이 최소한의 인간적인 도리라는 것이다. 조조는 "내가 세상을 버릴지라도, 세상이 나를 버리지는 않게 하겠다(寧我負人, 毋人負我. 영아부인 무인부아)."라고 했다. 송홍의 가치관과는 반대다. 광무제와 누나는 뜻을 접었다.

훌륭한 우정을 뜻하는 성어는 빈천지교(貧賤之交) 외에도 금석지교(金石之交), 막역지교(莫逆之交), 문경지교(刎頸之交), 망년지교(忘年之交) 등등 매우 많다. 모두 세속적인 가치관을 초월하는 정신적인 사귐을 의미한다. 하지만 조강지처처럼 아내를 의리로 대하는 의미의 성어는 많지 않다. 고대에는 여성을 남성의 소유나 부속으로 생각하는 경향이 강했기 때문이다. 송홍은 훌륭한 인품의 남자다.

월하노인

固曰, "然則君何主?" 曰, "主天下之婚姻耳." 因問囊中赤
고왈　연즉군하주　　왈　주천하지혼인이　　인문낭중적

繩子. 曰, "此以系夫婦之足. 雖仇家異域, 此繩一系之, 終
승자　왈　차이계부부지족　수구가이역　차승일계지　종

不可易."
불가역

『續玄怪錄』
속현괴록

어휘 풀이

┃固(고): 인명. 소설의 주인공 위고(韋固) ┃然則(연즉): 그러면, 그렇다면 ┃君(군): 그대 ┃主
(주): 주관하다. 주재하다 ┃耳(이): ～뿐이다 ┃因(인): 이어서 ┃囊(낭): 주머니 ┃赤繩子(적승자): 붉
은 실 ┃系(계): 묶다 ┃仇家(구가): 원수의 집안 ┃易(역): 바꾸다

우리말 해석

위고가 "그러면 그대는 무엇을 주관하십니까?"라고 하자 "천하의 혼인을 주관할 뿐일세."라
고 말했다. 이어서 주머니 속의 붉은 실을 물었더니 "이것은 부부의 다리를 묶는 것이라네. 비
록 원수의 집안이거나 이역만리 떨어져 있더라도 이 끈으로 일단 묶기만 하면 끝내 바꾸지 못
하지."라고 했다.

이 이야기는 당나라 때의 소설 「정혼점(定婚店)」의 일부이다. 당 태종 때 위고라는 사람이 혼기를 놓쳐 고민이 많았다. 어느 날 새벽, 송성(宋城) 용흥사 계단에서 한 노인을 만났는데 달빛에 책을 뒤적이고 있었고 그 옆에는 주머니가 하나 있었다. 위고가 무슨 책인지 물었더니 노인이 말했다. "이 책은 저승의 책일세. 이 주머니 속의 붉은 실로 남녀의 다리를 묶으면 나중에 결혼할 인연이 되는 걸세." 이 노인은 혼인을 주관하는 신선이었다. 위고는 자신도 결혼할 상대가 있는지 물었다. 그러자 노인은 위고를 시장으로 데려갔다. 한쪽 눈이 먼 노파가 아기를 안고 채소를 팔고 있었다. 행색이 몹시 남루했다. 노인은 저 아기가 위고의 짝이라고 말했다.

집으로 돌아온 위고는 하인을 시켜 아기를 죽이라고 했다. 당시 기대하던 혼담이 있었기 때문이었다. 하인은 암살에 실패하여 아기의 양미간에 상처만 내고 달아났다. 위고가 기대했던 혼담도 깨졌다. 14년 후, 위고는 다른 지역에서 벼슬을 하다가 자사(刺史)인 왕태의 눈에 들어 그의 딸과 결혼했다. 나이는 16~17세 즈음이었고 아름다웠다. 다만 늘 양미간에 꽃 장식을 붙이고 있었다. 어느 날 위고가 그 사연을 물어보자 아내가 대답했다. "저는 자사의 딸이 아니라 조카입니다. 부친께서 송성의 현령이었는데 집안이 몰락하여 유모가 저를 키웠습니다. 어떤 미친 사람이 시장에서 찔러 상처가 남은 것입니다. 장성하여 숙부를 따라 이곳에 왔습니다." 위고는 혹시 유모가 애꾸였는지 물었더니 아내가 놀라 그렇다고 답했다. 위고는 지난날의 일을 모두 말했고 이후 두 사람은 공경하는 마음이 더욱 지극해졌다.

남녀의 인연이 운명처럼 내정되어 있다는 관념이 반영된 이야기다. 이 이야기가 유전되면서 중매인(中媒人)을 월하노인(月下老人)이라고 부르게 되었다. 인연이 될 남녀의 다리에는 눈에 보이지 않는 붉은 실이 묶여 있다는 상상이 흥미롭다. 중매인을 월하빙인(月下氷人)이라고도 부르는데 이 이야기는 『진서(晉書)』에서 나왔다. 어느 날 영호책이라는 사람이 얼음 위에 서서 얼음 아래의 사람과 얘기하는 꿈을 꾸었다. 색담이라는 사람이 다음과 같이 해몽했다. 얼음 위는 양(陽)이고 얼음 아래는 음(陰)인데 얘기를 나누었으니 음양의 만남이므로 혼인을 중재하는 꿈이라는 것이다. 얼마 후 과연 영호책에게 중매를 해달라는 요청이 들어왔다. 양가에서 흔쾌히 동의했기에 혼사는 순조롭게 이루어졌다. 월하빙인은 이 이야기의 빙상인(氷上人, 얼음 위의 사람)과 월하노인이 합쳐진 말로 보인다.

파경

南朝陳太子舍人徐德言與妻樂昌公主恐國破後兩人不能相
남조 진 태 자 사 인 서 덕 언 여 처 낙 창 공 주 공 국 파 후 양 인 불 능 상

保. 因破一銅鏡, 各執其半, 約於他年正月望日賣破鏡於都
보   인 파 일 동 경   각 집 기 반   약 어 타 년 정 월 망 일 매 파 경 어 도

市, 冀得相見.
시   기 득 상 견

『本事詩』
본 사 시

어휘 풀이

┃南朝陳(남조진): 남조 때 진나라 ┃太子舍人(태자사인): 관직명 ┃徐德言(서덕언): 인명. 남조 시
인 서릉(徐陵)의 손자 ┃與(여): ~와 ┃樂昌公主(낙창공주): 인명 ┃恐(공): 두려워하다 ┃國破(국파):
나라가 무너지다 ┃相保(상보): 서로 보전하다 ┃因(인): 그래서 ┃破(파): 부수다 ┃銅鏡(동경): 구리
거울 ┃執(집): 잡다, 갖다 ┃約(약): 약속하다 ┃他年(타년): 다른 해 ┃正月(정월): 음력 1월 ┃望日(망
일): 보름달이 뜨는 날. 매월 15일 ┃都市(도시): 도성의 시장 ┃冀(기): 바라다

우리말 해석

남조 때 진나라 태자사인 서덕언과 그의 아내 낙창공주는 나라가 망한 후 두 사람이 서로 보
전하지 못할까 두려웠다. 그래서 구리거울 하나를 부수어 각각 절반을 갖고 다른 해 정월 보름
에 도성의 시장에서 부서진 거울을 팔기로 약속하여 서로 만날 수 있기를 희망했다.

중국의 위진남북조 시대에 남조에서는 동진(東晉)→송(宋)→제(齊)→양(梁)→진(陳)의 순서로 왕조가 교체되었고 북조에서 일어난 수나라가 남조를 멸하고 천하를 통일했다. 이 이야기는 남조의 마지막 왕조 진나라가 수나라에 멸망되는 과정에 생긴 일화다. 당나라 위술(韋述)이 쓴 『양경신기(兩京新記)』에도 이 일이 전한다.

서덕언은 진나라 마지막 황제 진숙보(陳叔寶)의 누이 낙창공주와 결혼하여 부마가 되었다. 두 사람은 정이 두터웠다. 하지만 곧 수나라가 침략했다. 서덕언은 진나라의 멸망을 예감하고 아내에게 말했다. "수나라 귀인들이 당신의 재색을 탐내 데려갈 것입니다. 내가 죽으면 나를 잊으시오. 살아 있더라도 다시 만나기는 어렵겠지요." 그는 구리거울을 반으로 잘라 아내에게 주며 훗날 내다 팔라고 당부했다. 혹시라도 자신이 살아남아 거울을 보게 되면 이것으로 생사라도 확인하려는 마음이었다. 그 후, 진나라는 망했고 낙창공주는 수나라 황실의 인척 양소(楊素)의 첩이 되었다. 양소는 낙창공주를 매우 아꼈고 장안에 별원(別院)을 지어 즐겼다.

서덕언은 나라가 망한 후 난리 통에 떠돌다 장안까지 오게 되었다. 약속했던 정월 보름날, 시장에서 한 하녀가 구리거울 반쪽을 파는 것을 보았다. 자신의 거울을 꺼내어 맞춰보니 아내의 거울이었다. 감격한 그는 거울 뒷면에 시를 적어 보냈다.

> 거울과 사람 함께 떠났으나, 거울만 돌아오고 사람은 아니 왔네.
> 항아의 모습 다시 보이지 않고, 밝은 달빛만 부질없이 남아 있네.
>
> 鏡與人俱去, 鏡歸人不歸.
> 無復嫦娥影, 空留明月輝.

서덕언의 시를 읽은 낙창공주는 식음을 전폐하고 깊은 슬픔에 빠졌다. 양소는 이를 이상하게 여기다 사연을 알게 되었고 서덕언을 불러 만났다. 고민 끝에 양소는 서덕언에게 낙창공주를 돌려보내며 의복도 하사했다. 세상 사람들이 양소를 칭송했다.

파경이란 말이 부부의 이별을 뜻하는 의미로 사용된 배경이다. 왜 하필 거울이었을까? 거울은 둥글다. 달을 상징한다. 시장에 내다 판 날도 정월 보름날이다. 멀리 떨어져 있는 사람들은 함께 달을 보며 그리워한다. 그이도 지금 달을 보고 있겠지 하며 말이다. 그래서 소동파의 사「수조가두(水調歌頭)·명월기시유(明月幾時有)」에서도 이렇게 읊었다. "인생엔 슬픔과 기쁨, 헤어짐과 만남이 있고 달에는 흐림과 맑음, 참과 기울어짐이 있네(人有悲歡離合, 月有陰晴圓缺. 인유비환 이합 월유음청원결)." 인생이 만남과 헤어짐을 반복하듯 달도 초승달과 보름달이 반복된다는 것이다. 원래 파경은 부부의 재회를 기약하는 의미가 담겨 있었다. 지금의 개념과는 약간 다르다.

• 고대의 청동 거울 •
(국립중앙박물관)

2. 문법 해설

1 若言離更合 (약언이갱합) 그대는 헤어지고 다시 합치자고 말한다.

更 (고칠 경, 다시 갱)

경과 갱, 두 개의 독음이 있다. 更迭(경질)과 같이 '고치다, 바꾸다'라는 의미일 때는 '경'으로, 更生(갱생)과 같이 '다시'라는 의미일 때는 '갱'으로 읽는다. 그래서 更新을 읽을 때에 신기록을 새롭게 고쳤다고 하면 '경신'으로, 유효 기간이 만료된 서류를 연장하여 다시 새롭게 한다고 하면 '갱신'으로 읽는다. 위의 문장에서는 '다시'의 의미이므로 '갱'이라고 읽는다.

▶ 欲窮千里目, 更上一層樓(욕궁천리목 갱상일층루) 천 리 밖을 보려 한다면 다시 한 층 올라야 한다. (「등관작루 登鸛鵲樓」)

2 覆水定難收 (복수정난수) 엎어진 물은 분명 거두기가 어렵다.

定 (정할 정)

① 결정하다, 확정하다, 바로잡다
   ▶ 萬事分已定, 浮生空自忙(만사분이정 부생공자망) 모든 일에는 분수가 이미 정해졌으나 부질없는 인생은 헛되이 혼자 바쁘다. (『명심보감 明心寶鑑』)
② 반드시, 꼭, 분명히
   ▶ 項梁聞陳王定死(항량문진왕정사) 항량은 진왕이 틀림없이 죽었다고 들었다. (『자치통감 資治通鑑』)

3 後弘被引見 (후홍피인견) 후에 홍이 이끌려 와 만났다.

> ## 被 (입을 피)
>
> 피동형으로 동사 앞에 위치하여 '~당하다'의 의미를 표현한다. 비슷한 용법으로 見(견)
> 이 있다.
> ▶ 信而見疑, 忠而被謗(신이견의 충이피방) 신실했지만 의심을 받았고 충성스러웠으나 비방을
>   입었습니다. (『사기 史記』)

4 然則君何主 (연즉군하주) 그러면 그대는 무엇을 주관하십니까?

> ## 然則 (그럴 연, 곧 즉)
>
> 앞의 내용을 받아 새로운 의견을 제시하는 용법으로 '그러면, 그렇다면'으로 해석한다.
> ▶ 然則人之性惡明矣(연즉인지성악명의) 그렇다면 사람의 성품이 악하다는 것은 분명하다.
>   (『순자 荀子』)

5 主天下之婚姻耳 (주천하지혼인이) 천하의 혼인을 주관할 뿐일세.

> ## 耳 (귀 이)
>
> ① 귀
> ▶ 忠言逆耳利於行(충언역이이어행) 충성스러운 말은 귀에는 거슬리지만 행동에는 이롭다.
>   (『사기 史記』)
> ② ~일 뿐이다
> ▶ 直不百步耳, 是亦走也(직불백보이 시역주야) 단지 백 보가 아닐 뿐, 이 역시 달아난 것입
>   니다. (『맹자 孟子』)

6 約於他年正月望日賣破鏡於都市 (약어타년정월망일매파경어도시) 다른 해 정월 보름에 도성의 시장에서 부서진 거울을 팔기로 약속했다.

望日 (바랄 망, 날 일)

망일은 매월 음력 15일, 즉 보름날을 가리키는 말이다. 望(망)이라고도 한다. 보름에서 하루가 지난 16일은 旣(이미 기)를 더하여 旣望(기망)이라 한다. 이와 반대로 달이 없는 날, 매월 초하루는 朔(삭), 朔日(삭일)이라고 한다.

▶ 是日望日, 而身在軍中(시일망일 이신재군중) 이날은 보름이었는데 내 몸은 군중에 있었다. (『난중일기 亂中日記』)

都市 (도읍 도, 저자 시)

도읍은 '도성'이라는 뜻이고, 저자는 '시장'이라는 뜻이다. 도시의 市(시)는 원래 '시장'을 가리킨다. 시장을 중심으로 사람이 모이고 큰 군락이 이루어지는 옛 도시의 형성 과정을 반영하고 있다.

▶ 當伏刑都市以示萬衆(당복형도시이시만중) 응당 저자에서 처형하여 많은 이들에게 보여야 합니다. (『한서 漢書』)

3. 명언명구

窈窕淑女,
요 조 숙 녀
君子好逑
군 자 호 구

현숙한 숙녀는
군자의 좋은 짝이다.

『시경』의 첫 번째 시 「관저(關雎)」의 한 구절이다. 현숙한 여인은, 품행과 학식이 뛰어난 남자의 좋은 배필이 됨을 말한다. 새 울음소리를 듣고 청춘남녀의 사랑을 연상하는 내용이다. "구지부득(求之不得, 찾으나 얻지 못하다)", "오매사복(寤寐思服, 자나 깨나 생각하다)", "전전반측(輾轉反側, 잠을 이루지 못하고 이리저리 뒤척이다)" 등의 성어가 이 시에서 나왔다.

• 窈(그윽할 요) | 窕(정숙할 조) | 淑(맑을 숙) | 女(계집 녀)
　君(임금 군) | 子(아들 자) | 好(좋을 호) | 逑(짝 구)

恨不相逢未嫁時
한 불 상 봉 미 가 시

시집가기 전에 만나지
못해 한스럽다오.

당나라 시인 장적의 시 「절부음(節婦吟)」에 나오는 구절로 다른 남자가 자신을 사모해 귀한 구슬을 주었지만 자신은 이미 결혼한 몸이라 받을 수 없다며 거절하는 내용이다. 이 시는 시인의 현실 상황에 대한 비유이다. 당시 지방 군벌인 절도사 이사도(李師道)가 장적에게 자신의 수하로 들어오라고 요청했다. 장적은 거절하고 싶었지만 이사도는 당시 세력이 큰 권력자였다. 그래서 이 시를 지어 완곡하게 의사를 밝힌 것이다. 남편이 있는 걸 알면서도 구슬을 보낸 이 남자에게 눈물을 흘리며 구슬을 돌려준다고 말했으니 대단히 공손한 거절이다.

• 恨(한할 한) | 不(아닐 불) | 相(서로 상) | 逢(만날 봉) | 未(아닐 미)
　嫁(시집갈 가) | 時(때 시)

士爲知己者死,
사 위 지 기 자 사
女爲悅己者容
여 위 열 기 자 용

선비는 자기를 알아주는 사람을
위해 목숨을 바치고,
여인은 자기를 어여뻐하는 사람을
위해 용모를 꾸민다.

『전국책』에서 나온 말로 예양이라는 사람이 자신을 아껴
준 지백이 죽자 그의 복수를 하기 위해 조양자를 암살
하려 했다. 이 말은 예양이 복수를 다짐하며 한 말이다.
예양의 복수는 결국 실패했는데 마지막으로 조양자에게
옷을 청하여 옷을 세 번 찌르고 자결했다.

• 士(선비 사) | 爲(위할 위) | 知(알 지) | 己(몸 기) | 者(놈 자)
死(죽을 사) | 女(계집 녀) | 悅(기쁠 열) | 容(얼굴 용, 꾸밀 용)

衣不如新,
의 불 여 신
人不如故
인 불 여 고

옷은 새 옷이 좋고
사람은 옛 사람이 좋다.

악부시 「고염가(古艶歌)」의 한 구절로 남편에게 버림받
은 여인이 자신의 신세를 한탄하는 내용이다. 不如(불
여)는 "백문불여일견(百聞不如一見)"에서도 사용되는 '~
만 못하다'의 의미이다. 시의 앞 구절은 "외로운 흰 토끼
동쪽으로 뛰며 서쪽을 돌아보네(熒熒白兔, 東走西顧. 경경
백토 동주서고)."이다. 버림받은 여인이 집을 떠나며 돌아
보는 모습의 비유이다. "衣不厭新, 人不厭故(의불염신 인
불염고)"도 같은 뜻이다. 친구에 대한 의미로도 사용된다.

•衣(옷 의) | 不(아닐 불) | 如(같을 여) | 新(새 신)
人(사람 인) | 故(옛 고)

在天願作比翼鳥,
재 천 원 작 비 익 조
在地願爲連理枝
재 지 원 위 연 리 지

하늘에서는 비익조가 되길 원하고
땅에서는 연리지가 되길 원하네.

백거이의 시 「장한가(長恨歌)」의 한 구절로 당 현종과 양 귀비가 사랑을 맹세하는 내용이다. 비익조는 전설 속의 새로 암수가 눈과 날개가 하나씩이라 반드시 짝을 지어 난다. 연리지는 두 몸에서 뻗어난 가지가 하나로 이어진 나무이다. 비익조와 연리지는 모두 부부의 상징이다.

• 在(있을 재) ┃ 天(하늘 천) ┃ 願(원할 원) ┃ 作(지을 작) ┃ 比(비할 비) 翼(날개 익) ┃ 鳥(새 조) ┃ 地(땅 지) ┃ 爲(할 위) ┃ 連(이을 련) 理(다스릴 리) ┃ 枝(가지 지)

至死靡他
지 사 미 타

죽어도 다른 마음
갖지 않으리.

『시경 · 백주(柏舟)』에서 나온 말로 강물 위에 둥실 떠 있 는 측백나무 배를 보면서 여성이 죽은 남편에게 정절을 맹세하는 말이다. 靡(쓰러질 미)는 非(아닐 비)와 같은 뜻 이다. 위나라 세자 공백(共伯)이 죽어 그 아내 공강(共姜) 의 부모가 딸을 억지로 결혼시키려 하자 공강이 단호히 거절했다. 「백주」는 공강이 수절의 결심을 맹세한 시로 평가받는다. "백주지조(柏舟之操)" 역시 같은 의미이다.

• 至(이를 지) ┃ 死(죽을 사) ┃ 靡(쓰러질 미) ┃ 他(다를 타)

青梅竹馬
청 매 죽 마

대나무 말을 타고
푸른 매실로 놀던 사이.

당나라 이백의 시 「장간행(長干行)」에서 유래한 말로 어릴 때부터 한 마을에서 함께 자란 남녀 사이를 가리킨다. 시의 서정 화자는 여성이다. 머리카락이 처음 이마를 덮던 무렵, 마을의 남자아이는 대나무를 말처럼 다리에 끼고 놀면서 푸른 매실을 들고 여자아이에게 장난을 쳤다. 두 사람은 14세에 결혼하여 부부가 되었는데 16세에 남편은 행상을 떠나 돌아오지 않고 아내 혼자 슬퍼하며 기다린다는 내용이다.

• 靑(푸를 청) ┃ 梅(매화나무 매) ┃ 竹(대나무 죽) ┃ 馬(말 마)

人面桃花
인 면 도 화

그 사람의 얼굴 어디 가고
복사꽃만 피어 있네.

당나라 시인 최호(崔護)의 시 「제도성남장(題都城南莊)」에서 나온 말로 우연히 만난 인연을 그리워하는 마음을 의미한다. 『본사시(本事詩)』에 기록된 일화이다. 복사꽃이 한창이던 청명절에 최호가 도성의 남쪽에 갔다가 우연히 아름다운 여인을 만났다. 다음 해에 또 그곳에 들렀는데 여인이 보이지 않았다. 아쉬운 마음에 시를 적어 그 여인의 집 대문에 붙여두고 돌아섰다. "지난해 오늘 이 문에서, 그 얼굴 복사꽃 서로 붉게 비췄지. 그 얼굴은 어디 가고, 복사꽃만 그날처럼 봄바람 속에 웃고 있네(去年今日此門中, 人面桃花相映紅. 人面不知何處去, 桃花依舊笑春風 거년금일차문중 인면도화상영홍 인면부지하처거 도화의구소춘풍)." 최호는 얼마 후 다시 찾아가 여인의 부친을 만나 소식을 들었다. 그 여인이 시를 보고 마음의 병이 생겨 죽었다는 것이다. 최호가 방에 들어가 여인의 시신을 마주 대하자 여인이 숨을 쉬더니 살아났다. 부친은 크게 기뻐하며 딸을 최호에게 시집보냈다.

• 人(사람 인) ┃ 面(얼굴 면) ┃ 桃(복숭아 도) ┃ 花(꽃 화)

4. 명문 감상

溱與洧,	진여유	진강과 유강
方渙渙兮,	방환환혜	한창 물결 넘실거리네.
士與女,	사여녀	남자와 여자
方秉蘭兮.	방병간혜	막 난초를 손에 들었네.
女曰觀乎,	여왈관호	여자는 말했지 "보러 갈래요?"
士曰旣且.	사왈기저	남자는 말했지 "벌써 갔다 왔어요."
且往觀乎.	차왕관호	"또 보러 가요.
洧之外,	유지외	유강 너머는
洵訏且樂.	순우차락	정말 넓고 즐거워요."
維士與女,	유사여녀	남자와 여자
伊其相謔,	이기상학	킥킥거리고 서로 장난하며
贈之以勺藥.	증지이작약	작약꽃을 선물하네.
溱與洧,	진여유	진강과 유강
瀏其淸矣.	유기청의	맑고도 맑아라.
士與女,	사여녀	남자와 여자
殷其盈矣.	은기영의	많기도 많아라.

女曰觀乎.	여왈관호	여자는 말했지 "보러 갈래요?"
士曰既且.	사왈기저	남자는 말했지 "벌써 갔다 왔어요."
且往觀乎	차왕관호	"또 보러 가요.
洧之外.	유지외	유강 너머는
洵訏且樂	순우차락	정말 넓고 즐거워요."
維士與女.	유사여녀	남자와 여자
伊其將謔.	이기장학	킥킥거리고 서로 장난하며
贈之以勺藥.	증지이작약	작약꽃을 선물하네.

(『시경 詩經』·「정풍 鄭風」·「진유 溱洧」)

이 작품은 『시경』의 유명한 애정시이다. 너무 오래전 작품이고 저자도 없는 구전 가요라 제목도 없다. 여기서 「진유(溱洧)」라고 표기된 제목은 후인들이 편의상 첫 구절에서 두 글자를 따와 붙인 이름이다. 『시경』의 첫 번째 작품은 "關關雎鳩(관관저구)"로 시작하는데 「관저」라고 부른다. 고대 문헌에서는 아직 제목에 대한 의식이 없었음을 알 수 있다. 『논어』의 편장도 「학이(學而)」편, 「위정(爲政)」편처럼 첫 두 글자를 따서 제목으로 붙였다.

『시경』은 서주(西周) 초기부터 춘추(春秋) 중기까지 약 오백 년 동안 수집된 시를 모아놓은 시집의 이름이다. 청동기 시대다. 처음엔 『시(詩)』 또는 『시삼백(詩三百)』이라고 부르다가 유교 경전이 되면서 『시경』이란 명칭을 얻었다. 총 305편의 시가 수록되어 있는데, 제목만 있고 가사는 없는 6편을 합치면 311편이다. 체재는 음악적인 기준으로 크게 풍(風), 아(雅), 송(頌)의 3부분으로 나뉜다. 다시 세분하면 풍(風)은 15개의 국풍(國風)으로, 아(雅)는 대아(大雅)와 소아(小雅)로, 송(頌)은 주송(周頌), 노송(魯頌), 상송(商頌)으로 나뉜다. '풍'은 각국의 민가를 말하고, '아'는 궁중의 연회나 의식에서 사용되는 음악이며, '송'은 제사에서 사용되는 음악이다. 「진유」가 「정풍(鄭風)」에 속한다는 것은 이 작품이 정나라 지역의 민가라는 의미다. 지금의 하남성 신정(新鄭)시 일대다. 「정풍」의 시는 모두 21수로 대부분 연애시이며 『시경』의 대표적 음풍(淫風)으로 평가받는다.

이 작품의 배경은 삼짇날 진강, 유강의 강변이다. 강에는 물이 많고 향초와 작약꽃이 한창이다. 삼짇날은 3월의 상사(上巳)일, 즉 음력 3월의 첫 번째 사일(巳日)이다. 간지로 계산했을 때 3월에 계사(癸巳)일이 있고 그다음에 을사(乙巳)일이 있다면 이 계사일이 삼짇날인 것이다. 우리나라에서는 삼월이라 삼짇날에 제비가 돌아온다고 했다. 정나라에서는 이날 진강과 유강의 강변에서 성대한 모임을 열었다. 많은 사람들이 운집하다 보니 청춘 남녀들에게는 자유로운 만남의 장이 되었다. 작품에도 남자와 여자들이 많다고 했고 유강 너머가 아주 넓다는 말도 했다. 시에 나오는 두 남녀는 삼짇날 유강 강변에서 처음 만난 것으로 보인다.

물이 많아 넘실거리는 것을 보니 봄의 활력이 느껴진다. 유흥가의 흥겹고 들뜬 분위기도 연상된다. 이제 막 난초를 손에 들었다니 여자는 방금 이곳에 온 모양이다. 여자가 남자에게 어딜 가자고 제안한다. 남자가 갔다 왔다고 하니 여자는 한 번 더 가면 된다고 조른다. 거기는 넓고도 즐겁다고. 두 사람은 매우 친밀한 사이가 되었다. 킥킥거리며 장난치고 선물도 준다. 시의 흐름은 크게 세 개의 장면이다. '배경 묘사 → 남녀의 대화 → 남녀의 행동 묘사'. 마치 화면에서 강물 출렁이는 신(scene), 초면인 두 사람의 대화 신, 장면을 바꾸어 두 사람이 걸어가는 신으로 영상이 전개되는 것 같다. 대화가 직접 화법으로 인용되니 더욱 생생하고 재미있다.

여자는 남자에게 유강 너머를 가자고 했다. 그곳이 넓다는 것은 이해가 가는데 즐겁다는 것은 어떤 의미일까? 유강 강변은 온 정나라 사람들이 모두 모이는 곳이니 당연히 넓은 장소가 있을 것이다. 그런데 거기에 특별히 즐거운 곳이라니? 그것도 초면의 남녀가 가는 곳? 남자는 벌써 거기를 갔다 왔다. 그런데 이 여자는 너무 거기를 가고 싶다. 그래서 한 번 더 가면 되지 않냐고 조른다. 이 남자가 너무 마음에 들었던 모양이다. 두 사람은 거기에 갔을까? 갔다 왔다. 마지막 장면은 두 사람이 그곳을 갔다 온 이후의 모습이다. 그곳은 넓고도 즐거운 곳, 같이 갔다 오니 너무 친해졌다. 사랑을 시작하는 연인의 달달한 모습이 생동감 있게 묘사되었다. 남자는 여자에게 작약꽃을 선물했다. 작약(芍藥)은 작약(勺約)과 발음이 같다. 勺(작)의 뜻은 '국자', 또는 '국자로 뜨다'이고, 約(약)의 뜻은 '약속'이다. 약속을 국자로 떴으니 '약속을 담다', 또는 '약속하다'라는 의미가 된다. 한문에서 이렇게 유사한 발음에 또 다른 의미를 담는 것을 '해음(諧音)'이라고 한다. 작약꽃을 선물했다는 구절은 사랑의 약속을 주었다는 말이다.

이 시는 역대로 음탕한 시라고 평가받았다. 특히 유학자들은 정나라의 풍조가 음란했다며 크게 비난했다. 당나라의 공영달(孔穎達)은 이 시를 다음과 같이 해설했다. "남자와 여자는 이후 서로 희롱하며 부부의 일을 치뤘다(行夫婦之事 행부부지사). 헤어질 때, 남자가 이 여자를 사랑하게 되어 작약을 선물하여 은정을 맺고 약속의 증표로 삼은 것이다." 유강 너머에 다녀온 후 두 사람이 특별하게 가까워진 것으로 보아 두 사람이 그곳에서 동침을 했다고 보았다. 『시경』의 시들은 현실 풍자, 애정, 우정 등 해석이 나뉘는 경우가 많은데 이 시는 그렇지 않다. 남녀상열지사로 해석하는 학설이 다수다.

중국의 현대 문인 곽말약(郭沫若)은 이 시에서 남녀가 나눈 대화를 성적인 내용으로 해석했다. 시의 원문을 보면 여자가 남자에게 "觀(관) 할래요?"라고 물었고 남자가 "이미 且(저) 했어요."라고 답했다. 곽말약은 '觀(볼 관)'자를 '歡(기쁠 환)'자로 보았다. 자형도 비슷하고 발음도 비슷하다. 거기 가서 기쁨을 느껴보자고 제안한 것이다. 그렇다면 이 기쁨은 육체적·감각적 기쁨이다. 또 '且(저)'자는 고대 원시 신앙의 생식기 숭배 문화가 담긴 글자라고 했다. 이 글자는 갑골문에서 남성 성기를 형상화한 글자이며 '且'가 들어간 글자는 대체로 수컷을 의미한다. 사람 남자는 祖(할아버지 조), 말의 수컷은 駔(준마 장), 새의 수컷은 雎(물수리 저)이다. 독음은 '저(가다)', '차(또)'의 두 가지가 있어서 이 작품에서도 앞에서는 '저'로 읽고 뒤에서는 '차'로 읽는다. 그렇다면 이 남자는 이미 다른 여자와 유강 너머에 다녀왔지만 또 새로운 여자의 구애를 받고 있는 것이다.

『주례(周禮)』에 보면 다음과 같은 내용이 있다. "음력 2월에는 남녀가 만날 수 있게 했다. 이때에는 눈이 맞아 사통하는 것(奔 분)도 금하지 않았다. 만약 이유 없이 따르지 않는 사람이 있으면 벌했다. 남녀 중에 남편과 가정이 없는 사람을 주재하여 만나게 했다." 정부가 주관하여 남녀의 만남을 주선하는 것은 인구를 늘리려는 출산 정책이다. 당연히 규모도 컸을 테고 자유분방한 분위기에서 진행되었을 것이다. 『사기(史記)·공자세가(孔子世家)』에도 "홀(紇)이 안씨 집안의 여자와 야합(野合)하여 공자를 낳았다."라는 말이 있다. 홀은 공자의 아버지 숙량홀을 말한다. 남녀가 중매를 거치지 않고 자유롭게 만나 관계를 갖는 일이 당시에 특별하지 않았던 모양이다.

물론 이 시의 내용을 점잖게 해석하는 관점도 있다. 그렇게 성적인 분위기가 진한 것은 아니고 물에서 수계(修禊, 묵은 액운을 씻어내고 상서롭지 못한 기운을 제거하는 일)를 하며 꽃놀이를 즐긴 정도로 보기도 한다. 觀(관)과 且(저)를 가장 일반적인 의미인 '보다'와 '가다'로 해석하는 것이다. 어떻게 보더라도 좋다. 이 시에는 넘실거리는 물의 기운과 봄날 약동하는 생명의 기운이 생생하다. 사랑에 적극적인 이 여성, 청춘의 활력이 넘친다.

제11장

음식과 문화

만두의 기원

孔明曰, "本爲人死而成怨鬼, 豈可又殺生人耶? 吾自有主意."
공 명 왈　　본 위 인 사 이 성 원 귀　기 가 우 살 생 인 야　오 자 유 주 의

喚行廚宰殺牛馬, 和麵爲劑, 塑成人頭, 內以牛羊等肉代之,
환 행 주 재 살 우 마　화 면 위 제　소 성 인 두　내 이 우 양 등 육 대 지

名曰饅頭.
명 왈 만 두

『三國演義』
삼 국 연 의

어휘 풀이

│孔明(공명) : 삼국 시대의 인물 제갈공명 │本爲(본위) : 본래 ~이다 │怨鬼(원귀) : 원한을 품은 귀신 │豈(기) : 어찌 │耶(야) : 어조사 │主意(주의) : 생각, 방법 │行廚(행주) : 임금이 행차할 때 음식을 담당하는 사람 │宰殺(재살) : (짐승을) 잡다, 죽이다 │和(화) : 물을 부어 반죽하다 │麵(면) : 밀가루 │劑(제) : 조제된 약, 또는 반죽된 밀가루 덩어리 │塑(소) : 손으로 빚어 형체를 만들다 │人頭(인두) : 사람의 머리

우리말 해석

　제갈공명이 말하길, "본래 사람이 죽으면 원귀가 되는데 어찌 또 살아 있는 사람을 죽일 수 있겠는가? 나는 나 나름대로 생각이 있다." 행주를 불러 소와 말을 잡게 하고 밀가루를 반죽하여 환약처럼 만들고 손으로 빚어 사람의 머리를 만든 후 안에는 소와 양 등의 고기로 대신했으니 만두라 이름 불렀다.

만두의 유래로 가장 널리 알려진 이야기이다. 225년 유선이 촉의 황제로 재위할 때다. 제갈량은 북방의 위나라를 공격하기 전에 후방을 안정시키려는 목적으로 남만(南蠻) 지역을 정벌했다. 지금의 운남성, 귀주성 일대라고 한다. 남만의 수장 맹획을 굴복시키기 위해 일곱 번 놓아주고 일곱 번 다시 잡았다는 칠종칠금(七縱七擒)의 고사가 이때 나왔다. 돌아오는 길에 여수(濾水)를 건너는데 풍랑이 심해 강을 건널 수 없었다. 남만인에게 물었더니 사람 49인의 머리를 바쳐 제사를 지내야 한다고 했다. 이미 전쟁에서 많은 사람을 죽였던 제갈량은 차마 그럴 수 없어서 밀가루로 사람 머리 모양을 만들어 제사를 지냈다. 고기로 소를 만들어 넣었으니 사람의 머리와 비슷했다. 풍랑이 멎어 촉한의 군사들은 무사히 돌아올 수 있었다. 처음에는 남만 사람의 머리라는 뜻으로 '蠻頭(오랑캐 만, 머리 두)'라고 했는데 너무 잔인한 이름이라 지금의 만두(饅頭)로 바뀌었다고 한다. 하지만 정사 『삼국지』에는 이 이야기가 없고 제갈량 이전에도 만두와 비슷한 음식이 있었다는 기록이 있다.

중국에서 만두(饅頭 만터우)라고 부르는 음식은 속이 없는 밀가루 빵이다. 한국과 비슷한 형태의 만두는 교자(餃子 쟈오쯔)와 포자(包子 바오쯔)가 있다. 보통 중국 북방의 주식은 분식이고 남방의 주식은 쌀이라고 말하는데 북방의 대표적인 분식이 만두와 국수이다. 만두는 또 설 명절의 대표 음식이기도 하다. 만두피 안에 고기와 야채 등 다양한 재료를 넣고 흩어지지 않게 단단히 싸맨 모양이 가족의 회합을 상징하기 때문이다. 객지에 있던 가족들이 돌아와 한 자리에 모인 모습처럼 말이다. 중국 남방에서는 만두류의 음식을 딤섬(點心 점심)이라고 부른다. 직역하면 배 속에 점을 찍는다는 뜻이니 정식 식사는 아니고 간단한 요깃거리라는 의미이다. 점심이라는 말의 어원이다. 한반도에서는 남한 지역보다 북한 지역에서 만두를 즐겨 먹는다. 남한의 떡국처럼 북한은 만두가 설 명절 음식이다. 남한의 강원도 일부 지역은 설에 만두를 빚어 제사를 지내기도 한다. 한국의 만두는 중국과 다르게 두부를 넣는다. 남쪽에서 북쪽보다 만두를 덜 먹는 것은 기후가 따뜻해 두부가 빨리 상하기 때문일 것이다. 만두의 특징은 반죽된 밀가루 안에 고기나 채소를 넣어 익혀 먹는다는 점이다. 이런 형태의 음식은 몽골, 베트남, 일본 등의 지역에도 있다. 일본에서 만쥬(饅頭)라고 부르는 화과자 종류의 음식도 중국의 만두에서 변형된 것으로 전한다.

선계의 대추씨

王質, 東陽人也, 入山伐木, 遇見石室中有數童子圍棋歌笑,
왕질 동양인야 입산벌목 우견석실중유수동자위기가소
質置斧柯觀之. 童子以一物如棗核與質, 令含咽其汁, 便不
질치부가관지 동자이일물여조핵여질 영함인기즙 편불
覺饑渴. 童子云, "汝來已久, 可還." 質取斧, 柯已爛盡, 質
각기갈 동자운 여래이구 가환 질취부 가이란진 질
便歸家計已數百年.
편귀가계이수백년

『隋書』
수서

어휘 풀이

┃王質(왕질) : 인명 ┃東陽(동양) : 지명 ┃伐木(벌목) : 나무를 베다 ┃遇見(우견) : 우연히 보다 ┃石室(석실) : 바위로 된 동굴 ┃數(수) : 몇몇의 ┃圍棋(위기) : 바둑을 두다 ┃置(치) : 두다 ┃斧柯(부가) : 도낏자루 ┃以(이) : ~로써 ┃如(여) : ~와 같다 ┃棗核(조핵) : 대추씨 ┃與(여) : 주다 ┃令(령) : (사역) ~하게 하다 ┃含咽(함인) : 입에 물고 삼키다 ┃汁(즙) : 즙 ┃便(편) : 곧 ┃覺(각) : 깨닫다 ┃饑渴(기갈) : 주리고 목마르다 ┃汝(여) : 너, 그대 ┃已(이) : 이미 ┃還(환) : 돌아가다 ┃爛(란) : 썩다, 문드러지다 ┃盡(진) : 다하다 ┃計(계) : 셈하다

우리말 해석

왕질은 동양 사람이다. 산에 들어가 나무를 베다 우연히 동굴 속에 여러 명의 동자가 바둑을 두며 노래 부르고 웃는 것을 보았다. 왕질은 도낏자루를 내려놓고 구경했다. 동자가 대추씨 같은 것 하나를 왕질에게 주며 그 즙을 머금다가 삼키게 했는데 배고픔과 갈증을 느끼지 못했다. 동자가 말하길, "그대는 온 지 이미 오래되었으니 돌아가는 것이 좋겠다." 왕질이 도끼를 들었더니 자루가 이미 썩었다. 왕질이 집에 돌아와 셈해보니 이미 수백 년이 지났더라.

이 이야기는 『수서(隋書) · 경적지(經籍志)』 외에도 임방(任昉)의 『술이기(述異記)』, 우희(虞喜)의 『지림(志林)』 등 여러 문헌에 기록되어 있다. 한국에서도 "신선놀음에 도낏자루 썩는 줄 모른다."라는 속담으로 널리 알려져 있다. 선계에 관한 다양한 캐릭터를 양산한 이야기다. 신선이 바둑을 둔다거나, 선계의 하루가 인간계의 수백 년과 같다거나, 신선들의 음식을 먹으니 늙지 않는다는 등의 내용이 그러하다. 일반적으로 알려진 불로장생의 선계 음식은 복숭아인데 여기서는 대추씨다. 왕질은 인간계 시간의 지배를 받아야 하니 도낏자루가 썩을 때 같이 늙었어야 했다. 그런데 그는 신선들의 대추씨를 먹고 늙지 않았다.

棗(대추 조)는 朿(가시 자)를 중복시켜 만든 글자다. 원래 야생 대추나무는 가시가 있었기 때문이다. 그래서 棘(멧대추나무 극)은 '야생 대추나무, 가시나무'의 뜻을 함께 갖고 있다. 棗(조)와 棘(극)은 자형이 비슷하면서도 다르다. 대추나무는 키가 크기 때문에 위로 중복시켰고, 야생 대추나무는 키가 작고 무리 지어 자라기 때문에 옆으로 중복시킨 것이다.

대추는 식용의 역사가 오래되었다. 『시경』에 "팔월에 대추를 따고 시월에 벼를 벤다."라는 구절이 있고, 소설 『삼국연의』에도 흉년이 들어 백성들이 대추와 풀만 먹는다는 대목이 있다. 약용의 역사도 오래되었다. 고대 한의학 문헌인 『상한론(傷寒論)』에 대추를 처방한 사례가 112회다. 그래서 중국의 명절이나 풍속에 대추가 자주 등장한다. 혼례에 대추를 놓는 풍습은 우리와 같다. 또 섣달 그믐날 밤에도 대추를 먹는다. 발음이 早(이를 조)와 같기 때문이다. 혼례에서는 신랑, 신부가 빨리 자식을 낳으면 좋겠다는 희망을 전한다. 섣달 그믐날에는 빨리 봄이 오라는 의미로 대추를 먹는다.

한국에서도 대추는 일상생활과 매우 가깝다. 제사상에 놓는 과일 조율이시(棗栗梨柿, 대추 밤 배 감) 중 첫 번째다. 씨가 하나뿐이라 조상님에 대한 한결같은 마음을 뜻한다. 오래 지나도 썩지 않고 붉어지는 미덕도 있다. 붉은색은 길한 색이다. 『삼국지』의 영웅 관우의 얼굴도 잘 익은 대추처럼 붉다고 했다. 신선들이 왕질에게 대추씨를 먹였던 이유가 여기 있었다. 대추는 또 폐백에서 큰 역할을 한다. 많은 열매가 열리는 나무이기 때문에 다산의 상징이다. 자식을 많이 낳고 가문을 번창시키라는 기원을 담아 신부에게 던져준다. 또 대추나무는 재질이 단단하여 용도가 많다. 여러모로 긍정적인 이미지다. 벼락 맞은 대추나무는 행운을 상징하기 때문에 그것으로 휴대품을 만들어 선물하기도 한다. 한국의 대표적 대추 산지는 충북 보은이다. 해마다 대추 축제를 개최한다. "삼복에 비가 오면 보은 처녀 눈물이 비 오듯 쏟아진다."라는 속담도 있다고 한다. 대추가 시집갈 밑천인 까닭이다.

어복장검

酒旣酣, 公子光詳爲足疾, 入窟室中, 使專諸置匕首魚炙之
주 기 감　　공 자 광 양 위 족 질　　입 굴 실 중　　사 전 제 치 비 수 어 자 지

腹中而進之. 旣至王前, 專諸擘魚, 因以匕首刺王僚. 王僚
복 중 이 진 지　　기 지 왕 전　　전 제 벽 어　　인 이 비 수 자 왕 요　　왕 요

立死.
립 사

『史記』
사 기

어휘 풀이

│旣(기) : 이미 │酣(감) : 즐기다, 무르익다 │公子光(공자광) : 인명. 춘추 시대 오나라의 공자. 광은 이름 │詳(양) : 거짓, 佯(거짓 양)과 통용 │疾(질) : 병 │窟室(굴실) : 땅을 파 지하에 만든 방 │使(사) : (사역) ~에게 ~를 시키다 │專諸(전제) : 인명. 춘추 시대 오나라의 협객 │置(치) : 두다 │匕首(비수) : 비수, 칼 │炙(자) : (고기를) 굽다, 구운 고기 │腹(복) : 배 │擘(벽) : (엄지손가락으로) 가르다 │因(인) : 인하여, 이어서 │僚(요) : 오나라 왕의 이름 │立(립) : 곧, 즉시

우리말 해석

　술기운이 무르익자, 공자 광은 발에 병이 있는 체하며 지하실로 들어가면서 전제에게 생선 요리의 배 속에 비수를 넣고 올리게 했다. 왕의 앞에 이르자 전제는 손가락으로 생선을 가르고 비수를 꺼내 왕 요를 찔렀다. 왕 요는 그 자리에서 죽었다.

본문의 내용은 춘추 시대 오나라에서 일어난 사건이다. 공자 광이 왕위를 노리고 사촌 형제인 오나라 왕을 암살했다. 특이한 점은 칼을 생선 요리 속에 감추었다는 점이다. 상대가 왕이었기 때문에 호위는 삼엄했고 시종들의 복장과 소지품도 철저히 수색했다. 머리카락까지 풀어 검사하기도 했다. 결국 요리로 올라갈 생선의 배 속에 감추기로 결정했다. 이렇게 대담한 수법을 사용한 사람은 오나라의 협객 전제(專諸)이다. 『사기』 「자객열전」의 다섯 협객 중 두 번째 인물이다.

이 사건의 배경을 이해하려면 한 세대 위로 거슬러 올라가야 한다. 오나라 왕 수몽에게는 아들이 네 명 있었는데 장남 제번(諸樊), 차남 여제(餘祭), 삼남 여매(餘眛, 일명 이매 夷眛), 사남 계찰(季札)이었다. 수몽이 죽은 후, 왕위는 형제상속으로 이루어져 장남부터 삼남까지 차례로 왕위에 올랐다. 삼남 여매가 죽은 후 사남 계찰의 차례였다. 그런데 계찰은 권력욕이 없어 왕위를 극구 사양했다. 그래서 삼남의 아들 요(僚)가 즉위했다. 자신의 차례라고 생각했던 장남 제번의 아들은 불만을 품었다. 이 사람이 사건을 사주한 공자 광이다.

전제를 공자 광에게 천거한 사람은 복수의 화신 오자서(伍子胥)다. 오자서는 오나라에 처음 왔을 때 공자 광의 야심을 알았다.(제6장 '해는 지고 길은 멀다' 참고) 자신의 뜻을 이루기 위해 광을 왕으로 만들어 그의 측근이 되기로 했다. 그래서 전제를 천거했다. 공자 광은 거사일을 잡은 후, 지하실에 병사를 숨겨두고 왕을 초청했다. 왕은 궁궐에서 광의 집까지 병력을 배치했고 문과 계단 양쪽을 빈틈없이 호위하도록 했다. 식사를 할 때도 무장한 근위병들이 자리를 지켰다. 공자 광이 아픈 척하며 지하실로 간 후, 전제가 생선 요리를 들고 들어왔다. 눈 깜짝할 사이에 전제가 생선의 배를 가르고 비수를 꺼내 왕을 찔렀다. 왕도, 전제도 그 자리에서 즉사했다. 그리고 지하실에서 쏟아져 나온 광의 병사들이 왕의 호위병들을 제압했다. 광이 즉위하여 오왕 합려(闔閭)가 되었다. 합려는 전제의 아들에게 높은 벼슬을 내렸다.

동아시아에서 물고기는 상서로운 이미지이다. 다산과 풍족을 상징한다. 특히 잉어는 영험한 능력이 있어 보은의 이야기에 자주 등장한다. 공자는 장남의 이름을 鯉(잉어 리)로 지었다. 공리이다. 설화에서 물고기 배 속에서 무언가가 나오는 이야기는 주로 미래에 대한 긍정적인 암시를 준다. 하지만 본문의 이야기는 역사적 실화라 설화적 문법과는 다르다. 처참한 권력 투쟁과 연결되었다. 물고기 배 속에 새로운 캐릭터를 부여했다. 이후 암살에 사용된 칼을 어장검(魚腸劍)으로, 이 사건을 어복장검(魚腹藏劍)으로도 부른다.

정치는 작은 생선을 조리하듯

烹小鮮而數撓之, 則賊其澤. 治大國而數變法, 則民苦之.
팽 소 선 이 삭 요 지　　즉 적 기 택　　치 대 국 이 삭 변 법　　즉 민 고 지

是以有道之君貴靜, 不重變法. 故曰, "治大國者若烹小鮮."
시 이 유 도 지 군 귀 정　　부 중 변 법　　고 왈　　치 대 국 자 약 팽 소 선

『韓非子』
한 비 자

어휘 풀이

┃烹(팽): 삶다, 조리하다 ┃小鮮(소선): 작은 생선 ┃數(삭): 자주 ┃撓(요): 어지럽다, 어지럽게 하다 ┃賊(적): 도적, 해치다 ┃澤(택): 윤택 ┃變法(변법): 법을 바꾸다 ┃苦(고): 괴롭다, 괴롭히다 ┃是以(시이): 이런 까닭에 ┃貴靜(귀정): 고요함을 귀하게 여기다 ┃重(중): 중시하다 ┃若(약): ~와 같다

우리말 해석

작은 생선을 조리하며 자주 뒤집으면 그 싱싱함을 상하게 된다. 큰 나라를 다스리면서 자주 법을 바꾸면 백성이 괴로워진다. 이런 까닭에 도가 있는 군주는 고요함을 귀하게 여기고 법을 바꾸는 것을 중시하지 않는다. 그러므로 "큰 나라를 다스리는 것은 작은 생선을 조리하는 것과 같다."라고 말한 것이다.

『노자』에 "큰 나라를 다스리는 것은 작은 생선을 조리하는 것과 같다(治大國若烹小鮮)."라는 말이 나온다. 본문의 내용은 이 말에 대한 한비자의 해석이자 설명이다. 『한비자』에는 『노자』와 관련된 편장이 두 편 있는데 「해노(解老)」편과 「유노(喩老)」편이다. 각각 '『노자』를 해석하다', '『노자』를 비유하다'라는 뜻이다. 『한비자』는 통치자의 입장에서 효과적인 치국의 책략을 수립한 책인데, 『노자』의 군주론, 통치론 등의 영향을 많이 받았다. 이 두 편에서 『노자』의 중요한 내용을 해석하고 비유하는 방식으로 자신의 정치사상을 논했다.

원문의 烹(삶을 팽)은 음식을 조리하는 것을 말하는데 삶다, 굽다, 지지다의 뜻이 모두 통한다. 여기서는 폭넓게 조리하다로 해석하면서 한비자가 말한 撓(어지러울 요)는 뒤집다로 해석했다. 만약 烹(팽)을 삶다로 해석한다면 撓(요)는 휘젓다로 해석해야 할 것이다. 글의 주지는 크게 달라지지 않는다.

큰 나라는 작은 생선 조리하듯 다스려야 한다는 말을 한비자는 통치자가 지나치게 개입하면 안 된다는 뜻으로 해석했다. 작은 생선은 어떻게 조리하는가? 큰 생선과 다르다. 일단 손질을 최소화한다. 배를 가르거나 내장과 비늘을 제거하면서 생선이 망가질 수 있기 때문이다. 또 약한 불에 오래 익힌다. 불이 강하면 겉만 타고 속은 익지 않는다. 함부로 뒤집지도 않는다. 생선 살이 부서지기 때문이다. 하지만 방치하면 안 된다. 계속 지켜봐야 한다. 정확하게 뒤집어야 할 때 뒤집어야 하고 접시에 담을 때도 조심해야 한다. 한비자는 『노자』가 이러한 특징들을 정치에 비유한 것으로 보았다. 군주가 고요함을 귀하게 여긴다는 것은 『노자』의 무위자연 사상과 같은 맥락이다. 『노자』는 또 백성들이 통치자가 있다는 사실도 모르는 것을 가장 훌륭한 정치(太上不知有之 태상부지유지)라고 했다.

한비자는 특히 법령을 바꾸는 문제로 이 구절을 설명했다. 작은 생선을 함부로 뒤집지 않는 것처럼 법령을 자주 바꾸면 안 된다는 것이다. 법령을 바꾸는 것은 정책을 바꾸는 것이다. 백성들은 자신의 생업을 계속해야 하는데 자꾸 정책이 바뀌면 혼란이 온다. 어제는 합법이었던 일이 내일은 불법이 되고 어제는 이득이었던 일이 내일은 손실이 된다. 정책이 크게 바뀌면 백성들의 대책도 크게 달라진다. 생업을 바꾸는 사람도 물론 많아진다. 자주 일을 바꾸면 성공하기도 어렵다. 이런 정치는 백성에게나 국가에게나 모두 손실을 초래한다. 인구가 많고 경제 규모가 클수록 거시적인 관점으로 큰 흐름을 조정해야지, 작은 문제에 시시콜콜 개입하면서 정책을 수시로 바꾸면 안 된다는 것이다. 한비자의 해석은 『노자』의 이 구절에 대한 가장 대표적인 학설이 되었다.

2. 문법 해설

1 豈可又殺生人耶(기가우살생인야) 어찌 또 살아 있는 사람을 죽일 수 있겠는가?

豈(어찌 기)

의문사. 문두에 위치하여 의문을 나타낸다. 주로 설의법에 사용되며 '어찌, 어떻게'로 해석된다.

▶ 背後之言, 豈足深信(배후지언 기족심신) 등 뒤에서 하는 말을 어찌 깊이 믿을 수 있으랴. (『명심보감 明心寶鑑』)

耶(어조사 야)

문미에 위치하여 의문을 나타내며 '~가?'로 해석된다. 비슷한 용법으로 乎(호), 與(여), 哉(재) 등이 있다.

▶ 問於左右曰, "彼何人耶?"(문어좌우왈 피하인야) 좌우에게 물어보며 "저 사람은 누구인가?"라고 했다. (『태종실록 太宗實錄』)

2 令含咽其汁(영함인기즙) 그 즙을 머금다가 삼키게 했다.

令(하여금 령)

사역형으로 '~에게 ~하게 하다'라는 의미이다. '令+대상+행위'의 어순으로 구성되는데 이 문장에서는 대상이 생략되었다. 비슷한 용법으로 使(사), 敎(교) 등이 있다.

▶ 五色令人目盲(오색령인목맹) 오색이 사람들의 눈을 멀게 한다. (『노자 老子』)

3 汝來已久 (여래이구) 그대가 온 지 이미 오래되었다.

汝(너 여)

2인칭 대명사. 너, 그대, 자네 등 상대방을 가리키는 말로 사용된다. 비슷한 용법으로 爾 (이), 女(녀), 而(이), 若(약), 乃(내) 등이 있다.

▶ 汝父爲楚王作劍(여부위초왕작검) 너의 아버지가 초왕을 위해 칼을 만들었다. (『수신기 搜神記』)

4 使專諸置匕首魚炙之腹中而進之 (사전제치비수어자지복중이진지) 전제에게 생선 요리의 배 속에 비수를 넣고 올리게 했다.

使(하여금 사)

① (사역) ~에게 ~시키다
▶ 天帝使我長百獸(천제사아장백수) 하느님이 나에게 백수의 우두머리가 되라고 시켰으니 (『전국책 戰國策』)
② 부리다, 쓰다
▶ 疑人勿使, 使人勿疑(의인물사 사인물의) 사람을 의심하면 쓰지 말고 사람을 썼으면 의심하지 말라. (『금사 金史』)
③ 사신, 사신 가다
▶ 唐雎使於秦(당저사어진) 당저가 진나라에 사신으로 간다. (『전국책 戰國策』)

5 王僚立死 (왕료립사) 왕 요는 그 자리에서 죽었다.

立(설 립)

① 서다, 세우다
▶ 己欲立而立人(기욕립이립인) 자기가 서고 싶다면 다른 사람을 세워라. (『논어 論語』)

② 곧, 즉시

▶ 錐之處囊中, 其末立見(추지처낭중 기말립현)　송곳이 주머니에 있으면 그 끝이 곧 보이게 된다. (『사기 史記』)

6 烹小鮮而數撓之(팽소선이삭요지)　작은 생선을 조리하며 자주 뒤집다.

數(셈 수, 자주 삭)

① (수) 세다, 셈, 수

▶ 歷數以對, 先生大奇之(역수이대 선생대기지)　일일이 수를 세어 대답하니 선생께서 크게 기특하게 여겼다. (「장계향행실기 張桂香行實記」)

② (삭) 자주

▶ 習, 鳥數飛也(습 조삭비야)　익힌다는 것은 새가 자주 나는 것이다.
(『사서장구집주 四書章句集註』)

7 是以有道之君貴靜(시이유도지군귀정)　이런 까닭에 도가 있는 군주는 고요함을 귀하게 여긴다.

是以(옳을 시, 써 이)

是(시)는 '이, 이것'이라는 의미가 있으며, 以(이)는 '이유, 까닭'이라는 의미가 있다. 그래서 是以(시이)는 '이런 까닭에', '이런 이유로' 등으로 해석된다. 유사한 용법으로 故(고), 是故(시고) 등이 있다.

▶ 是以見放(시이견방)　이런 까닭에 추방당했습니다. (『사기 史記』)

8 故曰 (고왈) 그러므로 말한다.

故 (옛 고)

① 옛날

▶ 其笑如故(기소여고) 그 웃음이 예전과 같았다. (『동주열국지 東周列國志』)

② (예상치 못한) 변고, 일

▶ 父母俱存, 兄弟無故, 一樂也(부모구존 형제무고 일락야) 부모가 모두 계시고 형제에게 변고가 없는 것이 첫 번째 즐거움이다. (『맹자 孟子』)

③ 이유, 고로, 그래서

▶ 故君子必愼其獨也(고군자필신기독야) 고로 군자는 혼자 있을 때에도 조심하는 것이다. (『대학 大學』)

④ 교분, 오랜 친구

▶ 君安與項伯有故(군안여항백유고) 그대는 어떻게 항백과 교분이 있는가? (『사기 史記』)

擧案齊眉
거 안 제 미

밥상을 들어
눈썹에 나란히 한다.

『후한서』에서 나온 말로 부부가 지극히 서로 공경함을 말한다. 한나라 때 양홍은 가난했지만 학식이 높고 인품이 뛰어났다. 그가 일을 마치고 돌아오면 그의 아내는 밥상을 눈썹까지 올려 바쳤다고 한다. 후에 이 부부의 고사가 전해지며 양홍이 아내에게 밥상을 차려준다는 내용이 생겨나 부부가 손님처럼 서로 존중한다는 의미가 되었다.

• 擧(들 거) | 案(책상 안) | 齊(가지런할 제) | 眉(눈썹 미)

簞食瓢飮
단 사 표 음

대그릇의 밥과 쪽박의 물.

『논어』에서 나온 말로 청빈하고 안분지족한 생활을 가리킨다. 食(먹을 식, 밥 사)는 독음이 두 가지인데 여기서는 '사'로 읽는다. 공자는 자신의 많은 제자 가운데 안회를 가장 아꼈다. 안회는 매우 가난했지만 부끄러워하지 않았으며 늘 학문에 힘썼다. 공자는 안회를 칭찬하여 대그릇의 밥을 먹고 쪽박의 물을 마시면서도 늘 즐거움을 잃지 않는다고 했다.

• 簞(대광주리 단) | 食(밥 사) | 瓢(박 표) | 飮(마실 음)

飲水思源
음 수 사 원

물을 마실 때
그 근원을 생각한다.

위진남북조 시대 문인 유신(庾信)의 시 「치조곡(徵調曲)」에서 나온 말로 "과일을 먹을 때 그 과일을 맺은 나무를 생각하고, 물을 마실 때 그 물을 있게 한 근원을 생각한다."라는 말에서 왔다. 유신은 남조 양나라 사람인데 서위(西魏)에 사신 갔을 때 양나라가 멸망하여 평생 돌아가지 못했다. 그래서 이 구절은 고향을 생각한다는 의미로도 해석된다.

• 飲(마실 음) | 水(물 수) | 思(생각 사) | 源(근원 원)

食少事煩
식 소 사 번

식사는 적고 일은 많다.

『삼국연의』에 나오는 일화로 제갈량이 식사는 적게 하고 업무량은 많았다는 말에서 유래했다. 제갈량이 북벌을 감행하여 위나라를 공격할 때 사마의는 응전하지 않고 방어 전략을 고수했다. 그리고 촉나라의 포로에게 제갈량의 일과를 상세하게 물었다. 포로가 "승상께서는 식사하는 양은 적고 대소사를 직접 처리하신다."라고 대답하자 사마의는 제갈량의 수명이 길지 않을 것이라 판단했다. 과연 제갈량은 오래지 않아 사망했다.

• 食(먹을 식) | 少(적을 소) | 事(일 사) | 煩(번거로울 번)

飲食男女
음 식 남 녀

음식과 남녀 관계.

『예기』에 나오는 말로 음식은 식욕을 의미하고 남녀는 성욕을 의미한다. 인간이 천부적으로 부여받은 본성을 말한다. 공자는 음식남녀가 인간의 가장 큰 욕구이고 가장 기피하는 것은 사망과 빈곤(死亡貧苦, 사망빈고)이라고 보았다. 음식남녀와 비슷한 의미로 『맹자』에도 "식욕과 색욕은 타고난 성품이다(食色性也 식색성야)."라는 말이 나온다.

• 飲(마실 음) | 食(먹을 식) | 男(사내 남) | 女(계집 녀)

菽麥不辨
숙 맥 불 변

콩과 보리를 분별하지 못한다.

『춘추좌씨전』에 나오는 말로 주자(周子)에게 형이 있는데 콩과 보리도 구분하지 못할 정도라 왕으로 세우지 못했다고 한다. 숙맥이라는 말의 유래이다. 사리 분별의 능력이 매우 부족하고 어리석음을 말한다.

• 菽(콩 숙) | 麥(보리 맥) | 不(아닐 불) | 辨(분별할 변)

五味口傷
오 미 구 상

다섯 가지 맛이
입맛을 상하게 한다.

『노자』에 나오는 말로 감각적이고 자극적인 것을 추구하다 보면 본연의 성질을 잃어버릴 수 있다는 의미이다. 오미(五味)는 달고 짜고 시고 쓰고 매운 다섯 가지 맛이다. 자극적인 맛에 길들여지면 더 자극적인 맛을 추구하게 되고 재료 본연의 담백함을 받아들이지 못한다. "다섯 가지 색이 눈을 멀게 하고, 다섯 가지 소리가 귀를 멀게 한다(五色令人目盲, 五音令人耳聾. 오색령인목맹 오음령인이롱)."라는 말과 이어진다.

• 五(다섯 오) | 味(맛 미) | 口(입 구) | 傷(다칠 상)

會須一飲三百杯
회 수 일 음 삼 백 배

한 번 마시면
반드시 삼백 잔을 마셔야 한다.

이백의 시 「장진주(將進酒)」에 나오는 구절로 인생의 생로병사, 성공과 실패 등 모든 시름을 버리고 술에 흠뻑 빠지고 싶다는 이백의 낭만적 기질을 보여주는 구절이다. 다른 한편으로는 뜻을 펼치지 못하는 현실에 대한 울분의 표현이기도 하다. 이 시의 명구는 이외에도 "인생에 뜻을 얻었다면 기쁨을 다해야 하나니(人生得意須盡歡 인생득의수진환).", "하늘이 나에게 재능을 주었으니 반드시 쓰임이 있으리(天生我材必有用 천생아재필유용)." 등이 있다.

• 會(모일 회) | 須(모름지기 수) | 一(한 일) | 飲(마실 음) | 三(석 삼) 百(일백 백) | 杯(잔 배)

4. 명문 감상

얼마 후 식사가 나왔다. 먼저 과일과 채소를 차렸고 다음은 차와 술, 그다음은 부침, 그다음은 돼지고기 볶음과 지진 달걀이었고 밥은 마지막에 나왔다. 쌀은 하얀색이었고 국은 양곱창으로 끓인 것이었다. 중국 음식은 모두 젓가락을 사용하며 숟가락은 없었다. 술잔을 주거니 받거니 하며 즐기다가 가늘게 술을 따라 흥겨움을 더한다. 우리처럼 긴 숟가락으로 밥을 둥글게 말았다가 한 입 먹고 그만두는 방식은 없었다. 때때로 작은 국자를 사용하긴 하지만 국을 뜰 때뿐이었다. 국자는 숟가락처럼 생겼지만 손잡이가 없었고 술잔처럼 생겼지만 다리가 없었다. 모양이 연꽃의 꽃잎 같았다. 내가 국자를 들고 밥을 한 번 퍼보려 했는데 깊어서 퍼지지 않았다. 나는 나도 모르게 실소하며 "얼른 월왕(越王)을 불러오시오."라고 했다. 지정(芝亭)이 왜 그러냐고 물었다. 나는 "월왕이 목이 길고 입이 뾰족하답니다."라고 말했다. 지정은 혹정(鵠汀)의 팔을 잡고 웃느라 여러 번 밥을 뿜었다. 지정이 물었다. "귀국의 풍속은 밥을 무엇으로 뜹니까?" 나는 "숟가락입니다."라고 말했다. 지정이 "모양이 어떻습니까?"라고 물었다. 나는 "작은 가지 잎처럼 생겼습니다."라고 했다. 그리고 탁자에 그림을 그려 보여주었다. 두 사람은 더욱 웃다가 쓰러질 정도였다. 지정이 말하길 "가지 잎 수저는 어떤 물건인데 혼돈의 밥에 구멍을 뚫었는가?"라고 했다. 혹정이 말하길 "얼마나 많은 영웅들의 손길이, 또 젓가락을 빌리느라 바빴을까?"라고 했다. 나는 말했다. "조밥을 먹을 때는 젓가락을 쓰지 않고, 함께 밥 먹으며 손을 적시지 않네. 중국에 온 후로 숟가락을 보지 못했네. 옛사람들은 조밥을 먹을 때 손으로 떴던가?" 혹정이 말하길 "숟가락이 있는데 이것처럼 길지는 않습니다. 조밥이나 쌀밥을 먹을 때 젓가락을 쓰는 게 습관이 되었지요. 쓰다

보면 습관이 된다는 말이 있듯 옛날과 지금이 달라진 것입니다."

少頃飯至. 先置菜蔬, 次茶酒, 次餠餌, 次猪炒卵羹, 飯最後至. 粳白而美羊肚也. 中國飲食, 皆用箸無匙. 勸酬留連. 細酌佐歡. 無長匙搏飯, 一飽卽掇之法. 時用小勺, 斟羹而已. 勺如匙而無柄, 如爵而無足. 形類蓮花一瓣. 余持勺試一舀飯, 深不可餂. 余不覺失笑曰, "忙招越王來." 志亭問何屬. 余曰, "越王爲人長頸烏喙." 志亭扶鵠汀臂, 噴飯嚏噴無數. 志亭問, "貴俗抄飯用何物?" 余曰, "匙." 志亭曰, "其形如何?" 余曰, "類小茄葉." 因畫示卓面. 兩人尤爲絶倒. 志亭曰, "何物茄葉匕, 鑿破混沌竅." 鵠汀曰, "多少英雄手, 還從借箸忙." 余曰, "飯黍毋以箸, 共飯不澤手. 自入中國, 未見匙. 古人飯黍, 將以手抔乎." 鵠汀曰, "卽有匕, 不若是長. 飯黍飯稻, 慣用箸. 所謂操成習, 古今亦自不同."

(박지원 朴趾源 『열하일기 熱河日記』)

『열하일기』는 조선 정조 때인 1780년, 연암 박지원이 청나라 건륭제의 칠순 축하 사절단을 따라 중국에 다녀온 연행(燕行) 견문록이다. 위의 글은 박지원이 혹정이라는 중국 선비와 식사하며 필담을 나눈 내용이다. 지정이라는 인물도 등장하는데 역시 중국 사람이다. 중국의 밥상과 식사 문화를 보며 우리 문화와 비교하는 내용이 신선하고 흥미롭다.

특히 박지원이 주의 깊게 관찰한 점은 중국 사람들이 숟가락을 사용하지 않는다는 점이었다. 또 국자도 특이했다. 우리의 숟가락과 비슷하게 생겼지만 손잡이 부분이 짧았다. 술잔처럼 생겼지만 다리가 없다고 했다. 다리가 있는 술잔이라니, 아마 이날 고대 중국의 술잔인 작(爵)을 사용한 모양이다. 작은 다리가 3개인 쇠 술잔을 말하는데 관리들이 귀한 손님을 대접할 때 썼다. 지금도 중국의 사극을 보면 종종 등장한다. 음식을 뜨는 부분이 넓적하여 연꽃처럼 보였던 모양이다. 이 국자로 밥을 떠보려고 박지원이 시도했는데 실패했다. 그러고는 필담으로 농담이 오갔다. 월왕을 불러오라고 했는데 이 월왕은 와신상담(臥薪嘗膽) 고사에 나오는 월왕 구천(句踐)을 말한다. 『오

•작(爵). 고대 중국 술잔.•
(국립중앙박물관)

월춘추(吳越春秋)』에 따르면 구천이 목이 길고 입이 뾰족하다고
했다. 이 국자 대신 밥을 떴으면 좋겠다는 농담이다. 중국 선비들
도 조선의 숟가락에 관심이 생겨 모양을 물었다. 박지원은 가지
잎처럼 생겼다고 했다. 가지 잎은 가늘고 길다. 지금 우리의 숟가
락은 가지 잎보다 훨씬 동그랗다. 당시의 숟가락이 지금의 모양과
또 달랐음을 알 수 있다. 수저 이야기를 하며 서로 장난이 넘치

• 중국의 숟가락 •

고 웃음보가 터졌다. 친해진 것은 말할 것도 없다. 『장자』에 보면 혼돈이라는 신이 나오는데 눈
도 없고 코도 없고 아무 구멍이 없다. 그래서 구멍을 뚫어주었더니 죽었다는 이야기가 있다. 지
정의 농담은 혼돈 같은 밥 더미에 숟가락이 구멍을 뚫는다는 말이다. 『사기』에는 장량이 유방의
젓가락을 빌려 책략을 설명하는 대목이 있다. 혹정의 농담은 장량의 고사를 차용했다. 박지원이
말한 "조밥을 먹을 때는 젓가락을 쓰지 않고, 함께 밥 먹을 때는 손을 적시지 않네."는 『예기(禮
記)』에 기록된 식사 예법이다. 조밥은 찰기가 적어 젓가락으로 먹기 어려우니 숟가락으로 먹어야
하고, 국에 담긴 건더기를 먹을 때는 손을 사용하지 말고 젓가락을 사용해야 한다는 말이다. 오
가는 농담들이 수준 높다. 『예기』의 기록을 보니 중국에서도 예전에는 숟가락을 썼던 것 같다.

중국과 일본은 숟가락으로 밥을 먹지 않고 한국만 숟가락을 사용한다. 중국에서 숟가락은 국
물을 마시거나 뜰 때 사용한다. 숟가락과 국자의 경계가 희미하다. 중국어에서 샤오(勺, 작)라는
단어는 숟가락도 되고 국자도 된다. 용도가 많지 않으니 단어도 따로 쓰지 않는다. 고대사의 문
헌 기록이나 출토 유물을 보면 숟가락, 젓가락을 모두 사용했음이 분명한데 후대로 가면서 숟
가락의 기능이 퇴화한 모양이다.

『한비자』에는 "옛날 주(紂)왕이 상아 젓가락을 만들었다."라는 기록이 있다. 주왕은 은나라 말
기의 왕이므로 최소한 기원전 11세기에 젓가락이 있었다는 근거이다. 숟가락은 신석기 시대의
유적지에서 많이 발굴된다. 주식이 조밥일 때까지는 일상적으로 숟가락을 사용했을 것이다. 양
자강 지역에서 재배되던 멥쌀이 명나라 이후 화북 지역에서도 재배되면서 상황이 바뀌었다. 쌀
밥을 먹다 보니 점성이 많아 젓가락이 편리해졌다. 또 볶음 요리가 성행하면서 기름기 많은 음
식을 먹다 보니 숟가락보다는 젓가락의 사용이 많아졌다. 숟가락에 기름이 고이는 것이 불편
했던 것이다. 또 차 마시는 문화가 정착되면서 국물 음식을 적게 먹은 것도 숟가락의 쇠퇴에 영
향을 주었다.

당나라의 숟가락 문화는 백제, 신라를 거쳐 일본으로 전파되었다. 당나라, 신라, 일본의 청동 숟가락, 젓가락 출토 유물을 보면 생김새가 거의 비슷하다. 일본에서 젓가락의 이름은 당저(唐 箸)였다. 하지만 숟가락은 귀족들이나 공식적인 자리에서 사용할 뿐, 평상시에는 나뭇가지로 만든 젓가락을 사용했다. 가벼운 목조 그릇을 썼고 밥상도 낮은 1인용이었기 때문에 그릇을 들고 젓가락으로 밥을 먹는 문화가 유지되었다.

이에 비해 한국은 주식을 국물 음식과 함께 먹기 때문에 숟가락, 젓가락을 함께 사용했다. 여기엔 성리학의 영향도 있었다. 조선은 관혼상제의 기준이 『주자가례』였다. 그래서 숟가락으로 밥과 국을 먹고 젓가락으로 반찬을 먹는 예법을 고수했다. 밥과 국, 반찬의 식단이 바뀌지 않으니 수저 문화가 바뀌지 않았다. 또 무거운 놋그릇이 나오면서 들고 먹을 수 없다 보니 숟가락으로 고개 숙여 먹는 문화가 정착되었다. 현대에 와서 한국 전쟁 이후에 미군 부대에서 나온 깡통으로 스테인리스 숟가락을 만들게 되었다. 싸고 좋았지만 너무 가벼워 미끄러지는 느낌이 나서 자루에 문양을 새기게 되었다.

삼국의 젓가락 길이와 두께도 차이가 있다. 중국이 가장 길고 한국은 중간, 일본이 가장 짧다. 이는 밥상의 크기와 일치한다. 한국은 쇠로 만든 젓가락을 쓰고 일본과 중국은 주로 나무를 쓴다. 뾰족한 정도는 반대로 일본이 가장 뾰족하고 한국은 중간, 중국이 가장 뭉뚝하다. 음식의 종류에 따라 형성된 문화인데 중국은 기름진 음식 위주이고 일본은 생선 위주라 그렇게 되었다.

제 12 장

예술의 세계

1. 단문 읽기

기름 파는 늙은이

康肅忿然曰, "爾安敢輕吾射?" 翁曰, "以我酌油知之." 乃
강 숙 분 연 왈　　이 안 감 경 오 사　　옹 왈　　이 아 작 유 지 지　　내

取一葫蘆置於地, 以錢覆其口, 徐以杓酌油瀝之, 自錢孔入,
취 일 호 로 치 어 지　　이 전 복 기 구　　서 이 작 작 유 력 지　　자 전 공 입

而錢不濕. 因曰, "我亦無他, 惟手熟爾."
이 전 불 습　　인 왈　　아 역 무 타　　유 수 숙 이

「賣油翁」
매유옹

어휘 풀이

▎康肅(강숙): 인명. 북송 때 진요자(陳堯咨)를 말한다 ▎忿然(분연): 분연히. 화를 내는 모양 ▎爾(이): 너 ▎安(안): 어찌 ▎敢(감): 감히 ▎輕(경): 경시하다, 가볍게 보다 ▎射(사): 활쏘기 ▎翁(옹): 늙은이 ▎酌油(작유): 기름을 따르다 ▎乃(내): 이에 ▎取(취): 취하다, 갖다 ▎葫蘆(호로): 조롱박 ▎置於地(치어지): 땅에 두다 ▎錢(전): 동전 ▎覆其口(복기구): 그 입을 덮다 ▎徐(서): 서서히 ▎杓(작): 국자 ▎瀝(력): 방울져 떨어지다 ▎自(자): ~로부터 ▎錢孔(전공): 동전의 구멍 ▎濕(습): 젖다 ▎因(인): 이어서 ▎無他(무타): 다른 것이 없다 ▎手熟(수숙): 손에 익다 ▎爾(이): ~뿐이다

우리말 해석

　강숙이 분연히 말하길, "그대는 어찌 감히 나의 활 쏘는 실력을 가볍게 보는가?" 노인이 말하길, "저의 기름 따르는 실력으로 알려드리겠습니다." 이에 조롱박 하나를 땅에 두고 엽전으로 그 주둥이를 덮은 후 천천히 국자로 기름을 떠서 흘려 보냈다. 엽전의 구멍으로 들어가는데 엽전은 젖지 않았다. 이어 "저도 다른 것은 없습니다. 오직 손에 익숙해지는 것뿐입니다."라고 말했다.

북송의 문인 구양수(歐陽脩, 1007~1072)가 쓴 산문 「매유옹(賣油翁)」의 일부이다. 구양수는 정치가이자 문인이다. 산문에 뛰어나 당송팔대가의 한 명으로 꼽혔으며 학문, 시, 서예에 모두 뛰어난 성취를 남겼다.

본문의 강숙이라는 사람은 실존 인물로 이름은 진요자(陳堯咨)라 한다. 진요자는 자타가 공인하는 활쏘기의 명인이었다. 스스로도 자부심이 대단했다. 어느 날 활을 쏘고 있는데 한 노인이 오랫동안 서서 구경했다. 진요자의 화살은 10발 중 8, 9발을 명중했다. 노인은 그걸 보고 가볍게 고개를 끄덕였다. 진요자는 성격이 급한 사람이었다. 노인이 신경 쓰였던 모양이다. 뭘 알고 끄덕이는 건지 궁금해서, 자신의 활쏘기가 어떠냐고 물었다. 노인은 대답했다. "다른 게 없습니다. 오직 손에 익숙해지는 것뿐입니다." 진요자는 노인이 건방지게 느껴져 화를 냈다. 그랬더니 노인이 기름 따르는 시범을 보여주었는데 그 솜씨가 놀라웠다. 조롱박 입구에 엽전을 올려놓고 국자로 따랐는데 엽전의 작은 구멍으로 연기처럼 빨려 들어갔다. 한 방울도 흘리지 않았고 엽전에도 묻지 않았다. 진요자는 노인에게 탄복했다. 노인은 또 말했다. "다른 게 없습니다. 오직 손에 익숙해지는 것뿐입니다."

어떤 일을 오랫동안 반복하다 보면 기술적으로 높은 경지에 오를 수 있다. 이를 숙능생교(熟能生巧)라 한다. 10발 중 8, 9발을 명중시키는 정도면 진요자의 활쏘기 실력도 충분히 훌륭하다. 하지만 그는 자만하지 말고 더 높은 수준에 오를 수 있도록 수련해야 했다. 분야는 달라도 노인의 수준이 그에게 깊은 깨달음을 주었을 것이다. 노인은 신분이 낮은 사람이지만 자신의 일을 고차원의 경지로 끌어올렸다. 평범하고 일상적인 기능의 사례로 예술의 원리를 설명하는 이야기다.

한국에서는 『동야휘집(東野彙輯)』에 한석봉의 일화로 이 이야기가 전한다. 한석봉이 길을 가다가 기름 장수를 보았는데 이 사람은 높은 누각 위에서 기름을 따른다. 보지도 않고, 심지어 발로도 따른다. 호리병 위에 엽전을 올려놓은 것도 진요자 이야기와 같다. 바람이 불자 기름 줄기가 긴 실처럼 가늘게 날리며 호리병 속으로 들어갔다. 한석봉은 깨달음을 얻어 더욱 붓글씨에 정진했다. 한석봉은 떡을 써는 어머니 일화로도 유명하다. 반복된 훈련과 노력에서 높은 수준이 나온다는 예술 사상이다. 기능과 예술을 합쳐 기예(技藝)라고 하는 것도 통하는 하나의 도가 있기 때문이다.

화룡점정

金陵安樂寺四白龍不點眼睛, 每云, "點睛卽飛去." 人以爲
금 릉 안 락 사 사 백 룡 부 점 안 정   매 운   점 정 즉 비 거   인 이 위

妄誕, 固請點之. 須臾, 雷電破壁, 兩龍乘雲騰去上天, 二
망 탄 고 청 점 지 수 유 뇌 전 파 벽 양 룡 승 운 등 거 상 천   이

龍未點眼者見在.
룡 미 점 안 자 견 재

『歷代名畫記』
역 대 명 화 기

어휘 풀이

┃金陵(금릉): 지명. 지금의 강소성 남경(南京) ┃安樂寺(안락사): 절 이름 ┃點(점): 점, 점을 찍
다 ┃眼睛(안정): 눈동자 ┃每(매): 매 번 ┃卽(즉): 곧 ┃以爲(이위): ～라고 생각하다 ┃妄誕(망탄):
허망하고 황당하다 ┃固(고): 단단하다, 굳이 ┃須臾(수유): 잠깐 사이. 매우 짧은 시간을 말한다
┃雷電(뇌전): 천둥과 번개 ┃破(파): 부수다 ┃壁(벽): 벽, 담장 ┃乘雲(승운): 구름을 타다 ┃騰(등):
오르다, 높은 곳으로 올라가다 ┃見(견): (피동) ～하게 되다

우리말 해석

　금릉 안락사에 흰 용이 네 마리 있었는데 눈동자를 찍지 않았다. 늘 "눈동자를 찍으면 날아
갑니다."라고 하니 사람들은 허황하고 괴이하다고 여겨 억지로 점을 찍게 했다. 잠시 후 천둥 번
개가 담벼락을 치더니 두 마리 용이 구름을 타고 하늘로 날아갔고 눈동자를 그리지 않은 두 마
리 용은 남아 있었다.

남조 양(梁)나라 때 저명한 화가 장승요(張僧繇, 생졸년 불명)의 일화다. 우리에겐 화룡점정이라는 성어로 널리 알려졌다. 장승요가 사찰의 벽에 용을 그리고 눈동자를 그리지 않았다. 사람들이 이유를 물으니 날아갈까 봐 그리지 않았다고 대답했다. 모두 허황된 말이라고 생각했는데 눈동자를 그렸더니 정말 용이 벽에서 나와 하늘로 날아갔다. 화룡점정은 가장 핵심적인 부분을 마무리하여 일을 완성시킨다는 성어로 사용된다. 실력이 얼마나 뛰어나면 그림이 실제로 살아서 튀어나왔을까? 화공의 귀신같은 솜씨에 감탄하게 된다. 이런 유형의 이야기가 많은데 우리나라의 솔거 설화도 비슷하다. 솔거가 황룡사 벽에 소나무를 그렸더니 새들이 앉으려다 부딪혀 떨어졌다. 너무 생생했던 모양이다. 그런데 세월이 지나 색이 바래지자 한 스님이 덧칠을 했는데 그 이후에는 새가 오지 않았다고 한다. 『삼국사기』에 전하는 이야기다.

비슷한 유형의 이야기지만 다소 중점이 다르다. 장승요의 화룡점정 이야기는 눈동자에 초점이 맞춰져 있다. 눈동자를 그린 용은 하늘로 올라갔지만 그리지 않은 용은 남았다. 그림에 눈동자가 있느냐 없느냐의 문제가 이 이야기의 핵심이다.

『맹자』에는 마음이 바르면 눈동자가 밝고 마음이 바르지 못하면 눈동자가 흐리다고 했다. 사람의 정신이 눈동자에 나타난다는 것이다. 지금도 많은 사람들이 이렇게 생각한다. 동아시아 예술사에서 눈동자의 문제를 중시한 대표적인 인물은 고개지(顧愷之, 약 345~406)다. 고개지는 초상화를 그리면서 몇 년이고 눈동자를 그리지 않는 일이 많았다. 사람들이 이유를 묻자 이렇게 답했다. "신체의 미추는 그림의 묘처(妙處)와 무관하지만 정신을 전달하여 참모습을 그리는 것은 여기(눈동자)에 달려 있습니다." 훌륭한 초상화가 되려면 그 인물의 정신을 잘 살려야 하는데 그 관건이 눈동자라는 것이다.

고개지는 이런 말도 했다. "손으로 다섯 줄 현을 뜯는 것은 (그리기) 쉽지만 눈으로 돌아가는 기러기를 보내는 것은 (그리기) 어렵다(手揮五絃易, 目送歸鴻難. 수휘오현이 목송귀홍난)." 말이 조금 어렵다. 전자는 거문고 등의 악기 연주 장면이고 후자는 날아가는 기러기를 눈으로 지켜보며 보내는 장면이다. 왜 악기 연주의 모습은 그리기 쉬운데 기러기를 쳐다보는 모습은 그리기 어려운가? 후자는 기러기를 바라보는 사람의 깊은 감정과 여운을 표현해야 하기 때문이다. 이 사람은 무슨 사연이 있기에 우두커니 날아가는 기러기를 바라보고 있는가? 이 사람이 생각하는 대상은 누구인가? 알 수 없다. 이 미묘하고 복잡한 분위기를 살려야 하기 때문에 어려운 것이다. 본문의 화룡점정 이야기도 고개지 이후 정신을 중시하는 예술 풍조에서 만들어진 일화이다. 뛰어난 그림은 외형을 똑같이 그린 그림이 아니라 정신적인 면을 잘 살린 그림이라는 것이다.

백아절현

伯牙善鼓琴, 鍾子期善聽. 伯牙鼓琴, 志在高山, 鍾子期曰,
백 아 선 고 금　종 자 기 선 청　백 아 고 금　지 재 고 산　종 자 기 왈

"善哉. 峨峨兮若泰山." 志在流水, 鍾子期曰, "善哉. 洋洋
선 재　아 아 혜 약 태 산　지 재 유 수　종 자 기 왈　선 재　양 양

兮若江河." 伯牙所念, 鍾子期必得之. 子期死, 伯牙謂世再
혜 약 강 하　백 아 소 념　종 자 기 필 득 지　자 기 사　백 아 위 세 재

無知音, 乃破琴絶絃, 終身不復鼓.
무 지 음　내 파 금 절 현　종 신 불 부 고

『呂氏春秋』
여 씨 춘 추

어휘 풀이

| 伯牙(백아) : 인명 | 善(선) : 착하다, 뛰어나다 | 鼓琴(고금) : 거문고를 연주하다 | 鍾子期(종자기) : 인명 | 峨峨(아아) : 산이 높은 모양 | 兮(혜) : 어조사. 감탄의 느낌을 표현한다 | 若(약) : ~와 같다 | 泰山(태산) : 높은 산 | 洋洋(양양) : 물이 넓은 모양 | 所念(소념) : 생각하는 바 | 知音(지음) : 음악을 알다. 자신을 알아주는 친구를 비유한다 | 乃(내) : 이에 | 破琴(파금) : 거문고를 부수다 | 絶絃(절현) : 현을 끊다 | 終身(종신) : 평생

우리말 해석

　백아는 거문고 연주에 뛰어났고 종자기는 듣는 데에 뛰어났다. 백아가 거문고를 연주할 때 생각이 높은 산에 있으면 종자기가 "훌륭하다. 높고 높으니 태산과 같구나."라고 했다. 생각이 흐르는 물에 있으면 종자기가 "훌륭하다. 넓고 넓으니 큰 강과 같구나."라고 했다. 백아의 생각을 종자기는 반드시 얻었다. 종자기가 죽자 백아는 세상에 다시는 지음이 없을 것이라 말하며 거문고를 부수고 현을 끊어 평생 다시는 연주하지 않았다.

본문의 내용은 춘추전국 시대 유백아(俞伯牙)와 종자기(鍾子期)의 일화로 지음(知音)이라는 말의 유래이다. 두 사람의 이야기를 기록한 문헌은 매우 많지만 모두 정확한 역사 기록은 아니라서 대략 민간에서 형성된 이야기로 추측된다.

백아는 거문고 연주 실력이 뛰어났고 종자기는 감상하는 능력이 뛰어났다. 백아가 높은 산을 생각하며 연주하면 종자기는 높은 산을 느꼈다. 큰 강을 생각하며 연주하면 또 큰 강을 느꼈다. 기쁨을 연주하면 기쁨을 느끼고 외로움을 연주하면 외로움을 느꼈다. 대단한 연주자와 대단한 감상자다. 여기서 지음(知音)이라는 성어가 생겼다. 해석하면 음률을 안다는 뜻이지만 나의 마음을 깊이 이해해주는 친구라는 의미로 쓰인다. 신라 최치원(崔致遠)의 시 「추야우중(秋夜雨中)」에는 "가을바람에 괴로이 읊나니 세상에 지음이 적구나(秋風唯苦吟, 世路少知音. 추풍유고음 세로소지음)."라는 구절이 있다. 비슷한 의미의 용어로 지기(知己)라는 말도 있다. 『전국책(戰國策)』에 "선비는 자기를 알아주는 사람을 위해 목숨을 바친다(士爲知己者死 사위지기자사)."라는 구절이 있고 당나라 왕발(王勃)의 시 「송두소부지임촉주(送杜少府之任蜀州)」에 "세상에 지기가 있으면 하늘 끝에 떨어져 있어도 이웃에 있는 것과 같네(海內存知己, 天涯若比鄰. 해내존지기 천애약비린)."라는 구절이 있다.

지음은 능력을 가진 사람이 아니라 남의 능력을 알아주는 사람이다. 지음이라는 말의 미덕은 여기에 있다. 종자기는 백아의 보조 역할처럼 보이지만 종자기가 있어 백아의 음악은 완성되었다. 종자기가 죽자 유백아는 평생 거문고를 연주하지 않았다. 연주 실력이 사라진 것은 아니다. 음악은 그것을 듣고 이해하는 사람이 있을 때 의미가 있는 것인데 종자기가 죽자 의미가 없어진 것이다.

능력을 알아보는 것이 자신의 능력인 사람이 또 있다. 춘추 시대 백락(伯樂)이라는 인물이다. 그는 명마를 식별하는 능력이 탁월했다. 시장에 가서 백락이 잠깐 살펴보면 그 말은 값이 열 배로 오를 정도였다고 한다. 백락이 어느 날 소금 수레를 끌고 산길을 오르는 말을 보았는데 천하의 명마였다. 하지만 야윈 몸집으로 종일 고된 노동에 시달리느라 신체가 크게 손상되었다. 아무도 명마를 알아보지 못한 것이다. 무릎이 꺾이고 뜨거운 땀과 침이 땅에 떨어지는 것을 보고 백락은 자신도 모르게 베옷을 덮어주었다. 말은 고개를 숙이고 거친 숨소리를 내더니 하늘을 향해 크게 울었다. 그 소리가 쇠와 바위가 부딪히는 소리 같았다고 한다. 이 말은 왜 울었을까? 자기를 알아주는 사람을 만나 감격한 것이다. 하루에 천 리를 달리는 능력이 있어도 종일 소금 수레만 끌면 노새, 당나귀와 다를 바 없다. 자갈밭에 옥이 있어도 알아보는 사람이 없으면 그냥 자갈일 뿐이다. 이 말은 백락을 만나 천리마로 거듭났다. 말에게 백락은 지기이자 지음이었던 것이다.

『여씨춘추』에서도 백아절현 일화를 인재에 대한 비유로 썼다. 통치자가 인재를 초빙하고 싶다면 능력을 인정하고 그에 합당한 대우를 해줘야 한다는 것이다. 인재를 인재로 인정했을 때 인재는 능력을 발휘한다. 천하의 인재라도 인정받지 못하면 범재가 된다. 백락이 거문고를 부순 것처럼. 천리마가 종일 소금 수레를 끄는 것처럼.

그림은 정신을 그려야

又有古畫, 稱妙筆. 畫老叟抱兒孫飯以餉之, 神采如活. 康
우유고화   칭묘필   화노수포아손반이향지   신채여활   강

靖大王見之曰, "是畫雖好, 凡人之食兒, 必自開其口. 是則
정대왕견지왈   시화수호   범인지식아   필자개기구   시즉

含之, 大失畫法." 自此終爲棄畫.
함지   대실화법   자차종위기화

『於于野談』
어우야담

어휘 풀이

┃古畫(고화): 오래된 그림 ┃稱(칭): 칭하다, 말하다 ┃妙筆(묘필): 신묘한 필법 ┃老叟(노수): 노인 ┃抱(포): 안다 ┃兒孫(아손): 어린 손주 ┃飯以餉之(반이향지): 그에게 밥을 먹이다 ┃神采如活(신채여활): 생생함이 살아 있는 것 같다 ┃康靖大王(강정대왕): 조선 9대 왕 성종 ┃是(시): (지시대명사) 이, 이것 ┃凡人(범인): 평범한 사람 ┃含(함): 머금다 ┃畫法(화법): 그림의 법도 ┃自此(자차): 이로부터 ┃終(종): 마침내 ┃棄畫(기화): 버려진 그림

우리말 해석

또 오래된 그림이 있었는데 신묘한 필법이라고 일컬어졌다. 노인이 어린 손주를 품에 안고 밥을 먹이는 모습을 그렸는데 생생함이 살아 있는 것 같았다. 강정대왕이 그 그림을 보고 "이 그림은 비록 잘 그리기는 했지만 보통 사람들이 아이를 먹일 때는 반드시 자신도 입을 벌린다. 그런데 이 그림은 입을 닫고 있으니 크게 화법을 잃었다."라고 했다. 이로부터 마침내 버려진 그림이 되었다.

『어우야담(於于野談)』은 조선 중기 문인 유몽인(柳夢寅, 1559~1623)이 엮은 설화집이다. 유몽인의 호 어우당(於于堂)에서 제목을 가져왔다. 항간에 전하는 이야기들을 수집하여 정리한 책으로 당시 사회의 생생한 생활상과 문화적 성향을 보여주며 조선 후기 야담류 설화집의 효시로 평가받는다.

본문은 한 폭의 그림을 놓고 성종 임금이 품평한 내용이다. 할아버지가 손주에게 밥을 먹이는 그림이었는데 너무 생생해 모두 훌륭한 그림이라고 칭찬했지만 성종은 다르게 평가했다. 손주에게 밥을 먹이는 할아버지는 틀림없이 자기도 입을 벌리는데, 이 그림은 입을 닫고 있으니 사실성을 잃었다는 것이다. 어떻게 이런 생각을 했을까? 대단한 포착이다. 이 한 가지 때문에 그림에 대한 평가가 급락했다. 이 그림은 할아버지의 정성 어린 마음을 놓쳤다. 할아버지가 입을 벌리는 것은 아이가 입을 더 크게 벌려서 흘리지 않고 먹기를, 더 잘 먹고 더 많이 먹기를 바라는 마음 때문이다. 손주를 아끼고 사랑하는 마음에 자기도 모르게 벌리는 것이다. 그런데 이 그림의 핵심이었어야 할 할아버지의 진심과 정성이 없으니 실패한 그림이 되었다.

이 이야기 앞에는 또 하나의 일화가 있다. 역시 그림 이야기다. 키 큰 소나무 밑에서 어떤 사람이 올려다보는 그림이다. 이 그림도 너무 생생해서 모두 훌륭한 그림이라고 칭찬했다. 그런데 안견(安堅)이 품평했다. 높은 나무를 쳐다본다면 이 사람의 목에 주름이 있어야 할 텐데 이 그림은 주름이 없으니 실패한 그림이다. 사람들이 모두 수긍했다. 이 이야기도 마찬가지다. 사람이 큰 나무 곁에 서서 올려다보는 것은 나무의 나이와 높이를 느끼고 감탄하기 때문이다. 자연에 대한 경외심이라고 해도 좋을 것이다. 그래서 자기도 모르게 높은 끝자락을 보게 된다. 목의 주름은 나무를 보는 사람의 마음, 즉 자연에 대한 감탄과 경외심의 표현이다. 이 그림의 핵심은 목의 주름이어야 했다. 안견이 볼 때 이 그림은 진정성이 빠진 그림이었다.

이 이야기는 이렇게 마무리된다. "그림과 문장이 어찌 다르겠는가? 일단 본의(本意)를 잃으면 화려하게 꾸민 구절이라도 아는 자는 취하지 않는다. 안식이 있는 사람은 알 수 있다." 예술의 핵심은 본의이다. 성종과 안견의 일화로 보자면 한낱 입 모양과 목주름일 뿐이지만 이는 진정성을 의미한다. 작품이 감동을 주는 것은 화려한 꾸밈이 아니라 진실한 마음이다. 제갈량의 「출사표」는 화려한 수식이나 문학적 장치가 없지만 천고의 명문으로 평가받는다. 그것은 왜인가? 군주를 생각하는 신하의 충심이 근본에 있기 때문이다.

2. 문법 해설

1 爾安敢輕吾射 (이안감경오사) 그대는 어찌 감히 나의 활 쏘는 실력을 가볍게 보는가?

爾 (너 이)

2인칭 대명사로 '너, 그대, 자네, 당신' 등 상대방을 가리키는 말로 사용된다. 비슷한 용법으로 汝(여), 女(녀), 而(이), 若(약), 乃(내) 등이 있다.

▶ 爾爲爾, 我爲我(이위이 아위아) 너는 너이고 나는 나이다. (『맹자 孟子』)

安 (편안할 안)

① 편안하다

▶ 聖人安貧樂道(성인안빈낙도) 성인은 가난함을 편안하게 느끼고 도를 즐거워했다. (『문자 文子』)

② 어찌, 어디

▶ 燕雀安知鴻鵠之志哉(연작안지홍곡지지재) 제비, 참새가 어찌 기러기, 고니의 뜻을 알겠는가? (『사기 史記』)

輕 (가벼울 경)

원래는 '가볍다'라는 뜻의 형용사이지만, 여기서는 동사로 '가볍게 여기다, 경시하다'로 해석된다.

▶ 財者君子之所輕, 死者小人之所畏(재자군자지소경 사자소인지소외) 재물은 군자가 가볍게 여기는 바요, 죽음은 소인이 무서워하는 바이다. (『설원 說苑』)

2 因曰 (인왈) 이어 말하길

> 因 (인할 인)

① ~ 때문이다, ~로 말미암다

> ▶ 馬行無力皆因瘦(마행무력개인수) 말의 걸음에 힘이 없는 것은 야위었기 때문이다.
>
> (『증광현문 增廣賢文』)

② (명사) 원인, 이유

> ▶ 因果竟在何處 (인과경재하처) 원인과 결과는 결국 어디에 있는가? (『양서 梁書』)

③ 곧이어, 그리고 나서

> ▶ 因泣數行下(인읍수행하) 곧이어 몇 줄기 눈물을 흘렸다. (『금사 金史』)

3 惟手熟爾 (유수숙이) 오직 손에 익숙해지는 것뿐입니다.

> 熟 (익을 숙)

'익다'라는 뜻으로 곡식이나 과일이 영그는 것, 음식이 삶아져 익는 것을 모두 포함한다.
여기서는 '기술이나 능력이 익숙해져 숙달되다'라는 뜻으로 사용되었다.

> ▶ 夫仁亦在乎熟之而已矣(부인역재호숙지이이의) 대저 인 또한 그것을 익히는 것에 달려 있을
> 뿐이다. (『맹자 孟子』)

4 點睛卽飛去 (점정즉비거) 눈동자를 찍으면 날아갑니다.

> 卽 (곧 즉)

① (강조) 바로 ~이다

> ▶ 梁父卽楚將項燕(양부즉초장항연) 양의 부친이 바로 초나라 장수 항연이다. (『사기 史記』)

② 곧, 즉각

> ▶ 賤卽買, 貴則賣(천즉매 귀즉매) 싸면 사고 비싸지면 판다. (『염철론 鹽鐵論』)

5 二龍未點眼者見在(이룡미점안자견재) 눈동자를 그리지 않은 두 마리 용은 남아 있었다.

見(볼 견, 나타날 현)

① (견) 보다

▶ 未見君子(미견군자) 군자를 만나지 못하다. (『시경 詩經』)

② (견) (피동) ~하게 되다, ~당하다

▶ 吾嘗三仕, 三見逐於君(오상삼사 삼견축어군) 나는 일찍이 세 번 벼슬을 했다가 세 번 임금에게 쫓겨났다. (『사기 史記』)

③ (현) 나타나다, 드러나다

▶ 讀書百遍義自見(독서백편의자현) 책을 백 번 읽으면 뜻은 저절로 드러난다. (『삼국지 三國志』)

6 善哉. 峨峨兮若泰山(선재 아아혜약태산) 훌륭하다. 높고 높으니 태산과 같구나.

哉(어조사 재)

문장의 종결을 표시하는 어조사. 감탄, 탄식, 의문의 어기(語氣)를 표현한다.

▶ 大哉, 孔子(대재 공자) 위대하도다, 공자여! (『논어 論語』)

兮(어조사 혜)

감탄을 표시하는 어조사. 말의 진행을 잠시 멈추는 어기(語氣)를 표현한다.

▶ 大風起兮雲飛揚(대풍기혜운비양) 큰 바람 일어나나니 구름이 날아오른다. (「대풍가 大風歌」)

7 是則含之(시즉함지) 이것은 입을 닫고 있다.

則(법칙 칙, 곧 즉)

① (칙) 원칙, 법칙

▶ 天不變其常, 地不易其則(천불변기상 지불역기칙) 하늘은 그 일정함을 변치 않고 땅은 그
법칙을 바꾸지 않는다. (『관자 管子』)

② (즉) ~면

▶ 水至淸則無魚(수지청즉무어) 물이 지나치게 맑으면 물고기가 없다. (『한서 漢書』)

③ (즉) 곧. 주어 뒤에 위치하여 주어를 강조한다.

▶ 其勢則然也(기세즉연야) 그 기세가 그런 것이다. (『맹자 孟子』)

8 自此終爲棄畫(자차종위기화) 이로부터 마침내 버려진 그림이 되었다.

自(스스로 자)

① 스스로, 직접

▶ 人必自侮, 然後人侮之(인필자모 연후인모지) 사람은 반드시 스스로 모욕한 후에 다른 사
람이 그를 모욕한다. (『맹자 孟子』)

② 본래, 본시

▶ 人之死生自有長短(인지사생자유장단) 사람이 죽고 사는 것은 본래 길고 짧음이 있다.
(『논형 論衡』)

③ 저절로

▶ 重罰不用而民自治(중벌불용이민자치) 중한 벌을 쓰지 않아도 백성은 저절로 다스려졌다.
(『한비자 韓非子』)

④ ~에서, ~로부터

▶ 有朋自遠方來, 不亦樂乎(유붕자원방래 불역락호) 벗이 멀리서 찾아오면 또한 즐겁지 않
겠는가? (『논어 論語』)

3. 명언명구

胸中成竹
흉 중 성 죽

마음속에 대나무를 완성한다.

소동파의 회화 이론으로 대나무를 그릴 때에는 먼저 마음속에 대나무의 전체적인 윤곽이 완성되어야 한다는 의미이다. 나와 대상, 주체와 객체의 통일을 강조하는 이론으로 물아일체의 경지를 말한다. 일반적으로는 어떤 일을 시작하기 전에 미리 그 일의 전체를 꼼꼼히 계획해야 한다는 뜻으로 사용된다. 아무런 설계와 구상 없이 그리기 시작하면 성공할 수 없다는 것이다.

• 胸(가슴 흉) | 中(가운데 중) | 成(이룰 성) | 竹(대나무 죽)

羚羊掛角,
영 양 괘 각

無跡可求
무 적 가 구

영양이 뿔을 걸어
흔적을 찾을 수 없다.

엄우의 『창랑시화(滄浪詩話)』에 나오는 말로 양은 나뭇가지에 뿔을 걸고 허공에서 잠을 잔다. 사냥개는 양의 냄새를 맡고 그 아래를 헤매지만 양을 찾지 못한다. 엄우는 이 비유로 훌륭한 시의 기준을 설명했다. 함축미가 뛰어나 구체적인 내용은 말하지 않고도 깊은 여운을 주어야 한다는 이론이다.

• 羚(영양 령) | 羊(양 양) | 掛(걸 괘) | 角(뿔 각)
　無(없을 무) | 跡(자취 적) | 可(가할 가) | 求(구할 구)

醉翁之意不在酒
취 옹 지 의 부 재 주

취옹의 뜻은 술에 있지 않다.

구양수의 「취옹정기(醉翁亭記)」에서 나온 말로 본의는 다른 곳에 있다는 뜻이다. 취옹은 구양수의 자호(自號)다. 그는 자연 경관이 뛰어난 곳에서 정자를 짓고 술을 즐겼다. 하지만 자신의 즐거움은 술 자체에 있는 것이 아니라 자연을 감상하는 데에 있다고 했다.

• 醉(취할 취) ┃ 翁(늙은이 옹) ┃ 之(갈 지) ┃ 意(뜻 의) ┃ 不(아닐 불) 在(있을 재) ┃ 酒(술 주)

唯有一點似羲之
유 유 일 점 사 희 지

오직 점 하나가
왕희지를 닮았구나.

명필 왕희지의 아들 왕헌지의 일화에서 나온 말이다. 왕헌지는 아버지의 필법을 능가하고자 오랫동안 연습에 매진했다. 후에 大(대) 자를 써 아버지에게 보여주니 점을 하나 찍어 太(태) 자를 만들었다. 왕헌지가 그 글자를 다시 모친에게 보여주니 점 하나만 아버지에 근접했다고 평가했다.

• 唯(오직 유) ┃ 有(있을 유) ┃ 一(한 일) ┃ 點(점 점) ┃ 似(닮을 사) 羲(숨 희) ┃ 之(갈 지)

年年歲歲花相似,
연 년 세 세 화 상 사
歲歲年年人不同
세 세 년 년 인 부 동

해마다 꽃은 서로 비슷하건만
해마다 사람은 같지 않네.

유희이의 시 「대비백두옹(代悲白頭翁)」에서 나온 구절로 봄이 되면 피는 꽃은 작년의 그 꽃과 같은 모양이지만 사람은 늙어 모습이 달라졌음을 한탄한 내용이다. 전하는 말에 따르면 유희이의 장인인 송지문이 이 구절을 탐내어 자신에게 달라고 했는데 거절하자 하인을 시켜 유희이를 죽였다고 한다.

• 年(해 년) ┃ 歲(해 세) ┃ 花(꽃 화) ┃ 相(서로 상) ┃ 似(닮을 사) 人(사람 인) ┃ 不(아닐 불) ┃ 同(한가지 동)

鬼魅最易
귀 매 최 이

귀신이 가장 그리기 쉽다.

『한비자』에 나오는 말로 임금이 화공에게 가장 그리기 어려운 것과 쉬운 것을 물어보자 화공이 대답한 말이다. 개나 말은 모든 사람들이 알고 있기 때문에 정확하게 그려야 하므로 그리기 어렵지만 귀신은 본 사람이 없기 때문에 쉽다고 답했다. 실체가 없는 것을 꾸며내 다른 이에게 강하게 주장하는 일의 허망함을 의미한다.

• 鬼(귀신 귀) | 魅(도깨비 매) | 最(가장 최) | 易(쉬울 이)

漸入佳境
점 입 가 경

들어갈수록
더 아름다운 경지를 만난다.

『진서』에 나오는 말로 갈수록 뛰어난 경치나 솜씨가 나타나는 것을 비유하는 말이다. 동진(東晉) 시대 유명한 화가 고개지(顧愷之)는 사탕수수를 좋아했는데 사탕수수를 먹을 때 늘 끝에서 시작하여 뿌리를 향했다고 한다. 그 이유를 묻자 점입가경이라고 답했는데 뿌리에 가까워질수록 점점 단맛이 난다는 의미였다.

• 漸(점점 점) | 入(들 입) | 佳(아름다울 가) | 境(지경 경)

七步成詩
칠 보 성 시

일곱 걸음 만에 시를 짓다.

『세설신어』에서 유래한 말로 위나라 문제 조비가 아우 조식을 처벌하려다 그의 문학적 재능을 아껴 일곱 걸음 만에 시를 지으면 용서한다고 했다. 조식은 콩대를 태워 콩을 삶는 내용의 시를 쓰며 같은 뿌리에서 난 형제가 서로를 괴롭힌다고 한탄했다. 자기 형제의 상황에 대한 뛰어난 비유에 조비는 마음이 움직였고 조식을 석방했다. 이 시의 제목은 「칠보시(七步詩)」가 되었다.

• 七(일곱 칠) | 步(걸음 보) | 成(이룰 성) | 詩(시 시)

4. 명문 감상

 장자의 예술론

포정이 문혜군을 위해 소를 잡았다. 손을 대고, 어깨로 부딪히고, 발로 디디며, 무릎을 갖다 댈 때마다 서걱서걱 살 바르는 소리가 울렸고 칼날이 들어가자 슥슥 소리 내며 갈라졌다. 음악에 맞았으니 '상림(桑林, 고대의 악곡명)'의 춤에 어울렸고 '경수(經首, 고대의 악곡명)'의 박자에 들어맞았다. 문혜군은 "아, 뛰어나도다! 기술이 어쩌면 이 정도인가?"라고 했다.

포정이 칼을 놓고 대답했다. "신이 좋아하는 것은 도(道)입니다. 기술보다 앞선 것입니다. 처음 신이 소를 잡을 때에는 눈에 보이는 것이 소의 전체였습니다. 삼 년이 지나니 소가 전체로 보이지 않았습니다. 지금 신은 정신으로 소를 대할 뿐, 눈으로 보는 것이 아닙니다. 감각과 지각은 멈추었고 정신이 작동하고 있습니다. 천리(天理)에 따라 큰 틈을 쪼개고 넓은 공간으로 칼을 밀어 넣으며 소 본연의 구조대로 진행합니다. 경락, 뼈와 힘줄에 붙은 살을 건드린 적이 없으니 큰 뼈는 말할 것도 없습니다. 솜씨 좋은 백정은 일 년에 한 번 칼을 바꿉니다. 이는 살을 베기 때문입니다. 평범한 백정은 한 달에 한 번 칼을 바꿉니다. 이는 뼈를 자르기 때문입니다. 지금 저의 칼은 19년 되었고 그동안 벤 소가 수천 마리입니다. 그런데도 칼날은 막 숫돌에 간 것과 똑같습니다. 저 마디엔 틈이 있고 칼날은 두껍지 않습니다. 두껍지 않은 칼날을 넓은 틈 사이에 집어넣으니 자유롭게 칼을 놀리면서도 여유롭습니다. 이런 까닭에 19년을 썼지만 칼날이 막 숫돌에 간 것 같은 것입니다.

비록 이렇긴 하지만, 근육과 뼈가 엉킨 곳에 이르면 저도 어렵다는 것을 알기 때문에 조심하게 되고 시선을 멈추고 행동을 천천히 합니다. 칼을 미세하게 움직이다 보면 서걱거리며 살이 갈라지니 마치 흙더미가 땅에 떨어지는 것 같습니다. 칼을 든 채 서서 주위를 둘

러보다 마음이 뿌듯해지면 잘 닦아 보관합니다." 문혜군이 말하길, "흘륭하도다! 나는 포정의 말을 듣고 양생(養生)의 도를 얻었다."

庖丁爲文惠君解牛, 手之所觸, 肩之所倚, 足之所履, 膝之所踦, 砉然嚮然, 奏刀騞然, 莫不中音, 合於《桑林》之舞, 乃中《經首》之會. 文惠君曰: "嘻, 善哉! 技蓋至此乎?" 庖丁釋刀對曰: "臣之所好者, 道也, 進乎技矣. 始臣之解牛之時, 所見無非全牛者. 三年之後, 未嘗見全牛也. 方今之時, 臣以神遇而不以目視, 官知止而神欲行. 依乎天理, 批大郤, 導大窾, 因其固然. 技經肯綮之未嘗, 而況大軱乎! 良庖歲更刀, 割也, 族庖月更刀, 折也. 今臣之刀十九年矣, 所解數千牛矣, 而刀刃若新發於硎. 彼節者有閒, 而刀刃者無厚, 以無厚入有閒, 恢恢乎其於遊刃必有餘地矣, 是以十九年而刀刃若新發於硎. 雖然, 每至於族, 吾見其難爲, 怵然爲戒, 視爲止, 行爲遲. 動刀甚微, 謋然已解, 如土委地. 提刀而立, 爲之四顧, 爲之躊躇滿志, 善刀而藏之." 文惠君曰: "善哉! 吾聞庖丁之言, 得養生焉."

『장자 · 양생주 養生主』

이 글은 『장자』의 유명한 대목으로 포정해우(庖丁解牛) 고사라고 불린다. 포정(庖丁)의 포(庖)는 '부엌, 푸줏간'을 말하고 정(丁)은 '남자'를 말한다. 그래서 포정은 사람 이름이 아니라 '주방장, 혹은 요리사'라는 뜻이다. 도축한 소를 자르는 포정의 귀신같은 솜씨가 흥미진진하게 묘사되어 있다. 표면적으로는 포정의 칼질 이야기지만 기술의 수준을 초월한 극상의 경지이기 때문에 이 이야기는 사실 장자의 예술론, 미학론을 설명하는 내용이다.

포정의 칼이 소를 가른다. 소의 몸집은 크고 무겁다. 그래서 포정은 팔과 어깨, 다리와 무릎, 온 몸을 다 쓴다. 그러지 않으면 소의 무게를 이겨낼 수 없다. 하지만 포정의 동작은 군더더기 없이 자연스럽고 리드미컬하다. 마치 음악에 맞춰 춤을 추는 것 같다. 지켜보던 문혜군이 뛰어난 기술이라고 감탄했다. 그런데 포정은 이건 기술이 아니라 도(道)라고 했다. 노장 사상에서 도는 우주와 세계의 궁극적인 원리이다. 도를 체험하기 위해서는 모든 인위적인 것을 배제하고 자연의 경지로 들어가야 한다. 자연은 무엇인가? 스스로 자(自), 그럴 연(然)이다. 모든 사물과 현상이 갖고 있는 원리, 저절로 그렇게 되는 원리이다. 포정은 자신의 동작이 도와 합일된 상태에서 나온 것이라면서, 도는 기술보다 우월한 것이라고 했다. 도의 경지에 들어간 포정의 솜씨는 다음과 같은 특징이 있다. ① 감각을 사용하지 않는다. 처음에는 눈으로 소를 보았다. 그랬더니 소의 육중한 몸집 전체만 보였다. 그런데 지금은 정신[神]으로 소를 대한다. 눈으로 볼 수 없는 소의 내부 구조가 느껴지고, 어디에 틈이 있고 공간이 있는지 환하게 알 수 있다. 그 결과 틈을 찾아 칼이 지나가니 모든 것이 자유롭다. 힘도 들지 않고 칼날도 상하지 않는다. ② 물아일체(物我一體)의 경지이다. 포정도 처음에는 몸의 힘으로만 칼질을 했을 것이다. 모든 일이 그렇다. 요령이 생기고 기술이 생기면 훨씬 능숙해지지만 아직 부족하다. 공자도 말했다. 아는 사람은 좋아하는 사람만 못하고 좋아하는 사람은 즐기는 사람만 못하다고. 도의 단계에 들어가니 칼질이 유희와 다름없다. 어떤 장애와 거리낌도 없는 절대 자유의 경지다. 칼이 소의 뼈와 근육 사이를 유영할 때 포정의 정신은 소의 몸과 하나가 되었다. 호접몽 고사에 나오는 '물화(物化)'의 개념처럼 주체와 객체가 동화된 것이다. ③ 도가 기술보다 우월한 개념이라고 했지만 기술 자체를 부정하지는 않았다. 기술의 단계를 뛰어넘어 도로 들어간 것이 아니라 기술의 단계를 거쳐 도로 들어간 것이다. 칼을 19년 동안 갈지 않아도 새 것 같은 경지는 한 달에 한 번, 일 년에 한 번 칼을 바꾸는 단계를 지나서 얻어진 것이다.

그러면 도와 합일되는 경지는 어떻게 얻어지는 것인가? 반복적인 훈련으로 도달할 수 있는 것인가? 「달생(達生)」편에는 다음과 같은 이야기가 있다. 재경(梓慶)이라는 장인이 있었다. 그가 만든 북틀은 너무 뛰어나 다들 귀신의 솜씨라고 놀랐다. 그 비결을 묻자 그는 반드시 사전에 재계하며 마음을 고요히 다스린다고 말했다. 그러다 보면 보상이나 칭찬을 생각하며 들떴던 마음도 사라지고 실패와 비난 같은 불안감도 사라진다. 자신의 사지와 육체까지 모두 잊게 되면 재목을 살피고 고르는데, 반드시 먼저 마음속에 북틀의 형상이 떠올라야 한다. 형상 사유의 과정이다. 대상의 형상이 마음속에 먼저 완성되어야 착수를 한다. 그는 이 과정을 자신의 천성과 나무의 천성이 합쳐지는 것(以天合天 이천합천)이라고 표현했다. 물아일체와 같은 개념이다. 재계는 명상과 같은 개념이다. 재경의 고사는 물아일체의 전제 조건으로 명상이나 재계라는 정신 수양의 과정을 제기했다.

포정의 작업은 예술이 아니지만 그 원리는 예술과 같다. 예술 역시 작가의 주관성과 대상의 객관성이 만나는 작업이다. 포정의 칼질은 도와 합일된 상태에 도달했고 자신의 육체와 일체의 감각을 잊어버렸다. 포정이 일을 마치고 왜 한참 서서 주위를 둘러보았는가? 입신(入神)과 희열의 상태로 들어갔던 정신이 다시 제자리로 돌아오는 과정이다. 그는 완전한 몰입과 무아지경에 있었던 것이다. 포정은 소를 눈으로 보지 않고 정신으로 보았다고 했다. 칼질을 시작할 때 감각은 멈추고 정신이 작동하기 시작한다고 했다. 그가 육체의 감각 기관을 이용하여 작업을 했더라면 기술을 발휘하는 수준에 머물렀을 것이다. 하지만 정신이 작동했기 때문에 도와 합일되었고 극상에 경지에 들어갔다. 장자가 지향하는 예술은 기술력의 발휘가 아니라 정신의 구현이다. 이는 동아시아의 예술, 특히 회화에 큰 영향을 주었다.

동진(東晋) 시대의 화가 고개지(顧愷之)의 회화 이론에 '전신사조(傳神寫照)'라는 개념이 있다. 전신(傳神)은 '정신을 전달한다.'라는 뜻이고 사조(寫照)는 '형상을 묘사한다.'라는 말이다. 대상을 묘사할 때 정신적 면모가 부각되는 것을 중시한다는 것이니 장자 사상의 계승이다. 자신이 그리는 사람이 단호한 원칙주의자라면 냉정하고 엄격한 면이 드러나야 한다. 술과 자연을 사랑하는 낭만파라면 그림 속에 여유와 자유로움이 살아 있어야 한다. 외모가 얼마나 똑같은지는 두 번째 문제다. 그의 정신적인 면모가 전달되어야 하는 것이다. '외형이 닮은 것'을 형사(形似)라 하고 '정신이 닮은 것'을 신사(神似)라 한다. 동아시아의 명작 중에는 원근법에 맞지 않고 제멋대로의 구도를 지닌 작품이 많다. 동아시아 예술의 전통이 신사를 중시하기 때문이다. 인물화도

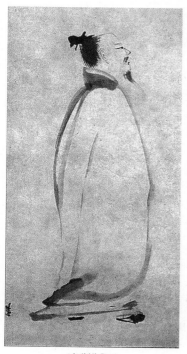

• 이백행음도 •
(일본 동경국립박물관)

마찬가지이고 산수화도 마찬가지이다. 양해(梁楷)의 「이백행음도(李白行吟圖)」는 행운유수(行雲流水)와 같은 이백의 정신을 표현하기 위해 그의 다리와 옷자락을 그리다 만 듯 대충 그렸다. 양해가 명상을 통해 떠올렸던 그 형상일 것이다. 산수화도 마찬가지다. 자연의 모습을 똑같이 모방하거나 재현하려 하지 않았다. 산수의 광활함과 인간의 정신을 구현하는 것이 우선이었다. 여러 시점에서 볼 수 있는 장면들을 하나의 화폭에 담는 것도 가능했다. '아래에서 위를 보는 시선'을 앙시(仰視)라 하고, '위에서 아래를 보는 시선'을 부감시(俯瞰視)라 하는데 동아시아의 산수화에서는 앙시와 부감시를 자주 혼용했다. 심지어 산 너머의 모습을 그리기도 했다. 대상의 정신적인 면모를 전달하는 것이 더 중요했기 때문이다. 청대 화가 석도(石濤)의 「여산관폭도(廬山觀瀑圖)」나 조선 후기 겸재 정선의 「인왕제색도(仁王霽色圖)」가 이런 사례이다.

스토리텔링 **교양 한문**

1판 1쇄 발행 2018년 8월 29일
　　　 4쇄 발행 2023년 2월 14일
지은이 이규일
발행인 도영
내지 디자인 손은실
표지 디자인 신병근
마케팅 김영란
편집 및 교정 교열 김미숙
발행처 솔빛길 등록 2012-000052
주소 서울시 마포구 동교로 142, 5층(서교동)
전화 02) 909-5517
Fax 0505) 300-9348
이메일 anemone70@hanmail.net
ISBN 978-89-98120-49-8 03720
ⓒ 이규일